50 IDEIAS DE HISTÓRIA DO MUNDO
QUE VOCÊ PRECISA CONHECER

2ª edição

IAN CROFTON

50

IDEIAS DE

HISTÓRIA DO MUNDO

QUE VOCÊ PRECISA CONHECER

Tradução de
Elvira Serapicos

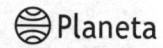

🜨 Planeta

Copyright © Ian Crofton, 2011
Copyright © Editora Planeta do Brasil, 2016, 2022
Copyright da tradução © Elvira Serapicos
Título original: *World history 50 key milestones you really need to know*
Todos os direitos reservados.

Preparação: Luiz Pereira
Revisão: Ana Paula Felippe e Hires Héglan
Diagramação: Balão Editorial
Capa: Filipa Damião Pinto (@filipa_) | Foresti Design
Adaptação de capa: Fabio Oliveira

INTERNACIONAIS DE CATALOGAÇÃO NA PUBLICAÇÃO (CIP)
ANGÉLICA ILACQUA CRB-8/7057

Crofton, Ian
 50 ideias de história do mundo que você precisa conhecer / Ian Crofton; tradução de Elvira Serapicos. – 2. ed. – São Paulo : Planeta do Brasil, 2022.
 216 p.

 ISBN 978-65-5535-648-9
 Título original: World history 50 key milestones you really need to know

 1. Civilização - História I. Título II. Serapicos, Elvira

22-0941   CDD 909

Índice para catálogo sistemático:
1. Civilização - História

MISTO
Papel produzido a partir
de fontes responsáveis
FSC® C011188

Ao escolher este livro, você está apoiando o manejo responsável das florestas do mundo

2022
Todos os direitos desta edição reservados à
EDITORA PLANETA DO BRASIL LTDA.
Rua Bela Cintra, 986, 4º andar – Consolação
São Paulo – SP – 01415-002
www.planetadelivros.com.br
faleconosco@editoraplaneta.com.br

Sumário

Introdução 7

DA ANTIGUIDADE À IDADE MÉDIA
01 O surgimento da agricultura 8
02 As primeiras cidades 12
03 O Egito dos faraós 16
04 A Grécia clássica 20
05 Alexandre, o Grande 24
06 A expansão do poderio romano 28
07 A queda de Roma e suas consequências 32
08 A ascensão do islamismo 36
09 Os vikings 40
10 As Cruzadas 44
11 A Peste Negra 48

OUTROS MUNDOS
12 A Índia pré-colonial 52
13 A China Imperial 56
14 Os mongóis 60
15 Japão, o império insular 64
16 Incas e astecas 68
17 Reinos e impérios da África 72

INÍCIO DO PERÍODO MODERNO
18 O Renascimento 76
19 O Império Otomano 80
20 A Era dos Descobrimentos 84
21 A Reforma 88
22 A Contrarreforma 92
23 A Revolução Inglesa 96
24 A Revolução Científica 100
25 A Idade do Império 104
26 O Iluminismo 108

ADQUIRINDO RITMO
27 A Revolução Americana 112
28 A Revolução Francesa 116
29 A Era Napoleônica 120
30 A Revolução Industrial 124
31 O nacionalismo na Europa 128
32 A escravidão 132
33 A expansão dos Estados Unidos 136
34 A Guerra Civil Americana 140
35 A ascensão do socialismo 144
36 Os direitos das mulheres 148

O SÉCULO XX ATÉ HOJE
37 Primeira Guerra Mundial 152
38 Lênin e Stálin 156
39 A sombra do fascismo 160
40 A Grande Depressão 164
41 Segunda Guerra Mundial: Europa 168
42 Segunda Guerra Mundial: Ásia e Pacífico 172
43 O Holocausto 176
44 A Guerra Fria 180
45 O fim do Imperialismo 184
46 A Guerra do Vietnã 188
47 O conflito árabe-israelense 192
48 A queda do comunismo 196
49 O ressurgimento da China 200
50 O 11 de Setembro e depois 204

Índice 208

Introdução

A ideia de que a história do mundo possa ser condensada em um livro tão pequeno quanto este sem dúvida pode parecer absurda. Até mesmo livros sobre uma "breve" história do mundo costumam ser maiores. Mas nosso objetivo não é apresentar uma pesquisa abrangente da história da humanidade e, sim, focar em fatos e acontecimentos fundamentais, oferecendo dados vitais para que o leitor possa desenvolver seus conhecimentos.

Em geral, as crianças entram em contato com alguns dos grandes temas da história na escola – o Império Romano, a Revolução Francesa e o nazismo, por exemplo –, mas não têm ideia do que acontece nos intervalos entre esses acontecimentos. Este livro não tem a ambição de preencher todas as lacunas, mas visa ampliar os horizontes e introduzir temas sobre os quais o leitor talvez tenha apenas uma ideia muito vaga.

São muitas as lentes através das quais podemos examinar o passado. Nas últimas décadas, vimos o florescimento de inúmeras abordagens que dissecam as histórias que costumamos contar para explicar como chegamos onde estamos hoje. História social, história econômica, história do trabalho, das ideias, dos direitos civis – só para citar algumas. Sem dúvida, para os representantes dessas teorias este livro é terrivelmente antiquado, com seus relatos de guerras, impérios, conquistadores, descobertas etc. Mas este livro pretende ser mais do que um relato trivial de acontecimentos que se sucedem sem maiores explicações. Foram levados em consideração todos os fatos econômicos, sociais, geográficos, culturais e outros; assim, esperamos que o leitor aprecie as complexidades e as incertezas que envolvem a tentativa de entender o passado e o modo como ele pode ou não afetar a maneira como vivemos hoje.

Ian Crofton

01 O surgimento da agricultura

Nada do que consideramos atualmente como marcas da nossa civilização – grandes cidades; arte, música e literatura; comércio e indústria; conquistas científicas e tecnológicas – seria possível sem a agricultura.

Só depois que nós, seres humanos, aprendemos a cultivar é que conseguimos produzir um excedente de alimentos suficiente que permitisse que alguns de nós saíssemos em busca de outros objetivos além da caça e da coleta. Com alguns se especializando na produção de alimentos, outros puderam tornar-se sacerdotes, soldados, artesãos, escribas ou estudiosos. Assim, começaram a surgir sociedades mais complexas e menos igualitárias. Mas essa evolução ocorreu muito tarde na história da humanidade.

Os primórdios da humanidade Os mais antigos dos nossos antepassados reconhecidos como humanos surgiram há cerca de quatro milhões de anos. Ao longo do tempo, inúmeras espécies humanas evoluíram – *Homo habilis*, *Homo erectus*, Neandertais –, mas só por volta de cem mil anos atrás é que os homens modernos começaram a deixar a África e se espalhar pelo resto do mundo.

Os humanos começaram a usar instrumentos de pedra há cerca de dois milhões de anos, mas o ritmo do desenvolvimento tecnológico foi extremamente lento. Aos poucos, armas e instrumentos – de madeira, pedra, ossos e chifres – ficaram mais refinados, e aprenderam a usar o fogo. Os humanos se sustentavam com a pesca, a caça e a coleta de frutas, sementes e grãos – um modo de vida capaz de manter pequenos grupos, mas que os obrigava a deslocar-se quando os recursos da área começavam a escassear.

linha do tempo

10000-8000 a.C.	8000 a.C.	7500 a.C.	6500 a.C.
A última Idade do Gelo chega ao fim	Cevada e trigo cultivados no Oriente Médio	Cabras e ovelhas domesticadas no Irã ocidental	Painço e arroz cultivados na China; feijão, abóbora e pimentas no Peru

O surgimento da agricultura

Então, por volta do ano 8000 a.C. aconteceu algo extraordinário no Crescente Fértil, região do Oriente Médio que se estende dos vales dos rios Tigre e Eufrates em direção ao oeste pela Síria e para o sul pelo Levante. Foi aí que pela primeira vez as pessoas começaram a cultivar plantações, dando o pontapé inicial a uma revolução que mudou completamente a maneira de viver dos seres humanos. O Crescente Fértil foi a primeira, mas não a única, região a vivenciar uma revolução agrícola: as lavouras surgiram independentemente em outras partes do mundo, como a Mesoamérica, a região dos Andes, a China, o sudeste asiático e a África subsaariana.

As primeiras colheitas É pouco provável que seja mero acaso o fato de o início da agricultura, dez mil anos atrás, ter coincidido com o fim da última Era do Gelo. Com o aquecimento da Terra, as camadas de gelo que cobriam a maior parte do norte da Eurásia e da América do Norte começaram a derreter, liberando grandes quantidades de água doce. Nessas condições, a pobreza da tundra deu lugar a uma vegetação mais exuberante, com pradarias e florestas que proporcionavam safras mais ricas aos grupos de caçadores-coletores. A boa produtividade de algumas áreas favoreceu o estabelecimento permanente daqueles que aprendiam a explorá-la. Com o aumento da quantidade de alimentos disponíveis houve um crescimento da população, o que levou à necessidade de encontrar formas de manter a sobrevivência em períodos de menor abundância. Entre os alimentos mais fáceis de armazenar, porque não estragam quando secos, estão os cereais – sementes de várias gramíneas.

Sem dúvida foi um processo gradual em que certos grupos aprenderam a cuidar das plantas nativas que consideravam mais úteis como fontes de alimentos. Afastar as pragas e eliminar as ervas daninhas foi um começo, até que em determinado momento fizeram a ligação entre o cultivo das

> **Um perigo oculto**
>
> A dieta à base de cereais continha um perigo oculto. Muitos esqueletos do mundo antigo apresentam evidências de abscessos horrorosos nas mandíbulas, resultado da quebra dos dentes por fragmentos das pedras usadas para moer os grãos.

6500-6000 a.C.
Pastoreio de rebanhos de gado no Oriente Médio e norte da África

6000 a.C.
Surgem lavouras no sudeste da Europa e no Vale do Nilo. A irrigação é usada na Mesopotâmia. Pequenas cidades são encontradas em locais como Jericó e Çatal Hüyük, na Anatólia

> **"E Abel foi pastor de ovelhas, e Caim foi lavrador da terra."**
>
> Gênesis 4:2,
> sobre os filhos de Adão e Eva

sementes e o resultado da colheita. Trigo e cevada eram os cereais básicos no Crescente Fértil; nas Américas, era o milho; na África subsaariana, o sorgo; no norte da China, o painço; enquanto no sul da China e no sudeste asiático era o arroz. Em outras partes do mundo desenvolveram-se outras culturas igualmente importantes, como feijão, inhame, batata, abóbora e pimentão.

Domesticando animais selvagens O primeiro animal a ser domesticado foi o cão, que é descendente direto do lobo. Os cães foram usados como animais de guarda e caça muito antes de os humanos se tornarem agricultores sedentários – o dingo australiano, por exemplo, é descendente dos cães levados para o continente pelos primeiros humanos cerca de 50 mil anos atrás.

Mas só depois que as culturas aráveis tiveram início, no Oriente Médio, é que começou a criação de animais para uso na alimentação e na obtenção de produtos, como o couro. Vacas e bois, ovelhas, porcos e cavalos domesticados se espalharam do Oriente Médio até a Ásia. Bois e burros começaram a ser usados para puxar arados, trenós e posteriormente carroças. Na América do Sul, a lhama era usada como animal de carga, enquanto os porquinhos-da-índia eram criados para servir de alimento.

O que a agricultura fez por nós A produção de alimentos baseada na agricultura continua a ser o alicerce da civilização moderna, mas o advento da agricultura teve também seus aspectos negativos. Comparados àqueles dos primeiros agricultores, os esqueletos dos caçadores-coletores mostraram-se mais fortes e saudáveis, consequência de uma dieta mais variada. Os primeiros agricultores – como ocorre ainda hoje na agricultura de subsistência em todo o mundo – tinham uma dieta muito pobre, consistindo basicamente em carboidratos. Proteína, na forma de carne ou laticínios, era algo muito raro.

Antes da introdução da agricultura, havia certa divisão do trabalho. Nas sociedades caçadoras-coletoras, as mulheres eram majoritariamente coletoras e os homens se encarregavam de quase toda a caça, en-

linha do tempo

5500 a.C.	4700 a.C.	4400 a.C.
Criação de porcos em regiões da Europa, no Oriente Médio e na China	Plantações de milho na Mesoamérica	Cavalos domesticados nas estepes da Eurásia

quanto certos indivíduos, às vezes com algum tipo de deficiência, tornavam-se xamãs. De modo geral, entretanto, a especialização ocupacional e a hierarquia social, com reis e sacerdotes no topo e escravos na base da pirâmide, ocorreram após o estabelecimento das comunidades agrícolas. Graças ao sedentarismo, ao excedente de alimentos e à fabricação de artefatos de cerâmica ou machados de pedra cerimoniais, surgiu o comércio em distâncias consideráveis – o âmbar do Báltico, por exemplo, foi encontrado em toda a Europa em sítios do neolítico.

> **Amor e ódio ao leite**
>
> Os primeiros humanos não conseguiam digerir leite após o desmame. Mas cerca de 7.500 anos atrás surgiu um novo gene em uma tribo de criadores de gado que vivia entre os Balcãs e a Europa central. Isso permitiu que continuassem digerindo a lactose – o açúcar encontrado no leite – até a idade adulta. Assim, ingredientes como manteiga, queijo e iogurte foram incluídos na dieta. Mas esse gene, comum em povos originários do norte europeu, não é encontrado em mais da metade da população mundial, que continua intolerante à lactose.

Por volta de 6000 a.C., algumas dessas comunidades – como as de Jericó, no vale do rio Jordão, e de Çatal Höyük, na Anatólia – haviam se transformado em pequenas cidades. O surgimento da civilização urbana na forma de cidades-estado e impérios foi apenas uma questão de tempo.

A ideia condensada: a agricultura mudou profundamente a maneira como vivemos

4300 a.C.
Cultivo de algodão no Vale do Indo e na Mesoamérica

4000 a.C.
A agricultura se espalha pela Europa e África subsaariana

02 As primeiras cidades

Atualmente, a maioria dos habitantes do mundo ocidental vive em cidades – algo cada vez mais comum também em países em franco desenvolvimento como Índia, China e Brasil. A urbanização em massa é um fenômeno relativamente recente, associada à industrialização e à mecanização da agricultura dos últimos dois séculos.

Antes disso, a grande maioria das pessoas vivia no campo, trabalhando na terra. Mas as cidades existem desde os primeiros registros da história humana, cerca de cinco milênios atrás, e sempre foram centros de poder, propulsoras de mudanças culturais e tecnológicas.

> **"Enchente do Nilo, seja verde e venha! Dê vida à humanidade e ao gado com a colheita dos campos!"**
>
> Hino ao Nilo,
> Antigo Egito, *c.* 1500 a.C.

Grande parte das cidades se desenvolveu a partir das vilas, que por sua vez se desenvolveram a partir das aldeias. As primeiras aldeias permanentes surgiram com os primórdios da agricultura no Oriente Médio há cerca de dez mil anos, embora alguns assentamentos possam não ter começado como comunidades agrícolas e, sim, como mercados na intersecção de rotas comerciais. O comércio certamente desempenhou papel importante para o desenvolvimento de vilas e cidades. No entanto, não haveria como manter a crescente população urbana sem a intensificação da agricultura, que em muitas regiões só foi possível com a criação de complexos sistemas de irrigação.

A importância da água As primeiras civilizações urbanas surgiram independentemente em quatro partes diferentes do mundo entre 4000 a.C. e 2000 a.C.: na Mesopotâmia (atual Iraque), entre os rios Tigre e Eufrates; no Egito, no vale do Nilo; no vale do Indo, região

linha do tempo

4000-3000 a.C.	3300 a.C.	3000 a.C.
Construídas as primeiras cidades, na Mesopotâmia	Primeiros textos escritos, em Uruk, Mesopotâmia	Mênfis torna-se a capital do Alto e do Baixo Egito unificados

onde fica o atual Paquistão; e na China, ao longo dos rios Amarelo (Huang He) e Yangtze (Chang Jiang).

Uma característica comum a esses rios é a variação sazonal do fluxo de suas águas, que alterna períodos de cheias com períodos de seca. Para maximizar a produção agrícola, era preciso construir barragens para armazenar a água e canais para irrigar a terra no período de seca. Com o desenvolvimento dessa tecnologia, os agricultores perceberam que poderiam se mudar para regiões mais áridas, como o sul da Mesopotâmia. Além disso, a irrigação possibilitou a realização de duas e de até três colheitas anuais, em vez de apenas uma.

A construção desses sistemas de irrigação exigia grande precisão na previsão das cheias e um alto nível de organização social, necessária para o estabelecimento da propriedade da terra e para o recrutamento da força de trabalho. Os registros de propriedade requeriam a medição precisa – daí o desenvolvimento da matemática, mas também da escrita. Além disso, a gestão de grandes projetos de construção exigia uma hierarquia rígida para definir quem faria as escavações e quem daria as ordens, usufruindo os maiores benefícios.

Organização social e política   Foi preciso o mesmo nível de estratificação social e mobilização de mão de obra para a construção das primeiras cidades, que se desenvolveram na esteira dos excedentes agrícolas gerados pelos sistemas de irrigação. As primeiras cidades eram mais do que um simples ajuntamento de moradias e oficinas. Continham estruturas grandiosas como templos e palácios, avenidas cerimoniais, galpões para os tributos, impostos e bens comercializados, muralhas de proteção e, ligados ao sistema de irrigação, canais e aquedutos para levar água fresca à população. As grandes cidades planejadas do Vale do Indo, Mohenjo Daro e Harappa, construídas por volta de 2600 a.C., tinham um sistema de dutos cobertos para escoar a água suja e o esgoto.

Em geral, os membros das diferentes classes – trabalhadores, artesãos, mercadores, sacerdotes e príncipes – viviam em diferentes áreas da cidade; o tamanho e a qualidade de suas moradias refletiam seu status social. Eram necessários muitos trabalhadores (livres ou escravos) para construir os grandes monumentos cívicos e religiosos – os zigurates da Mesopotâmia, as pirâmides do Egito, os templos e banhos públicos do Indo.

2600 a.C.
Surgimento de cidades
e da escrita no Vale do Indo

2550 a.C.
Construída a grande
pirâmide de Gizé

2350 a.C.
Primeiro império mesopotâmico
estabelecido por Sargão da Acádia

Os artesãos produziam objetos de cerâmica, têxteis, joias, esculturas em pedra, objetos de metal e outros que, juntamente com os produtos agrícolas, eram comercializados pelos mercadores. O comércio não era apenas local: no final do terceiro milênio a.C., por exemplo, as cidades do Indo tinham relações comerciais com cidades da Suméria, área ao sul do atual Iraque.

> **"Crie-se Babilônia, cuja construção vós demandastes! Que seus tijolos de barro sejam moldados e seja erguido um grande santuário!"**
>
> *O Épico da Criação (Enuma Elish),* do primeiro milênio a.C., que era recitado todos os anos diante de uma estátua do deus babilônio Marduk.

Acima de todos estavam os reis, que se proclamavam descendentes dos deuses e que mantinham seu poder pela afirmação de uma autoridade divina – com o apoio de força armada quando necessário. Os exércitos não serviam apenas para manter o rei a salvo de seus súditos. Em períodos anteriores, a agressividade e a disputa por recursos haviam se manifestado ocasionalmente através de invasões intertribais, que foram se intensificando até produzir um novo fenômeno: a guerra. Na Mesopotâmia, as cidades-estado sumerianas do terceiro século a.C., como Eridu, Kish, Ur e Uruk, estavam constantemente lutando umas com as outras, o que acabou por impulsionar o desenvolvimento tecnológico bélico, com a criação de carruagens de guerra, escudos, lanças e capacetes de metal. O período de guerra das cidades-estado foi sucedido pelo período dos impérios – Acadiano, Babilônio e Assírio, por exemplo. A unidade política sobre uma grande área também foi estabelecida no Egito, por volta de 3000 a.C., e na China, em meados do segundo século a.C., com a dinastia Shang.

No primeiro milênio a.C., despontaram civilizações urbanas em outras partes do mundo: na Pérsia, na Índia e no sudeste asiático, na Grécia e no império romano. No primeiro milênio d.C., grandes cidades como Teotihuacán – com uma população de aproximadamente 200 mil pessoas – floresceram na Mesoamérica e também na região andina da América do Sul. Apesar de isoladas do resto do mundo, essas cidades do Novo Mundo tinham todas as características comuns

linha do tempo

2100 a.C.	2000 a.C.	1800 a.C.	1750 a.C.
Construção do zigurate de Ur	Desenvolve-se em Creta a Civilização Minoica	Surgimento da dinastia Shang na China	Código de Hamurabi, sistema de leis babilônico

Os primórdios da escrita

As primeiras formas de escrita se desenvolveram independentemente em cidades da Mesopotâmia, da China, do Vale do Indo e da Mesoamérica. De modo geral, os primeiros sistemas eram pictográficos – consistindo em símbolos que representavam coisas ou ideias –, mas uma escrita silábica mais flexível, chamada de cuneiforme, desenvolveu-se na Mesopotâmia por volta de 2800 a.C. A escrita ajudou as elites governantes a manterem o controle, sendo usada para registrar e relacionar as propriedades e para nomear os sucessores dos reis. Posteriormente, a escrita também foi usada para fazer o registro de acordos comerciais, em cartas pessoais e oficiais, e, o mais importante, para definir as leis – passo importante para moderar o poder absoluto dos governantes. A literatura, no entanto, continuou a ser um fenômeno oral por muito tempo: uma das primeiras obras conhecidas da literatura mundial, o poema mesopotâmico *Epopeia de Gilgamesh*, só ganhou forma escrita no século VII a.C.

às cidades do Velho Mundo. Teotihuacán, por exemplo, com seu plano ortogonal, é dominada por dois grandes monumentos cerimoniais: a Pirâmide do Sol e a Pirâmide da Lua. E, como ocorreu com muitas cidades do mundo antigo, restam apenas ruínas, lembranças de uma civilização perdida.

A ideia condensada: as cidades impulsionaram o desenvolvimento político, social, cultural e tecnológico

800 a.C.	500 a.C.	400 a.C.	100 d.C.
Estabelecimento das cidades-estado na Grécia	Construção do centro cívico-cerimonial de Monte Albán, na Mesoamérica	Primórdios da civilização associada à cidade de Teotihuacán, na Mesoamérica	A população de Roma pode ter ultrapassado a casa de um milhão de pessoas

03 O Egito dos faraós

O reino do Egito foi um dos mais antigos e certamente o mais duradouro entre as civilizações antigas, estendendo-se por mais de três milênios. Esse longo período não transcorreu sem rupturas e convulsões, mas a cultura egípcia era tão sólida que acabou por ser assimilada até por conquistadores estrangeiros, que adotaram as regras de hereditariedade dos faraós, considerados filhos do deus supremo Rá, o deus-sol.

Embora as evidências deixadas pela civilização dos antigos egípcios estivessem por toda parte, em forma de pirâmides gigantescas, grandes estátuas e ruínas de templos espetaculares, pouco se sabia da sua história, da sua sociedade e de suas crenças até que sua misteriosa escrita hieroglífica (pictórica) fosse decifrada no início do século XIX após a descoberta da Pedra de Roseta.

Sociedade e cultura   O sustento dos antigos egípcios vinha do rio Nilo, cujas cheias anuais irrigavam os campos e garantiam colheitas abundantes. Os assentamentos humanos estavam confinados a uma faixa ao longo de cada margem do rio (Alto Egito) e em torno de seu extenso delta (Baixo Egito). Com exceção dessas áreas e de um ou outro oásis, a terra era desértica. O vale do Nilo foi um dos primeiros lugares do mundo em que a agricultura se desenvolveu, seguida por algumas das primeiras aldeias e cidades.

Por volta de 3100 a.C., o Alto Egito e o Baixo Egito foram unificados por um rei chamado Menés, que se tornou o primeiro faraó. Uma nova capital, Mênfis, foi construída na confluência do Alto e do Baixo Egito, tornando-se o centro de um estado altamente centralizado, com o faraó no topo de uma hierarquia bastante eficiente. Essa organização favoreceu a execução de grandes projetos, e a primeira pirâmide

linha do tempo

3100 a.C.	c. 2630 a.C.	2600-2500 a.C.	2575-2134 a.C.
O faraó Menés une o Alto e o Baixo Egito e funda Mênfis	Construção da Pirâmide de Degraus de Sacará	Construção das pirâmides de Gizé	Império Antigo

> **"Todos os deuses são três: Amun, Rá, Ptah, que não têm semelhantes... Suas cidades na terra sobreviverão por toda a eternidade – Tebas, Heliópolis, Mênfis, para sempre."**
>
> Hino, c. 1220 a.C., louvando os três aspectos do deus do novo reino. Na verdade, os egípcios adoravam vários deuses, incluindo Ísis, Osíris, Anúbis e Horus.

– a Pirâmide de Degraus de Sacará – foi construída por volta de 2630 a.C. para o sepultamento do faraó Djoser. Seguindo a tradição, ela foi projetada pelo médico e arquiteto Imhotep e serviu de modelo para as famosas pirâmides de Gizé, construídas logo depois. Por quatro milênios, a Grande Pirâmide de Gizé, com altura de 138 metros, foi a estrutura mais alta do mundo.

As pirâmides eram as tumbas dos faraós, cujos corpos eram cercados de todos os objetos que pudessem ser necessários na vida após a morte – em um mundo que se acreditava ser muito parecido com o Egito. Para que os mortos pudessem aproveitar a vida após a morte, seus corpos precisavam ser preservados e, para isso, os egípcios desenvolveram técnicas sofisticadas de mumificação. Embora os funerais elaborados fossem, a princípio, limitados aos escalões superiores da sociedade, com o correr dos séculos, até mesmo os pobres eram enterrados com provisões modestas para suprir suas necessidades na outra vida.

A Pedra de Roseta

Os hieróglifos egípcios foram finalmente decifrados após a descoberta de uma pedra coberta de inscrições, em 1799, na cidade de Roseta (*Rashid*, em árabe), próxima a Alexandria. As inscrições registram um decreto promulgado em 196 a.C. pelo faraó Ptolomeu V em escrita hieroglífica e em demótico egípcio, além do grego antigo. Isso permitiu a realização dos trabalhos de tradução, iniciados pelo polímata inglês Thomas Young e concluídos pelo erudito francês Jean-François Champollion em 1822. A Pedra de Roseta atualmente se encontra no Museu Britânico, em Londres, apesar de o governo egípcio ter pedido sua devolução.

2134-2040 a.C.	2040-1640 a.C.	1640-1552 a.C.	1552-1070 a.C.
Primeiro período intermediário: o Egito se dividiu entre vários governantes locais	Império Médio: Egito reunido e conquista da Núbia	Segundo período intermediário: domínio dos hicsos, dinastia estrangeira	Império Novo: império egípcio atinge sua maior extensão, com a capital em Tebas

Comércio, império e conquista Apesar de rico em recursos agrícolas e minerais, o Egito não dispunha de produtos como madeira, vinho, azeite, marfim e pedras preciosas. Para atender a demanda, grandes expedições comerciais foram enviadas ao Sinai e ao Levante, no nordeste; à Líbia, no oeste; à Núbia e ao Punt (Chifre da África), no sul. Na esteira desses contatos comerciais, os egípcios procuraram expandir seu poder e seus horizontes, de forma que entre 1500 a.C. e 1000 a.C. construíram um império que se estendia da Síria até o Sudão. O grande afluxo de riquezas que inundaram o Egito graças aos tributos pagos pelas novas províncias possibilitou a construção de um grande centro religioso em Tebas e o enorme templo de Karnak.

Essa expansão levou os egípcios a entrarem em contato com vizinhos poderosos, estabelecendo relações diplomáticas com os hititas, da Anatólia, e também com os babilônios e assírios. O contato levou à rivalidade e ao conflito: em 1285 a.C. o poderoso faraó Ramsés II travou um batalha dramática contra os hititas em Kadesh, na Síria; posteriormente, os egípcios sofreram ataques dos misteriosos "Povos do Mar", do Mediterrâneo oriental.

Revolução religiosa de Aquenáton

Em 1379 a.C. o faraó Amenófis IV subiu ao trono e iniciou uma revolução religiosa. Substituiu o culto ao deus Amon e aos outros deuses do panteão egípcio pela adoração de um único deus, Aton, representado por um disco solar. Ele também mudou seu nome para Aquenáton (que significa "servo de Aton"), construiu uma nova capital – Aquetaton, atual Tell-el-Amarna – e adotou um estilo mais naturalista no lugar dos retratos reais altamente estilizados. Aquenáton negligenciou seu império na Ásia ocidental e perdeu o norte da Síria para os hititas. No front doméstico, encontrou forte oposição dos poderosos sacerdotes de Amon. Após sua morte, em 1362 a.C., foi substituído pelo jovem Tutankamon e as práticas religiosas tradicionais foram restauradas.

linha do tempo

1379-1362 a.C.	1285 a.C.	1070-712 a.C.	712-332 a.C.	675 a.C.
Breve revolução religiosa de Aquenáton	Grande batalha de Kadesh entre egípcios e hititas	Terceiro período intermediário: Egito dividido entre os faraós e os sacerdotes de Amon	Época Baixa	Invasão assíria

> **"Encontrei um viajante de uma terra antiga
> Que disse: – Duas gigantescas pernas de
> pedra sem o torso
> Erguem-se no deserto. Perto delas, na areia,
> Semienterrado, jaz um rosto destruído..."**
>
> Percy Bysshe Shelley, *Ozymandias*, 1819. O poema alude a às inúmeras estátuas gigantescas do Faraó Ramsés II espalhadas pelos desertos do Egito e do Oriente Próximo.

Por volta de 700 a.C., os assírios invadiram o Egito e saquearam Tebas. Depois de outra invasão, dessa vez dos persas, em 525 a.C., o Egito se tornou uma província persa até se render sem oferecer resistência a Alexandre, o Grande, em 332 a.C. Alexandre atravessou o deserto até o Oráculo de Amon, no oásis de Siuá, e aí foi confirmado pelos sacerdotes como novo faraó. Após a morte de Alexandre, Ptolomeu, um de seus generais, fundou uma dinastia de faraós que conquistou o apoio do povo e dos sacerdotes prestando honras aos deuses egípcios. Mesmo depois de o Egito se tornar uma província romana, em 30 a.C., a cultura greco-egípcia se desenvolveu até ser finalmente aniquilada com a conquista dos árabes no século VII d.C.

A ideia condensada: uma civilização magnífica que se estendeu por mais de três mil anos

525 a.C.	332 a.C.	305 a.C.	30 a.C.	Década de 640 d.C.
Conquista persa	Alexandre, o Grande, ocupa o Egito	Ptolomeu, um dos generais de Alexandre, funda a dinastia de faraós greco-egípcios	O Egito se torna uma província romana	Os árabes conquistam o Egito

04 A Grécia clássica

Devemos aos gregos antigos grande parte da nossa arte e arquitetura, da nossa literatura e filosofia, da nossa ciência e democracia. O fato de a Grécia ter exercido tamanha influência cultural sobre o mundo ocidental é ainda mais surpreendente se considerarmos que nunca houve um estado grego unificado. A Grécia clássica consistia em cidades-estado rivais com colônias espalhadas pelo Mediterrâneo e pelo Mar Negro.

As cidades-estado começaram a surgir no século VIII a.C., cada uma com sua identidade fortemente preservada, ao redor de uma acrópole – cidadela em que os templos eram dedicados a deusa ou deus protetor da cidade. O forte sentimento de independência se devia em parte à geografia do país: cada cidade, e seu entorno agrícola, ficava isolada das vizinhas por cordilheiras e pelo mar.

O advento da democracia No início, o poder estava nas mãos das principais famílias da nobreza de cada cidade-estado, embora assembleias formadas pelos adultos do sexo masculino pudessem ser consultadas em determinados assuntos (mulheres e escravos eram completamente excluídos). Mas uma série de acontecimentos marcou uma mudança no poder. Em primeiro lugar, a expansão da alfabetização e a exibição pública das leis por escrito mostraram que o poder dos nobres era circunscrito e podia ser questionado. Em segundo lugar, o estabelecimento de colônias além-mar deu aos cidadãos a oportunidade de estabelecer novos padrões de propriedade da terra e de organização política. Em terceiro lugar, o desenvolvimento de táticas militares novas e altamente eficientes, em que os aristocratas com suas carruagens de guerra foram substituídos pela formação de cidadãos-soldados fortemente armados, deu aos homens livres uma sensa-

linha do tempo

c. 1600 a.C.	*c.* 1150 a.C.	*c.* 800 a.C.	*c.* 750 a.C.
Início da Era do Bronze Civilização micênica na Grécia	Início do Período Homérico	Surgimento das cidades-estado gregas	Criação dos épicos de Homero

ção de poder muito real, que o estado foi obrigado a respeitar.

Esses acontecimentos levaram ao nascimento da democracia em várias cidades-estado gregas, principalmente em Atenas, a mais poderosa de todas, onde as decisões eram tomadas por assembleias de todos os cidadãos adultos. A democracia não foi de modo algum universal nem permanente. Houve períodos em que "tiranos" ou pequenos grupos de cidadãos proeminentes, conhecidos como "oligarcas" governaram.

> **"Se os povos da Grécia conseguissem alcançar a unidade política, poderiam controlar o resto do mundo."**
>
> Aristóteles, *Político*, século IV a.C.

Ascensão e queda de Atenas   As tentativas do poderoso Império Persa de conquistar a Grécia no início do século V a.C. foram frustradas pela combinação da marinha ateniense com o exército de Esparta, outra cidade-estado poderosa. Na esteira da vitória, Atenas começou a se impor sobre suas vizinhas e aliadas, algumas das quais se voltaram contra Esparta, sua grande rival. As tensões culminaram na prolongada e destrutiva Guerra do Peloponeso (431-404 a.C.). Com a derrota de Atenas, Esparta tornou-se a força dominante e, exibindo um ressentimento tão forte quanto o de Atenas, desencadeou nova sucessão de guerras interinas. Assim, a Grécia, enfraquecida, tornou-se presa fácil para o ambicioso Filipe II, da Macedônia, pai de Alexandre, o Grande. Com a vitória de Filipe na Guerra de Queroneia, em 338 a.C., a Grécia finalmente se unificou – mas sob um governante estrangeiro.

Ciência e filosofia gregas   Todas essas guerras tiveram um impacto muito pequeno sobre a vida intelectual da Grécia. Não está claro por que o espírito inquisitivo teria sido tão apurado na Grécia antiga, mas seu reflexo encontra-se na palavra "filosofia", composição de *philos* e *sophia*, que significa "amor pelo saber". Para os gregos, a filosofia compreendia não apenas os campos da ética, lógica e metafísica, mas tudo o que hoje chamamos de ciência.

Os primeiros filósofos gregos do século VI a.C. rejeitaram as explicações mitológicas do mundo físico e puseram-se em busca de um único

c. 590 a.C.	507 a.C.	490 a.C.
Sólon reforma o código legal de Atenas	Reformas democráticas de Clístenes em Atenas	Os gregos derrotam o exército persa em Maratona

elemento subjacente a todas as coisas. Os seguidores de Pitágoras afirmavam que a natureza podia ser descrita em números; outros examinavam a natureza do infinito através dos paradoxos, com questões do tipo: seria a mudança, como representação do movimento, realidade ou ilusão?

No século V a.C., o filósofo ateniense Sócrates mudou o foco para as questões éticas e políticas, concebendo um método dialético de perguntas e respostas para examinar a validade lógica das questões propostas. Platão, seguidor de Sócrates, afirmou que a verdadeira natureza da realidade não pode ser apreendida pelos sentidos, pois no mundo físico não vemos senão as sombras das formas ideais das coisas.

Aristóteles, pupilo de Platão, adotou uma abordagem mais analítica, procurando definir, catalogar e explicar o mundo em que vivemos. Além de examinar questões de ética, metafísica e política, ele também voltou sua atenção para temas como biologia, física e cosmolo-

Alguns cientistas gregos notáveis

- **Pitágoras** (século VI a.C.): percebeu que a Terra é redonda e estabeleceu a base numérica da harmonia musical.
- **Empédocles** (c. 490-430 a.C.): sustentava que toda matéria é constituída de quatro elementos.
- **Demócrito** (c. 460-370 a.C.) e **Leucipo** (século V a.C.): sugeriram que a matéria era formada por partículas minúsculas, idênticas e indivisíveis chamadas átomos.
- **Hipócrates** (c. 460-c. 377 a.C.): ficou conhecido como "pai da medicina".
- **Euclides** (fl. c. 300 a.C.): estabeleceu os princípios da geometria.
- **Aristarco de Samos** (c. 310-230 a.C): percebeu que a Terra gira em torno do Sol e possui movimento de rotação.
- **Arquimedes** (c. 287-c. 212 a.C.): pioneiro no campo da mecânica e inventor de artefatos engenhosos.
- **Eratóstenes de Cirene** (c. 276-c. 194 a.C.): calculou a circunferência da Terra com louvável grau de precisão.

linha do tempo

480 a.C. — Os gregos derrotam a marinha persa na Batalha de Salamina

440 a.C. — Atenas chega ao auge de seu poder sob Péricles

431 a.C. — Eclosão da Guerra do Peloponeso entre Atenas e Esparta e seus aliados

gia. Os ensinamentos de Aristóteles dominaram tanto o pensamento ocidental quanto o islâmico até a revolução científica dos séculos XVI e XVII.

Influência artística   A perspectiva grega da arte e da arquitetura reflete sua filosofia. As esculturas buscam personificar um ideal platônico de beleza e não mostrar indivíduos reais com seus possíveis defeitos. A arquitetura grega, baseada em formas geométricas, encarna a crença de Pitágoras na importância primordial do número e da proporção na natureza e encerra tudo o que se entende por "arte clássica" – equilíbrio, proporção, tranquilidade, perfeição. Os romanos tomaram emprestados os valores estéticos gregos, que foram completamente esquecidos após o colapso do império romano. Sua redescoberta na Europa no século XV levou a algumas das maiores realizações artísticas da Renascença.

Durante o Renascimento, também se tornaram populares, como tema da arte e da literatura, os mitos gregos e as histórias da guerra de Troia, baseados nos relatos de Homero e de outros autores, em especial do poeta romano Ovídio. Também exerceram grande influência os dramaturgos gregos, como Ésquilo, Sófocles e Eurípedes, cujas tragédias exploram a maneira como os seres humanos se comportam em circunstâncias extremas, despertando na audiência o que Aristóteles chamou de "piedade e pavor". Essas peças influenciaram profundamente o drama ocidental e certamente a maneira como nos enxergamos como seres humanos.

A ideia condensada:
a cultura grega está no cerne da identidade ocidental

404 a.C.
Derrota de Atenas

338 a.C.
Filipe da Macedônia derrota as cidades-estado gregas em Queroneia

05 Alexandre, o Grande

Ao morrer, com apenas trinta e dois anos, Alexandre, o Grande, da Macedônia havia conquistado boa parte do mundo conhecido na época, da Anatólia, Síria e Egito, a oeste, até a Mesopotâmia, Pérsia e Ásia central, a leste, chegando até a Índia.

A carreira meteórica de Alexandre, suas façanhas bélicas, a magnanimidade com que tratava os derrotados e sua mente sempre inquisitiva fizeram dele o grande herói da Antiguidade. Na Idade Média, foi apontado como uma das três grandes pessoas ilustres do mundo pagão – junto com Heitor, o lendário herói de Troia, e Júlio César. Atualmente, as táticas militares inovadoras de Alexandre continuam a ser estudadas em academias militares de todo o mundo.

O império de Alexandre, no entanto, durou pouco, e após sua morte foi dividido entre seus generais. Embora a unidade política tenha sido passageira, o impacto cultural da construção do império de Alexandre foi muito mais duradouro, e uma nova era helenística, combinando elementos gregos e nativos, prevaleceu no Mediterrâneo oriental e na Ásia ocidental até as conquistas árabes, quase mil anos depois.

A ascensão da Macedônia O montanhoso reino da Macedônia ficava ao norte das regiões gregas de Tessália, Etólia, Beócia, Ática e Peloponeso. No entanto, os macedônios, apesar de falarem um dialeto grego, eram considerados forasteiros rudes e atrasados pelos gregos, em parte devido ao fato de manterem uma monarquia hereditária, o que contrastava com o sistema político das cidades-estado.

As guerras constantes entre as cidades-estado no final do século V a.C. geraram a fraqueza que os macedônios souberam explorar. Em 359 a.C., Filipe II, pai de Alexandre, subiu ao trono, determinado a aproveitar a oportunidade oferecida pelo vácuo de poder no sul.

linha do tempo

359 a.C.	**338** a.C.	**336** a.C.	**334** a.C.
Filipe II sobe ao trono da Macedônia	Filipe derrota as cidades-estado gregas em Queroneia	Alexandre sobe ao trono após o assassinato de Filipe	Alexandre derrota os persas em Grânico

Filipe reorganizou o exército macedônio, acrescentando cavalaria e infantaria leve às formações pesadas de hoplitas, conhecidas como falanges, usadas para romper as linhas inimigas. Tendo garantido as fronteiras ao norte, Filipe voltou sua atenção para o sul e, usando diplomacia e força para dominar as cidades-estado gregas, concluiu sua ofensiva com a vitória decisiva em Queroneia, em 338.

> **"Com a minha idade, Alexandre já era o rei de muitos povos, ao passo que eu ainda não consegui alcançar nada realmente notável..."**
>
> Júlio César, em citação de Plutarco na biografia de Júlio César, séculos I e II d.C.

Alexandre tinha apenas dezoito anos quando comandou a ala esquerda do exército macedônio em Queroneia. Seu pai, que já havia reparado em seu potencial e em sua ambição, empregara o grande filósofo Aristóteles como tutor do jovem príncipe e de seus companheiros. O grego despertou em Alexandre o interesse por temas como filosofia, moral, religião, ética, arte, medicina e literatura – um dos pertences mais valiosos de Alexandre era um exemplar da obra de Homero, que Aristóteles lhe dera e que ele levava aonde quer que fosse.

Uma década de conquistas Filipe planejava uma campanha contra o grande inimigo da Grécia, o Império Persa, quando foi assassinado em 336 a.C. Sem perder tempo, Alexandre levou adiante a ambição de seu pai. Em 334 a.C. avançou com seu exército de quase 50 mil veteranos pela Ásia, obtendo inúmeras vitórias contra os persas na Anatólia, Síria, Egito e Mesopotâmia. Em 331 a.C. Alexandre enfrentou o soberano persa, Dário III, na planície de Gaugamela, ao norte do rio Tigre. Apesar de seu exército ter pelo menos o dobro do tamanho do exército de Alexandre, Dário não conseguiu suplantar a genialidade militar de seu inimigo e, enquanto suas formações eram ludibriadas e esmagadas, ele fugiu do campo de batalha. Para desgosto de Alexandre, Dário seria posteriormente assassinado por um de seus generais.

Alexandre se declarou sucessor de Dário como "rei dos reis" e avançou pelas províncias persas da Ásia central, como a Pártia e a Báctria,

333 a.C.	331 a.C.	326 a.C.	324 a.C.
Alexandre derrota os persas em Isso	Derrota final dos persas em Gaugamela	Alexandre vence a Batalha de Hidaspes no Punjab	Um complô obriga Alexandre a voltar para o ocidente

confiando cada vez mais nos soldados e administradores persas e casando-se com uma princesa bactriana, Roxana. Estando tão distante de casa, Alexandre reconheceu a necessidade de cooperação com os povos conquistados e chegou a adotar seus costumes, como a reverência que para os gregos devia ser reservada apenas aos deuses, para consternação de gregos e macedônios. Apesar de tê-lo conduzido em uma campanha vitoriosa até o vale do rio Indo e o Punjab, em 324 a.C. seu exército se amotinou, recusando-se a continuar avançando para o leste. Alexandre retornou então para o ocidente e, ao chegar na Babilônia, começou a planejar novas campanhas – contra a Arábia e depois talvez no Mediterrâneo ocidental para conquistar o poder crescente de Cartago e de Roma. Esses planos, entretanto, jamais se concretizaram, pois em 323 a.C. Alexandre morreu devido a uma febre após uma bebedeira.

O legado de Alexandre Quando Alexandre morreu, sua esposa, Roxana, estava grávida, mas não havia regras claras quanto à sucessão. Diz a lenda que ao lhe perguntarem em seu leito de morte a quem legaria seu império, Alexandre teria respondido: "Ao mais forte". A luta pelo poder entre seus generais – durante a qual tanto Roxana quanto seu filho foram assassinados – se prolongou por muitos anos, até a divisão do império em três blocos principais. Seleuco reinou sobre a gigantesca parte da Ásia ocidental, mais ou menos equivalente ao antigo Império Persa; Antígono reinou sobre a Grécia e a Macedônia; Ptolomeu reinou sobre o Egito. O Império Selêucida foi aos poucos se

O cavalo de Alexandre

Quando Alexandre era pequeno, havia um garanhão tão selvagem e inquieto que ninguém conseguia montá-lo. Mas Alexandre conseguiu domar o animal e o chamou de Bucéfalo. O cavalo tornou-se o favorito de Alexandre, participando de todas as suas campanhas e jamais permitindo que outro cavaleiro o montasse. Com vinte e quatro anos, Bucéfalo conduziu Alexandre no principal ataque da cavalaria na Batalha de Gaugamela e seguiu com ele até a Índia. Foi aí que Bucéfalo morreu, aos trinta anos, devido ao cansaço e à idade. Em sua honra, Alexandre deu o nome de Bucéfala à cidade que fundou a leste do rio Indo.

linha do tempo

323 a.C.	312 a.C.	306 a.C.	305 a.C.
Alexandre morre na Babilônia	Seleuco funda seu império helenístico na Ásia ocidental	Antígono funda a dinastia antigônida na Macedônia e na Grécia	Ptolomeu inicia seu reinado no Egito

desmembrando em vários reinos; no século II a.C., Grécia e Macedônia foram tomadas pelos romanos. No Egito, os ptolomeus se adaptaram à tradição local e se tornaram faraós, mantendo seu domínio até 31 a.C., quando a rainha Cleópatra VII foi derrotada – junto com seu amante, o general romano Marco Antonio – por Otávio, futuro imperador Augusto, e tirou a própria vida.

> "De corpo, ele era muito bonito e grande amante das adversidades... mas em relação aos prazeres da mente era insaciável pela glória tão somente."
>
> Arriano, *As campanhas de Alexandre*, século II d.C.

Mas o legado de Alexandre sobreviveu até mesmo a essa derrota. Em seu império ele fundara muitas cidades, muitas delas chamadas Alexandria em sua honra, e essas cidades foram povoadas por artesãos e mercadores gregos que difundiram sua cultura e ajudaram a aproximar o ocidente e o oriente em uma única esfera comercial. A mais famosa dessas Alexandrias, no Egito, tornou-se o centro intelectual do mundo mediterrâneo por muitos séculos, e sua grande biblioteca, sob o patrocínio dos ptolomeus, tornou-se o repositório de todo o conhecimento acumulado dos antigos.

A ideia condensada: as conquistas de Alexandre difundiram o comércio e a cultura gregos por uma área imensa

247 a.C.	167 a.C.	146 a.C.	31 a.C.
A Pártia se separa do Império Selêucida	Os romanos conquistam a Macedônia	A Grécia se torna uma província romana	Cleópatra é derrotada pelos romanos em Áccio

06 A expansão do poderio romano

Entre todos os grandes impérios do mundo antigo, o Império Romano foi o maior e mais duradouro. Os gregos haviam difundido sua cultura amplamente na esteira das conquistas de Alexandre, o Grande, mas não conseguiram estabelecer uma unidade política.

Os romanos, por outro lado, através da força das armas, da imposição de suas leis e da extensão da cidadania aos povos conquistados, criaram um império homogêneo da Grã-Bretanha ao Egito e até as margens ocidentais da Ásia.

As origens de Roma se perderam nas brumas do tempo. Segundo a tradição romana, a cidade foi fundada em 753 a.C. por um pastor chamado Rômulo, depois de ter matado seu irmão Remo. Rômulo foi o primeiro dos sete reis de Roma; o último, Tarquínio, o Soberbo, foi banido pelos cidadãos locais em 509 a.C.

Expansão sob a República No lugar da velha monarquia, os romanos estabeleceram uma república. No início ela foi dominada pelos patrícios, classe formada por um número relativamente pequeno de famílias da elite, que anualmente elegia dois cônsules para governar e comandar o exército; os cônsules, por sua vez, eram aconselhados por uma assembleia eleita, o Senado. Em situações de emergência era escolhido um ditador, mas por períodos nunca superiores a seis meses de cada vez. O domínio dos patrícios causava inquietação nos demais cidadãos, os plebeus, que acabaram conquistando alguns direitos políticos, com sua própria assembleia e representantes eleitos, conhecidos como tribunos.

Roma era apenas uma de várias cidades-estado da Itália central que falavam latim. Aos poucos, combinando diplomacia e aventureirismo militar, Roma tornou-se o poder dominante na região e os povos

linha do tempo

753 a.C.	509 a.C.	390 a.C.	287 a.C.	280-241 a.C.	275 a.C.
Segundo as lendas, data da fundação de Roma	Roma expulsa o último rei e se torna uma república	A cidade é saqueada por invasores celtas	Os plebeus conquistam o direito de criar leis	Primeira Guerra Púnica	Os romanos derrotam o rei Pirro, pondo um fim às ambições gregas na Itália

vizinhos, seus aliados na conquista de toda a península, concluída nas primeiras décadas do século III a.C. Roma então voltou sua atenção para além-mar. A grande potência do Mediterrâneo ocidental naquela época era Cartago, cidade do norte da África que havia sido fundada por mercadores fenícios do Levante.

> **"Dulce et decorum est pro patria mori. [Doce e honroso é morrer pela pátria.]"**
>
> Horácio, *Odes*, Livro III, n° 2. Este verso famoso resume o valor que os romanos davam às virtudes marciais e aos sacrifícios viris.

Roma empreendeu três guerras contra Cartago, resistindo à invasão da Itália pelo general cartaginês Aníbal e ocupando os inúmeros territórios cartagineses na Espanha e em outras regiões. Em 146 a.C., ao final da terceira Guerra Púnica (*Punicus*, em latim, remete aos fenícios, fundadores de Cartago), os romanos destruíram a cidade de Cartago. Nesse mesmo ano a Grécia tornou-se província romana, e o Mediterrâneo se transformou no "lago romano". Os romanos conquistaram também o Oriente Próximo, o norte da África, a Gália (França moderna) e a Grã-Bretanha, com os rios Reno e Danúbio formando as fronteiras de seu império no continente europeu.

Guerras civis A expansão imperial foi acompanhada por profundas mudanças econômicas e sociais. Originalmente, o exército romano havia sido formado por pequenos agricultores, que serviam quando convocados e que depois retornavam para suas terras. Porém, à medida que as campanhas militares avançavam por distâncias cada vez maiores, esses camponeses ficaram sem condições de cuidar das terras arrendadas; muitos ficaram endividados e foram forçados a abandonar as terras e procurar seu sustento nas cidades – onde continuaram desempregados, dependendo das esmolas do governo. Enquanto isso, a elite abastada comprava os pequenos lotes e transformava-os em grandes propriedades, onde trabalhavam os cativos escravizados nas conquistas imperiais.

Enquanto os ricos ficavam mais ricos e os pobres ficavam mais pobres, alguns generais bem-sucedidos da elite dominante disputavam o poder, reunindo seguidores saídos das fileiras dos sem posse. Isso levou a uma série de guerras civis e oligarquias no século I a.C., envolvendo figuras como Pompeu e Júlio César, que acabou assassinado

272 a.C.	218-202 a.C.	216 a.C.	202 a.C.	149-146 a.C.	146 a.C.
Os romanos concluem a conquista da península itálica	Segunda Guerra Púnica	O general cartaginês Aníbal impõe uma derrota esmagadora aos romanos em Canas	O general romano Cipião derrota Aníbal em Zama	Terceira Guerra Púnica, com a destruição de Cartago pelos romanos	A Grécia se torna província romana

> **"Romano, lembra-te de governar os povos do mundo através da força – pois estas são tuas aptidões: levar a paz e impor a lei, poupar os vencidos e derrotar os soberbos através da guerra."**
>
> Virgílio, *Eneida*, Livro VI, oferece uma declaração de missão ao primeiro imperador, Augusto.

em 44 a.C. por seus inimigos republicanos. Seguiram-se mais guerras civis até que Marco Antonio e sua amante, a rainha Cleópatra do Egito, foram derrotados por Otávio em 31 a.C.

Roma imperial Otávio tornou-se o primeiro imperador romano, adotando o nome de Augusto. Foi sucedido por uma longa linhagem de imperadores, alguns deles generais e governantes eficientes, outros nulidades incompetentes, outros ainda déspotas ensandecidos, como Calígula e Cômodo. O princípio da hereditariedade nunca foi solidamente estabelecido, e a sucessão frequentemente ocorria devido a assassinatos ou apoio das legiões a um general popular.

Apesar da instabilidade política, a Pax Romana prevaleceu por alguns séculos em boa parte do império, que atingiu sua maior extensão em 200 d.C. As províncias eram em grande parte autossuficientes, governadas por elites locais, sem muita interferência do imperador de Roma – desde que não causassem problemas. Os benefícios da cidadania romana se estendiam aos povos conquistados, que se sujeitavam ao estilo romano; aqueles que oferecessem qualquer resistência eram aniquilados ou escravizados. O exército recrutava seus membros entre os muitos povos subjugados, e veteranos do exército se estabeleciam em colônias de todo o império, realizando casamentos com as mulheres locais. Novas cidades, seguindo o modelo romano – com fóruns, templos e anfiteatros –, surgiram em todas as províncias, o comércio prosperava, e as pessoas podiam se movimentar livremente por todo o império, comunicando-se em grego ou latim onde quer que estivessem. Mas esse estado de coisas não iria durar para sempre. A partir do século III d.C., o império começou a sofrer pressões externas crescentes – pressões que acabaram provocando um colapso catastrófico.

linha do tempo

133 a.C.	88 a.C.	58 a.C.	48 a.C.	44 a.C.	31 a.C.	27 a.C.
O tribuno Tibério Graco é assassinado depois de tentar introduzir uma reforma agrária	Início do período de cinquenta anos de guerras civis intermitentes	Júlio César inicia a conquista da Gália (França moderna)	César derrota Pompeu e se torna ditador vitalício	César é assassinado	Otávio derrota Marco Antonio pondo um fim às guerras civis	Otávio torna-se o imperado Augusto

Engenharia romana

Apesar de jamais terem se equiparado aos gregos na esfera intelectual, os romanos eram extremamente práticos e foram responsáveis por algumas das maiores obras de engenharia da Antiguidade. A água era trazida para as cidades através de aquedutos, e o esgoto era escoado por canos cobertos enquanto as vilas dos ricos tinham aquecimento central por piso radiante. Edifícios públicos magníficos adornavam todas as cidades, em especial a cidade de Roma, onde o Coliseu – arena onde ocorriam as lutas dos gladiadores – tinha lugares para 50 mil espectadores. Os romanos foram os primeiros a usar o arco em uma grande variedade de estruturas e também os primeiros a construir uma cúpula de verdade, em edifícios como o templo conhecido como Panteão – que empregou outra inovação romana: o concreto. Considerações militares levaram a outras realizações impressionantes, como o conjunto de estradas que ligavam todas as partes do império e as muralhas de proteção, como a Muralha de Adriano, no norte da Inglaterra, que garantiu as fronteiras do poder romano.

A ideia condensada:
Roma dominou o Mediterrâneo e além por mais de meio milênio

9 d.C.	14 d.C.	43 d.C.	101-106 d.C.	126 d.C.	c. 200 d.C.
Três legiões romanas são aniquiladas por tribos germânicas na Floresta de Teutoburgo, acabando com as ambições romanas além do Reno	Morte de Augusto	Início da conquista da Grã-Bretanha pelos romanos	Conquista da Dácia (atual Romênia)	Conclusão da Muralha de Adriano	O Império Romano atinge sua maior extensão

07 A queda de Roma e suas consequências

Desde o Renascimento, senão antes, estudiosos examinaram a queda de Roma como um grande interlúdio na civilização ocidental, marcando o triunfo do barbarismo e o início do que ficou conhecido como a "Idade das Trevas". Mas o colapso do poderio romano não foi tão repentino nem tão universal quanto esse quadro faz pensar.

O Império Romano do Oriente, com sede em Constantinopla (atual Istambul), continuou a existir por mais mil anos como Império Bizantino. No ocidente, inúmeros reinos herdaram o manto do poder romano, enquanto a Igreja de Roma manteve vivas a fé e a erudição.

Durante muitos séculos, historiadores usaram a queda de Roma para dar lições ou enfeitar um relato. Para muitos, os romanos e seus imperadores tirânicos tornaram-se decadentes e estéreis, rendendo-se à luxúria e negligenciando as virtudes militares. Para outros – notadamente Edward Gibbon, em *Declínio e Queda do Império Romano* (1776-88) – a decomposição começou quando os romanos abandonaram os valores seculares herdados dos gregos antigos e abraçaram as superstições, o culto intolerante e irracional do cristianismo. Mas atualmente existe o consenso de que as causas do declínio de Roma não foram internas, mas externas: nas palavras de um historiador moderno, "o Império Romano não caiu, foi empurrado".

Os bárbaros à porta O Império havia atingido sua maior extensão no ano de 200 d.C. A partir de meados do século III, as fronteiras ao longo do Reno e do Danúbio passaram a sofrer pressão crescente

linha do tempo

235	Década de 250	260	Década de 270	284
Tem início meio século de instabilidade política e desordem, com incursões de bárbaros nas fronteiras do norte	Década do colapso do sistema monetário romano	Persas sassânidas invadem a Síria e capturam o imperador Valeriano	Década da construção dos muros de Roma	Diocleciano torna-se imperador e restabelece a ordem

de tribos germânicas, como francos, alamanos e godos. Essas tribos eram chamadas de "bárbaras" pelos romanos, mas, na verdade, eram pelo menos parcialmente romanizadas, desfrutando de relações comerciais com o Império e fornecendo cada vez mais mercenários para o exército romano. Em vez de consequência de uma ambição expansionista, suas incursões territoriais pelas províncias romanas eram uma resposta ao avanço dos guerreiros nômades que avançavam a cavalo pelas estepes, como os hunos.

Quando as demandas financeiras para a defesa do Império não puderam mais ser satisfeitas pelos contribuintes romanos, as autoridades reagiram com o aviltamento da moeda, levando a economia à beira do colapso. A ruptura no comércio e na agricultura levou à fome e à anarquia enquanto os imperadores se sucediam em meio a uma série de revoltas, guerras civis e assassinatos. Um certo grau de estabilidade foi restaurada sob o imperador Diocleciano, no final do século III, e sob Constantino, no início do século IV. Constantino fez do cristianismo a religião oficial do Império e transferiu a capital de Roma para a antiga cidade grega de Bizâncio, que ele renomeou como Constantinopla. Depois disso, passaram a existir imperadores diferentes para o oriente e para o ocidente.

> **"Sob a autoridade de Deus... empreendemos guerras vitoriosamente, fazemos a paz com honra e sustentamos a estrutura do Estado."**
>
> Imperador Justiniano I, *c.* 530, afirma a sanção divina para seus poderes terrenos.

No início do século V, tribos germânicas invadiram as fronteiras e se espalharam pela Gália (França moderna), Espanha, norte da África e Itália, estabelecendo reinos e obrigando o imperador ocidental a reconhecê-los como aliados.

Mas os novos aliados do imperador continuaram insatisfeitos. A cidade de Roma – que se mantivera a salvo das invasões estrangeiras por cerca de oito séculos – foi saqueada pelos visigodos sob o comando de Alarico em 410, e em 476 o último imperador romano foi deposto pelo general germânico Odoacro, que se proclamou rei da Itália.

303	306	313	330	395
Início da perseguição aos cristãos	Constantino torna-se imperador	O Édito de Milão proclama a tolerância religiosa	Constantino transfere a capital romana para Constantinopla	O Império Romano se divide entre o oriente e o ocidente

Da Antiguidade à Idade Média

Quão sombria foi a Idade das Trevas? As tribos "bárbaras" que fundaram seus reinos no que havia sido o Império Romano do Ocidente – visigodos na Espanha, vândalos no norte da África, ostrogodos na Itália e francos na Gália e Germânia ocidental – abandonaram em grande medida seus deuses antigos e adotaram o cristianismo, de uma forma ou de outra. Mas o contato com os grandes centros culturais do Mediterrâneo ocidental, como Alexandria, foi interrompido e

Cristianismo: de culto judeu a religião imperial

O cristianismo era apenas uma entre várias seitas judaicas que surgiram durante a ocupação de Israel pelos romanos, em parte como forma de resistência espiritual à opressão estrangeira. No início, apenas judeus podiam tornar-se cristãos, até São Paulo começar a pregar para os gentios de Chipre, Ásia Menor e Grécia, entre outras regiões. Paulo não apenas transformou os ensinamentos de Jesus em um conjunto de doutrinas teológicas como também iniciou o trabalho de criação de uma igreja universal, com uma organização forte e centralizada.

O cristianismo, com seu apelo junto aos pobres e oprimidos, se espalhou rapidamente pelo Império Romano, mas também enfrentou considerável antipatia por parte daqueles que consideravam a recusa dos cristãos em adorar os deuses romanos "oficiais" como uma traição ao Estado. O imperador Nero usou a comunidade cristã como bode expiatório no incêndio de Roma, no ano de 64 d.C., condenando muitos à morte mais sórdida. Mas as perseguições iniciais foram quase sempre causadas por surtos de violência em meio a multidões. Entretanto, as pressões que foram se avolumando nas margens do Império ao longo do século III levaram a ações severas de perseguição oficial, especialmente sob Diocleciano no início do século IV. Criando muitos mártires, essas perseguições serviram apenas pra recrutar mais devotos.

Foi o imperador Constantino quem reconheceu que o cristianismo, com sua organização hierárquica e seu domínio da lealdade das pessoas, poderia ser útil para o exercício do poder e em 313 promulgou um édito de tolerância religiosa. A partir daí o cristianismo tornou-se a religião oficial do Império Romano, e a igreja, uma extensão do Estado.

linha do tempo

410	451	476	527-565	Século VII
Roma é saqueada pelos visigodos	Visigodos e romanos se unem para derrotar os hunos em Châlons-sur-Marne (atual Châlons-en-Champagne)	Deposição do último imperador ocidental	Reinado do imperador Justiniano, que reconquistou território no ocidente	O Império Bizantino perde boa par[te] de seu territór[io] para os árabe[s]

com isso caíram a alfabetização e a aprendizagem, preservadas apenas nos mosteiros.

Os francos tornaram-se a força dominante e, sob o comando de seu rei mais famoso, Carlos Magno, construíram um império que compreendia não apenas a França, mas também boa parte da Itália e da Alemanha. No Natal de 800 d.C., Carlos Magno foi coroado "Imperador do Ocidente" pelo Papa em Roma. Sua capital, a cidade de Aix-la-Chapelle (Aachen), tornou-se grande centro de aprendizagem. Carlos Magno e seus sucessores conseguiram preservar o legado de gregos e romanos na arte, na literatura e em todas as áreas do conhecimento.

> **"Quando a luz brilhante de todo o mundo foi apagada... fiquei mudo e prostrado, e silenciei sobre os acontecimentos."**
>
> São Jerônimo, "Prefácio a Ezequiel", lembrando sua reação ao saber que Roma havia sido saqueada em 410.

No Oriente, o Império Bizantino vivenciou um renascimento no século VI com o imperador Justiniano, que reconquistou a Itália e partes da Espanha e do norte da África. Mas esse sucesso durou pouco e nos séculos seguintes o Império Bizantino foi sendo desmembrado, primeiro pelos árabes e depois pelos turcos. Ainda assim, ao longo dos vários séculos de seu declínio, os bizantinos, apesar de falarem grego, consideravam-se os verdadeiros herdeiros do manto romano.

A ideia condensada: o legado romano sobreviveu à queda de Roma

800	843	1054	1071	1453
Carlos Magno, rei dos francos, é coroado "Imperador do Ocidente"	O império de Carlos Magno é dividido em três por seus sucessores	Cisma das igrejas de Roma e de Constantinopla	Os turcos iniciam o assalto ao Império Bizantino com a vitória em Manziquerta (atual Malazgirt) na Anatólia oriental	Os turcos tomam Constantinopla, marcando o fim do Império Bizantino

08 A ascensão do islamismo

No início do século VI d.C. nasceu uma nova religião no deserto da Arábia. Era o islamismo, palavra que significa "submissão (a Deus)". Seu profeta, Maomé, dizia aos seus seguidores que a palavra de Deus lhe havia sido revelada pelo arcanjo Gabriel.

Com seu carisma, Maomé conseguiu unir as tribos da Arábia sob a bandeira do islamismo, e nos 150 anos seguintes os árabes expandiram seu poder e sua religião desde a Espanha, no ocidente, até as fronteiras da Ásia central e da Índia, no oriente.

Maomé não dizia que o islamismo era uma nova religião. Na verdade, dizia ele, era o aperfeiçoamento das antigas religiões monoteístas, o judaísmo e o cristianismo, que remontavam a Abraão. As revelações começaram em 610 e adquiriram sua forma escrita no Alcorão. As pregações de Maomé contra a idolatria dos habitantes politeístas de Meca levaram à sua expulsão para a cidade de Medina em 622. Maomé levou com ele seus seguidores, e essa migração, que marcou o primeiro ano do calendário islâmico, foi chamada de Hégira. Oito anos depois, ele voltou a Meca e conquistou a cidade. Ao morrer, em 632, Maomé era o soberano de toda a Península Arábica.

Além da Arábia Antes de morrer, Maomé conclamou seus seguidores a empreenderem uma *Jihad* (guerra santa) contra todos os incrédulos. Seus sucessores no comando da comunidade muçulmana adotaram o título de califa (literalmente, "sucessor") e durante as três décadas seguintes lideraram os árabes em uma série de campanhas notáveis, tomando o Egito e a Síria do Império Bizantino e a Mesopotâmia e o Irã dos persas sassânidas. Por duas vezes (674-8 e 717-8) os árabes também chegaram a sitiar Constantinopla, a capital bizantina.

linha do tempo

c. 570	610	622	630-650	632	661
Nascimento do profeta Maomé	Maomé começa a receber as revelações	Maomé é expulso de Meca	Arábia, Egito, Síria, Mesopotâmia e Pérsia são dominadas pelos muçulmanos	Morte de Maomé	Assassinato do califa Ali, genro de Maomé

Os conquistadores ofereciam direitos e privilégios iguais aos dos muçulmanos a todos os conquistados que se convertessem; aqueles que não quisessem se converter, fossem judeus ou cristãos, eram tolerados desde que não resistissem e também eram submetidos a uma taxação mais elevada. Essa abordagem pluralista contrastava com a intolerância religiosa dos gregos bizantinos ortodoxos e dos persas zoroastrianos e, por isso, muitos povos saudavam os novos conquistadores.

Os exércitos muçulmanos se espalharam pelo norte da África e em 711 um exército de mouros (berberes muçulmanos) cruzou o estreito de Gibraltar e conquistou praticamente toda a Península Ibérica. A Sardenha e a Sicília também caíram, e em 846, os árabes saquearam a própria cidade de Roma. No mesmo ano em que os berberes cruzaram para a Espanha, um exército árabe avançou a partir do leste do Irã e conquistou uma grande faixa do Vale do Indo. Nos séculos seguintes o islamismo se espalhou entre os povos turcos da Ásia central e depois pela Índia. Mercadores árabes também levaram o islamismo à África subsaariana, ao sudeste asiático e até a Indonésia.

> **"A Pérsia foi destruída e Bizâncio foi esmagada, assim como inúmeras cidades indianas; eles eram invencíveis."**
> Tu-Yu, intelectual chinês do século VIII, descreveu a extensão das conquistas dos árabes, lembrando que enviaram um embaixador à corte imperial chinesa para prestar suas homenagens.

Os conflitos não demoraram a surgir no mundo islâmico. Ali, quarto califa e genro de Maomé, foi assassinado em 661, e seus seguidores, os Shi'at Ali (partido de Ali), formaram a minoria xiita, enquanto a maioria, os sunitas, seguiram a Suna ("tradição"). A primeira dinastia de califas, Omíada, fixou sua base em Damasco, mas foi substituída em 750 pela dinastia Abássida, que transferiu a capital para Bagdá. A corte Abássida alcançou o auge de seu esplendor no final do século VIII sob o quinto califa abássida, Harun al-Rashid, que trocou presentes com Carlos Magno e que aparece em *As Mil e Uma Noites*. Mas a partir daí o poder dos abássidas no Império Árabe começou a decli-

661-750	674-678	711	717-718	750-1258	945
Dinastia Omíada, sediada em Damasco	Os árabes sitiam Constantinopla	Os mouros invadem a Espanha. O exército árabe conquista a província de Sind no Vale do Indo	Segundo cerco árabe a Constantinopla	Dinastia Abássida, sediada em Bagdá	Buídas do norte da Pérsia assumem o poder político em Bagdá

nar. Em 929, o emir de Córdoba, no sul da Espanha, proclamou-se califa e durante um século ele e seus sucessores governaram uma época de ouro, marcada por grande prosperidade e florescimento cultural,

A ciência islâmica

Durante muitos séculos após a queda de Roma, enquanto a maior parte do conhecimento clássico mantinha-se fora do alcance do ocidente cristão, polímatas e estudiosos islâmicos como Ibn Sinna (Avicena, 980-1037) e Ibn Rushd (Averróis, 1126-98) mantiveram acesa a chama intelectual da Grécia antiga. Esse conhecimento começou a ser resgatado quando Gerardo de Cremona traduziu muitas versões em árabe dos textos gregos para o latim. Foi através desse processo que as obras de Aristóteles e de muitos outros autores tornaram-se conhecidas pela cristandade, tendo um impacto profundo sobre a teologia, a filosofia natural e a medicina.

Árabes, persas e outros pensadores do mundo islâmico medieval também se destacam por inúmeras contribuições originais. O sistema de numerais arábicos, incluindo o símbolo fundamental do zero (proveniente da Índia), possibilitou cálculos matemáticos muito mais complexos do que aqueles realizados por gregos e romanos com seus sistemas numéricos canhestros. A palavra "álgebra", derivada do árabe *al-jabr*, foi usada pela primeira vez em um contexto matemático em 820 pelo matemático persa Al-Khwarizmi, em seu tratado sobre equações polinomiais. A palavra "álcool" também é derivada de uma palavra árabe, *al-kuhl*, e foi Jabir ibn Hayyan (Geber, *c.* 721-*c.* 815) quem identificou pela primeira vez o álcool como o vapor inflamável liberado pela fervura do vinho. Ele também entendeu o funcionamento de ácidos e álcalis e teria sido o primeiro a fazer da alquimia uma ciência experimental – a química.

Também ocorreram grandes feitos tecnológicos. Em 850, os irmãos Banu Musa, de Bagdá, publicaram o "Livro de Mecanismos Engenhosos", com descrições de inúmeros aparelhos mecânicos, como autômatos e instrumentos musicais automáticos. Alguns anos depois, no emirado de Córdoba, ao sul da Espanha, o inventor mouro Abbas Ibn Firnas criou um par de asas e parece ter conseguido deslizar pelo ar antes de voltar à terra com um solavanco.

linha do tempo

969-1171	1040	1071	1099	1187	1206
Dinastia de califas fatimidas, com sede no Cairo	Turcos seljúcidas invadem o Oriente Médio	Os seljúcidas derrotam os bizantinos em Malazgirt (Manziquerta)	Os cruzados tomam Jerusalém e fundam estados na Síria e na Palestina	O sultão Saladino retoma Jerusalém dos cruzados	Estabelecimento do sultanato islâmico de Déli na Índia

> "Havia no centro da sala uma bacia cheia de mercúrio; em cada lado oito portas fixadas em arcos de marfim e ébano, ornamentados com ouro e pedras preciosas de vários tipos repousando sobre colunas de mármore variegado e cristal transparente."
>
> **Al-Maqqari, escritor do século XI,**
> descreve um palácio mouro no emirado de Córdoba, sul da Espanha.

com a construção de mesquitas magníficas, jardins e palácios e grandes avanços na ciência, filosofia, história e geografia. O poder da dinastia Abássida enfraqueceu ainda mais em 969, quando os fatimidas, dinastia xiita que se proclamava descendente de Ali e Fátima (filha de Maomé), declararam-se califas no Egito e no norte da África.

Além dessas divisões internas, havia também pressões externas. No século XI, os turcos seljúcidas, muçulmanos convertidos da Ásia central, invadiram o Oriente Médio enquanto exércitos cristãos da Europa ocidental montaram a primeira de várias cruzadas para retomar a Terra Santa dos muçulmanos. Ao mesmo tempo, os reinos cristãos do norte da Península Ibérica iniciaram uma longa campanha de reconquista da Espanha muçulmana. Nos séculos XIII e XIV os mongóis e os turcos otomanos iniciaram suas investidas – os últimos criaram um império no Oriente Médio que duraria até o século XX.

A ideia condensada: uma rápida expansão de um novo fenômeno político e religioso

1219	1250	1258	1260	c. 1300
Gengis Khan inicia os ataques mongóis no Oriente Médio	Mamelucos (escravos-soldados turcos) tomam o poder no Egito	Os mongóis saqueiam Bagdá, pondo fim ao Califado Abássida	Mamelucos derrotam os mongóis em Ain Jalut	Fundação do primeiro Estado turco otomano

09 Os vikings

Entre os séculos VIII e XI, ondas de invasores vindos da Escandinávia deixaram sua marca em um período conhecido como a "Era Viking". Muito temidos pelas pilhagens brutais e massacres impiedosos, os vikings eram navegantes habilidosos, comerciantes, excelentes artesãos e se estabeleceram em muitos lugares como agricultores pacíficos, integrando-se aos povos e às culturas nativas. No final do século XI praticamente todos os vikings haviam trocado suas crenças pagãs pelo cristianismo.

Até o início do século XIX o termo Viking era desconhecido. Pode ser proveniente de *wíc*, palavra em inglês antigo que significa acampamento; ou do nórdico antigo *vík*, enseada, sugerindo o tipo de lugar em que esses saqueadores podiam ser encontrados. Para seus contemporâneos eles eram simplesmente nórdicos – homens do norte.

Os homens do norte No que diz respeito à Inglaterra, a Era Viking começou quando a abadia da ilha de Lindisfarne, na costa da Nortúmbria, foi destruída por uma frota de barcos nórdicos em 8 de junho de 793. Todos os monges foram assassinados. O acontecimento chocou os reinos cristãos do noroeste europeu. "Nunca se viu tamanha atrocidade", escreveu o monge e estudioso Alcuíno de York. Dois anos depois, em busca de mais tesouros, os vikings atacaram a Abadia de Iona na pequena ilha do Arquipélago das Hébridas, berço do cristianismo na Escócia. Seguiram-se muitos outros

> **"Então os lobos da chacina, descuidando da água, avançaram para o oeste, por rios cintilantes, carregando escudos em direção à praia..."**
>
> "A Batalha de Maldon", poema anglo-saxão anônimo, *c.* 1000, descrevendo a vitória dos vikings sobre os ingleses em 991.

linha do tempo

793	834	853	856	860	865	866
Os vikings iniciam os ataques às Ilhas Britânicas	Início dos ataques vikings no noroeste da França	Olaf, filho do rei da Noruega, funda um reinado viking na Irlanda, tendo Dublin como sua capital	Os vikings saqueiam Paris	Fracasso do ataque viking a Constantinopla	Grande invasão dinamarquesa da Ânglia oriental	Vikings tomam York e dominam a Nortúmbria

Os normandos

Em 896, um "grande exército" viking invadiu o noroeste da França. Em troca da paz, o rei Carlos, o Simples concordou em entregar a Rollo, um dos líderes vikings, uma extensa região no entorno da foz do rio Sena, que ficaria conhecida como Normandia. Rollo, por sua vez, concordou em ser batizado, reconhecendo Carlos como seu rei. Os duques da Normandia adotaram a língua e a cultura francesas, apesar de frequentemente afirmarem sua independência política. Os normandos deram continuidade ao aventureirismo militar de seus ancestrais conquistando territórios no sul da Itália e Sicília enquanto o duque Guilherme da Normandia derrotava os ingleses na Batalha de Hastings em 1066, tornando-se Guilherme, o Conquistador. Durante os trezentos anos seguintes, o francês se tornou a língua oficial da corte inglesa.

ataques: dos dinamarqueses na costa leste da Inglaterra e noroeste da França; dos noruegueses nas Hébridas, costa ocidental da Escócia, Ilha de Man e costa da Irlanda. Eles também ocuparam as ilhas Shetland, Féroe e Órcades e estabeleceram colônias na Islândia e Groelândia, além de um breve assentamento na América do Norte, que chamaram de "Vinlândia", na ilha da Terra Nova ou mesmo no Maine.

Os vikings da Suécia se voltaram para o outro lado do Báltico, na direção da Rússia, e desceram o Volga até o mar Cáspio e o Dnipre até o mar Negro, chegando até a montar um ataque contra Constantinopla, capital do Império Bizantino. Apesar de terem fracassado, os imperadores bizantinos ficaram tão impressionados com suas habilidades que acabaram por recrutar combatentes vikings para sua guarda pessoal, conhecida como Guarda Varegue. Na Rússia, os suecos ficaram conhecidos como Rus e fundaram o mais importante dos primeiros principados russos, em Kiev.

O que motivou a expansão viking ainda é tema de discussão, mas é provável que devido às condições adversas em sua pátria natal, a produção agrícola não tenha conseguido acompanhar o crescimento populacional, fazendo com que muitos procurassem as terras mais

871	c. 874	877	c. 880	886	896	911
Alfredo, o Grande, torna-se rei de Wessex e inicia a resistência efetiva contra os vikings	Os noruegueses chegam à Islândia	Os dinamarqueses dominam a Mércia	Os suecos fundam o estado Rus de Kiev, núcleo da Rússia moderna	Lei dinamarquesa estabelecida por tratado na Inglaterra	Alfredo detém nova invasão dinamarquesa na Inglaterra	Rollo, líder dos vikings, torna-se o primeiro duque da Normandia

ricas das zonas temperadas ao sul. É possível também que os invasores tivessem conhecimento da fraqueza dos territórios visados: nesse período, a Inglaterra era formada por reinos anglo-saxões concorrentes, enquanto do outro lado do Canal da Mancha o Império Franco criado por Carlos Magno estava começando a desmoronar após a morte de Luís, o Piedoso, em 840.

Os vikings e as Ilhas Britânicas No início, os vikings chegaram ao noroeste europeu como invasores, mas logo passaram a fincar assentamentos e começaram a surgir reinos nórdicos, como os de Dublin e York. No final do século IX, os vikings haviam dominado os reinos anglo-saxões da Nortúmbria, Mércia e Ânglia oriental. Somente Wessex resistiu, sob o rei Alfredo, o Grande, e ao longo de um século seus sucessores continuaram lutando e conseguiram unificar a Inglaterra. No entanto, uma grande faixa ao leste da Inglaterra foi ocupada pelos dinamarqueses e até o final do século XI as leis e costumes dinamarqueses prevaleceram nessa área, conhecida como Danelaw. A influência viking pode ser percebida em muitos nomes ingleses com o sufixo –by, que significa "lavoura" ou "vila" em nórdico antigo: Grimsby, Whitby e Derby.

No final do século X, houve um ressurgimento dos ataques vikings em larga escala, e o rei inglês Etelredo, o Despreparado, tentou comprar os saqueadores com grandes somas de dinheiro, que ficaram conhecidas como "Danegeld", literalmente "tributo dinamarquês". O epíteto "despreparado" na verdade é um erro de tradução; o original "unraed", em inglês antigo, significa "falta de bom conselho", mas ele fez juz ao cognome em 1002, quando – talvez pensando em restaurar o orgulho nacional – ordenou o massacre de todos os dinamarqueses na Inglaterra. Entre os que morreram no massacre estava a irmã do rei da Dinamarca, Sueno I, que determinou uma escalada aos ataques dinamarqueses e que em 1013 chegou a Londres em pessoa. Etelredo fugiu e Sueno foi proclamado rei. Apesar de ter morrido no ano seguinte, seu filho Canuto reinou sobre a Inglaterra por duas décadas, um período de relativa paz e prosperidade. Canuto, que na época era a figura mais poderosa da Escandinávia, foi recebido em Roma pelo Papa e pelo Sacro Imperador Romano como um príncipe cristão entre príncipes cristãos.

linha do tempo

915	930	965	c. 986	995	c. 1000
O rei Eduardo, o Velho, inicia a reconquista inglesa de Danelaw	Fundação do Alpingi, Parlamento da Islândia	Dinamarca adota o cristianismo	Érico, o Vermelho, chega à Groelândia	Início da conversão da Suécia ao cristianismo	Leif Eriksson monta um assentamento norueguês na América do Norte, quinhentos anos antes de Colombo descobrir o "Novo Mundo"

O domínio dinamarquês sobre a Inglaterra chegou ao fim com a morte do filho de Canuto, Hardacanuto, em 1042. As ambições nórdicas continuaram concentradas na Inglaterra, mas em 1066 a invasão do rei norueguês Haroldo Hardrada terminou com sua morte em Stamford Bridge, perto de York. Pouco depois o duque Guilherme da Normandia, descendente francês dos invasores vikings, desembarcou em Sussex. Sua vitória na Batalha de Hastings mudaria o curso da história da Inglaterra.

> **"Rollo, menosprezando o gesto de ajoelhar-se, agarrou o pé do rei e levou-o à boca enquanto ele continuava em pé. O rei caiu de costas, e todos os noruegueses caíram na gargalhada."**
>
> **Guilherme de Malmesbury,** c. 1125, descreve como o primeiro duque da Normandia beijou o pé de Carlos, o Simples da França, prestando suas homenagens de forma zombeteira.

O domínio nórdico continuou em outras partes das Ilhas Britânicas. Na Irlanda, as cidades de Dublin, Wexford, Waterford e Limerick continuaram predominantemente vikings até a invasão anglo-normanda do final do século XII. Na Escócia, as Hébridas continuaram na mão dos noruegueses até o rei Haakon IV da Noruega ser derrotado pelos escoceses na Batalha de Largs, em 1263. As Ilhas Shetland e Órcades só passaram para a Coroa escocesa em 1472, como parte de um dote de um casamento dinástico; o povo dessas ilhas, com sua ancestralidade nórdica, ainda hoje não se considera parte integrante da Escócia.

A ideia condensada: invasores que aterrorizaram o norte da Europa depois se tornaram colonos pacíficos

1013-42	1014	1066	1169	c. século XV
A Inglaterra é governada por Sueno da Dinamarca e seus sucessores, Canuto, Haroldo Pé de Lebre e Hardacanuto	Brian Boru, Grande Rei de toda a Irlanda, derrota os vikings na Batalha de Clontarf	**SETEMBRO** Haroldo Hardrada da Noruega morre em Stamford Bridge **OUTUBRO** O duque Guilherme da Normandia derrota os ingleses na Batalha de Hastings	A invasão anglo--normanda marca o fim dos reinos gaélicos-nórdicos na Irlanda	As colônias nórdicas da Groelândia desaparecem, provavelmente devido ao esfriamento do clima

10 As Cruzadas

Durante dois séculos, de 1096 a 1291, os governantes da Europa ocidental montaram uma série de campanhas militares contra os muçulmanos do Oriente Próximo para tentar recuperar lugares sagrados – principalmente Jerusalém – da cristandade. Os cruzados foram doutrinados pela Igreja Católica Romana, que concedia a remissão dos pecados àqueles que se tornassem cruzados.

Sem dúvida, muitos daqueles que juravam "defender a cruz" eram idealistas – pelo menos no início. Mas o fanatismo religioso trouxe consigo uma crueldade desumana com os incrédulos. E, como acontece frequentemente, guerras movidas pelas melhores das intenções em pouco tempo se degeneram, transformando-se em luta indigna por dinheiro e poder.

Embora as Cruzadas mais conhecidas tenham sido aquelas enviadas à Terra Santa, também houve campanhas de motivação religiosa empreendidas contra pagãos, como os eslavos e os bálticos, no nordeste da Europa; contra heréticos, como os cátaros, do sul da França e contra os governantes muçulmanos da Espanha em um processo chamado de Reconquista. Essas campanhas também foram marcadas pelo fervor, pela intolerância e pela selvageria.

A Primeira Cruzada A Primeira Cruzada surgiu de um apelo feito por Aleixo I Comneno, imperador bizantino que pediu ajuda ao Papa Urbano II para resistir aos turcos seljúcidas muçulmanos. Após a decisiva Batalha de Manziquerta em 1071, os seljúcidas haviam ocupado a maior parte da Anatólia, e Aleixo pediu a ajuda de mercenários ocidentais para enfrentar a ameaça ao seu império.

> **"Que aqueles que eram bandidos tornem-se soldados de Cristo..."**
>
> Papa Urbano II, pregando em Clermont, 1095, antes da Primeira Cruzada.

linha do tempo

638	1071	1095	1096	1098	1099
Árabes muçulmanos tomam Jerusalém	Turcos seljúcidas derrotam os bizantinos na Batalha de Manziquerta	Papa Urbano II faz um sermão pregando a Primeira Cruzada	Primeira Cruzada em direção à Terra Santa	Os cruzados tomam Antióquia	Os cruzados tomam Jerusalém e fundam estados na Síria e na Palestina

A Igreja Ortodoxa Grega no oriente e a Igreja Católica Romana no ocidente tinham se distanciado muito e o Papa enxergou no infortúnio bizantino uma oportunidade para afirmar a primazia de Roma sobre toda a cristandade e reverter o avanço do islamismo sobre terras que haviam sido cristãs. Em 1095 ele fez um sermão em Clermont, em sua França natal, citando atrocidades cometidas pelos muçulmanos contra peregrinos cristãos na Terra Sagrada – embora de modo geral os muçulmanos fossem tolerantes em relação aos peregrinos cristãos, compreendendo que eram uma fonte de renda significativa.

> ### Sobre o uso da propaganda
>
> Baha ad-Din, amigo e biógrafo de Saladino, relatou que, para instigar o espírito dos guerreiros da cristandade para uma Terceira Cruzada, Conrado, marquês de Monferrato, encomendou uma pintura mostrando um cavaleiro muçulmano pisoteando com seu cavalo o túmulo de Cristo em Jerusalém, enquanto o animal urinava sobre a tumba sagrada. O quadro circulou amplamente e serviu de mecanismo eficaz para o recrutamento de um grande exército.

O sermão de Urbano teve um impacto eletrizante. Naquele momento, a Europa Ocidental passava por um período de crescimento populacional, prosperidade econômica e confiança espiritual. O sermão de Urbano ajudou a fazer com que muitos barões-guerreiros inquietos – muitos deles normandos ou franceses – focassem suas ambições na oportunidade de encontrar um lugar para si mesmos no oriente enquanto ajudavam outros cristãos e salvavam a própria alma.

Em um ano, inúmeros exércitos seguiram em direção à Terra Santa. Em 1098, haviam tomado Antióquia dos seljúcidas, na Síria, depois de um longo cerco; em 1099, tomaram a própria cidade de Jerusalém e não pararam até aniquilar seus habitantes muçulmanos e judeus – homens, mulheres e crianças. "Se estivesse lá", escreveu um cronista cristão da época, "seus pés teriam ficado sujos de sangue dos mortos até os tornozelos". As mesquitas da cidade também foram destruídas. Os Cruzados fundaram um novo reino de Jerusalém, sob o qual ficavam três estados vassalos: os condados de Trípoli e Edessa e o principado de Antióquia.

1144	1146-9	1187	1189-92	1200-4	1209-29
Os turcos tomam o estado de Edessa fundado por cruzados	A Segunda Cruzada falha na conquista de Damasco	Saladino derrota os Cruzados em Hattin e toma Jerusalém	A Terceira Cruzada toma Acre, mas não consegue tomar Jerusalém	A Quarta Cruzada saqueia Constantinopla e funda o Império Latino	Cruzada Albigense contra os cátaros do sul da França

As Cruzadas posteriores Diz-se que a Primeira Cruzada foi bem-sucedida por não envolver qualquer rei – e por isso nenhuma rivalidade nacional. A Segunda Cruzada foi uma expedição mais real, liderada pelo rei Luís VII da França e por Conrado III, imperador da Germânia. Foi organizada para recapturar Edessa das mãos dos muçulmanos em 1144, mas teve pouco sucesso – o cerco a Damasco foi um fracasso, rapidamente abandonado pelos Cruzados.

Em 1187, Saladino, sultão do Egito e da Síria, retomou Jerusalém, o que levou à criação da Terceira Cruzada, liderada pelo imperador germânico Frederico Barba-Ruiva (que morreu no caminho), pelo rei Filipe II da França e pelo rei Ricardo I (Coração de Leão) da Inglaterra. Depois de conquistar Jerusalém, Saladino poupara os cristãos, deixando suas igrejas e templos praticamente intactos; em contrapartida, quando Ricardo I capturou Acre, assassinou três mil prisioneiros. Os cruzados não conseguiram retomar Jerusalém, mas antes de deixar a Terra Santa, Ricardo negociou com Saladino um tratado pelo qual os peregrinos cristãos poderiam passar em segurança pelos muçulmanos.

A Quarta Cruzada transformou-se em um exercício de cinismo. A pedido dos venezianos, os Cruzados desviaram sua atenção da Terra Santa e se voltaram para o Império Bizantino, rival comercial de Veneza no Mediterrâneo Oriental. Em 1204, Constantinopla foi capturada, e seus locais

> **A Reconquista**
>
> A campanha cristã para retomar a Península Ibérica dos mouros muçulmanos durou cerca de quatro séculos e, ao contrário das Cruzadas no Oriente Próximo, seu sucesso foi permanente. Os reinos cristãos de Castela e Aragão começaram a se apoderar de territórios dos mouros em meados do século XI e, após a vitória decisiva na Batalha das Navas de Tolosa, em 1212, o processo tornou-se irreversível. Granada, a última possessão muçulmana na Espanha, caiu em 1492. Mas, enquanto os mouros da Espanha haviam demonstrado tolerância em relação a uma cultura pluralista, os novos governantes cristãos, o rei Fernando e a rainha Isabel, obrigaram os judeus e os muçulmanos do país a se converterem, do contrário enfrentariam a pena de morte ou a expulsão. Posteriormente, até mesmo os convertidos foram perseguidos pela Inquisição Espanhola e aqueles suspeitos de praticar secretamente a antiga religião foram condenados à fogueira.

linha do tempo

1212	1216-21	1228	1244	1248	1261	1268
Batalha de Las Navas de Tolosa, vitória cristã decisiva sobre os mouros na Espanha	Fracasso da Quinta Cruzada para tomar o Cairo	A Sexta Cruzada garante a recuperação de Jerusalém através de um tratado	Jerusalém é retomada pelos muçulmanos	Sétima Cruzada: Luís IX da França (São Luís) é capturado enquanto tentava tomar o Cairo	Restauração do domínio bizantino em Constantinopla	Queda de Antióquia para os mamelucos

sagrados, profanados, e foi fundado um estado latino que durou meio século. Isso marcou o rompimento definitivo entre a cristandade oriental e ocidental.

As Cruzadas posteriores para o Egito e a Terra Santa conseguiram pouca coisa, enquanto os muçulmanos iam paulatinamente recapturando os redutos dos Cruzados ao longo da costa da Síria e da Palestina. Apesar de Jerusalém ter sido recuperada por um tratado em 1228, foi perdida novamente em 1244; em 1291, Acre, o último reduto dos Cruzados na Terra Santa, foi tomado pelos mamelucos do Egito.

As Cruzadas – que o filósofo alemão Friedrich Nietzsche caracterizou como "pirataria em grande escala, nada mais" – deixaram um legado de amargura duradoura contra o Ocidente no mundo muçulmano. O presidente George W. Bush causou grande consternação fora dos Estados Unidos ao usar a palavra "cruzada" para descrever sua "guerra ao terror" após o 11 de Setembro; radicais islâmicos se referem aos soldados ocidentais no Iraque e no Afeganistão como "cruzados", conscientes de que essa palavra evoca as atrocidades sanguinárias cometidas em Jerusalém e em Acre mil anos atrás.

> **"Jerusalém é para nós um objeto de adoração que não poderíamos abandonar mesmo que só restasse um de nós..."**
>
> Ricardo I para Saladino

> **"Jerusalém é tão nossa quanto vossa; na verdade, é ainda mais sagrada para nós do que para vós..."**
>
> Saladino para Ricardo I. Esta correspondência foi registrada pelo biógrafo de Saladino, Baha ad-Din, ele próprio testemunha da Terceira Cruzada.

A ideia condensada: o aventureirismo militar europeu no mundo muçulmano deixou um legado amargo

1270	1271-2	1289	1291	1420-34	1492
Oitava Cruzada é desviada para Túnis, onde Luís IX morre	Nona Cruzada termina em fracasso	Queda de Trípoli para os mamelucos	Queda de Acre, último reduto dos cruzados no Oriente Próximo	Cruzada contra os hussitas, proto-protestantes da Boêmia	Queda de Granada, última possessão muçulmana na Espanha

11 A Peste Negra

Em meados do século XIV a Europa enfrentou uma calamidade diferente de tudo o que já havia visto, com uma taxa de mortalidade que não foi superada nem mesmo pelas duas guerras mundiais do último século. Estima-se que em todo o continente tenha morrido cerca de um terço de toda a população em apenas três anos.

A causa foi uma pandemia – conhecida então como Grande Peste e depois como Peste Negra. Não são poucos os relatos da época indicando que "os vivos não eram suficientes para enterrar os mortos".

As consequências da Peste Negra foram muito além da mortalidade devastadora. Foi um golpe terrível na psique coletiva da Europa Medieval. Representou o fim das certezas e do otimismo da Alta Idade Média. Parecia que Deus decidira castigar seu povo, um castigo tão terrível como não se via desde o Velho Testamento. Certamente havia algo de podre no coração da humanidade para justificar tamanha devastação e algo especialmente podre na Igreja de Deus, que não podia fazer nada para deter o curso mortal da doença. Para muita gente, parecia que o fim dos tempos havia chegado, a grande tribulação que antecederia a segunda vinda de Cristo.

A natureza da besta Na Idade Média as pessoas não sabiam o que havia causado a doença e por isso se viram impotentes para evitar que se espalhasse ou para encontrar uma cura. Foi só no final do século XIX que os cientistas identificaram a bactéria transmissora da peste, *Yersinia pestis*, e descobriram que era transmitida pelas pulgas dos ratos pretos.

A forma mais comum da doença foi provavelmente a peste bubônica – assim chamada por causa dos "bubões" pretos, do tamanho de um ovo e até mesmo de uma maçã, que surgiam nas axilas e virilhas. As pessoas infectadas tinham febre e delírios, sentiam fortes dores no peito e vomitavam sangue. Poucos viviam mais do que três ou quatro dias e mui-

linha do tempo

c. século VI d.C.	1330	1346	1347
Primeira pandemia se espalha do Egito até Constantinopla e pelo Mediterrâneo	Nesta década, segunda pandemia surge nas estepes da Ásia Central	A peste chega ao porto de Caffa, no mar Negro	A peste chega à Sicília, Constantinopla, Nápoles, Gênova e Marselha

tos morriam em questão de horas. No inverno, o desgaste dos pulmões, provocado pela tosse, era mais comum, enquanto a peste septicêmica infectava o sangue e matava suas vítimas antes mesmo do aparecimento dos sintomas. Alguns cientistas atuais acreditam que a pandemia pode ter sido viral em sua origem.

> **"Muitos morreram durante o dia ou durante a noite nas ruas... o lugar parecia um sepulcro."**
>
> Giovanni Boccaccio, *Decamerão*, 1350-3, descreve a peste em Florença.

Da Ásia A Peste Negra provavelmente surgiu nas estepes da Ásia Central, espalhando-se até a Europa através das rotas comerciais. Há um relato dando conta de que os tártaros, que sitiavam o porto de Caffa (atual Teodósia) no mar Negro em 1346, tiveram que interromper suas ações por causa da doença, mas antes de partirem atiraram os corpos de seus mortos pelas muralhas para contaminar os habitantes da cidade. No ano seguinte, mercadores genoveses – ou os ratos de seus barcos – levaram a doença de Caffa para Messina, na Sicília; em 1348 ela se espalhou pela região do Mediterrâneo e chegou à Inglaterra.

Em 1349-50, a peste havia devastado a França, toda a Grã-Bretanha, Escandinávia, Alemanha e Europa Central. "Passava rapidamente de um lugar para outro", registrou o historiador inglês Robert de Avesbury, "matando rapidamente até o meio-dia aqueles que estavam bem pela manhã... No mesmo dia, vinte, quarenta, sessenta e frequentemente até mais corpos eram lançados na mesma cova." No porto inglês de Bristol, o mato tomava conta das ruas silenciosas. Em alguns lugares a mortalidade chegou a sessenta por cento, e em toda a Europa, segundo as estimativas mais modestas, morreram cerca de 25 milhões de pessoas.

O desafio à velha ordem A humanidade havia se afastado de Deus e por isso perdera suas graças; por toda a Europa se espalhou uma onda de pessimismo. A arte e a literatura desse período estão tomadas por imagens de morte e danação – visões do Inferno e do Demônio, a Dança da Morte, o Ceifador, os Quatro Cavaleiros do Apocalipse. A percepção das consequências mortais do pecado levou ao aumento da

1348	1349	1349-50	1351	1358
A peste se espalha pelo Mediterrâneo e Europa Ocidental chegando até o sul da Inglaterra. O papa Clemente VI apresenta uma Bula inocentando os judeus de terem causado a doença	O papa apresenta uma Bula condenando os flagelantes	A peste afeta todo o norte e centro da Europa	Estatuto dos Trabalhadores na Inglaterra	Início da Jacquerie na França (nome derivado do termo que designava genericamente os camponeses); revolta em Bruges

religiosidade e das críticas à frouxidão e ao mundanismo do clero. Surgiram vários movimentos de protesto, como o lollardismo, na Inglaterra, e a igreja hussita, na Boêmia; suas críticas à autoridade papal foram um prenúncio da Reforma Protestante do século XVI.

Não foi apenas a autoridade estabelecida da igreja que começou a ser desafiada. Uma vez passada a peste, os trabalhadores agrícolas que haviam sobrevivido se depararam com uma procura muito maior por seus serviços, o que gerou uma demanda por melhores pagamentos.

Medo e aversão

Ante o horror inimaginável da Peste Negra, as pessoas recorreram a todos os tipos de remédio. A doença foi atribuída à pestilência do ar; por isso, portas e janelas permaneciam fechadas, substâncias aromáticas eram queimadas e os que se aventuravam a sair levavam esponjas embebidas em vinagre. Alguns culparam o fornecimento de água, que estaria infestado de aranhas, sapos e lagartos – personificações da terra, sujeira e demônios – e até mesmo com a carne de basilisco, serpente mítica que poderia matar um homem com um simples olhar. Em toda parte procuravam-se bodes expiatórios – leprosos, ricos, pobres, clérigos e, mais popularmente, judeus, que foram submetidos a perseguições generalizadas.

O distanciamento de uma vida impura e a purgação de pecados ocultos tornou-se uma obsessão, e os casos de autoflagelação coletiva surgiram em toda a Alemanha, nos Países Baixos e na França. Os flagelantes, que rejeitavam a companhia das mulheres, adotaram nomes como Portadores da Cruz, Irmandade Flagelante e Irmandade da Cruz; em suas sessões de flagelo procuravam purgar não apenas seus pecados, mas também os pecados do mundo, e assim afastar a peste e a total aniquilação da humanidade. Por isso os flagelantes angariaram a aprovação popular e no início foram tolerados e até encorajados por autoridades eclesiásticas e seculares. No entanto, quando começaram a representar uma ameaça à ordem estabelecida, foram severamente condenados e, em outubro de 1349, o Papa Clemente VI redigiu uma Bula proibindo suas atividades.

linha do tempo

1370	1381	1382-4	1414	1420-34
Agitações populares durante esta década em várias cidades italianas	Revolta Camponesa na Inglaterra	Inúmeras cidades flamengas se rebelam	Repressão ao lollardismo na Inglaterra	Guerras hussitas na Boêmia

Essas demandas enfrentaram resistência por parte dos proprietários das terras; na Inglaterra, por exemplo, o Estatuto dos Trabalhadores de 1351 foi uma tentativa de congelar a remuneração nos níveis anteriores à peste. O descontentamento gerado entre os camponeses e também entre os habitantes das cidades, exacerbado pelos impostos pesados, levou a revoltas populares, como a Jacquerie em 1358, na França, e a Revolta Camponesa de 1381, na Inglaterra. Também ocorreram tumultos em cidades do Condado de Flandres e Itália. Apesar da repressão a essas rebeliões, a escassez de mão de obra havia levado ao abandono da servidão em muitas regiões da Europa no final do século, e a remuneração real para a massa da população tinha subido a níveis até então desconhecidos. Para muitos, a Peste Negra marcou o início de uma era de ouro de relativa abundância.

> **"E os sinos não soaram e ninguém chorou, não importava sua perda pois quase todos esperavam a morte... e as pessoas diziam e acreditavam 'isto é o fim do mundo'."**
>
> **Agnolo di Tura**, chamado de O Gordo, coletor de impostos em Siena, em 1348. Ele havia enterrado os cinco filhos com suas próprias mãos.

A ideia condensada:
a pandemia da peste provocou um novo questionamento da autoridade

1664-6	1666-70	1679-84	1720	Final do século XIX
Último grande surto da peste em Londres mata 70 mil pessoas	Peste na Alemanha Ocidental e Países Baixos	Peste na Europa Central	Último grande surto europeu, em Marselha	Terceira grande pandemia da peste na China e Índia

12 A Índia pré-colonial

A cultura atual tanto do Egito quanto do Oriente Médio tem pouca semelhança com a antiga cultura dos povos desses lugares. As conquistas de gregos, romanos e árabes criaram desarticulações com o passado distante. Em contrapartida, a cultura hindu da Índia atual representa a continuação de uma civilização cuja história remonta mais de três milênios e meio.

Naturalmente, a história da Índia é ainda mais antiga. Em 5000 a.C. a agricultura chegou ao Vale do Indo, onde, por volta do ano 2600 a.C., surgiu uma das primeiras civilizações urbanas do mundo em cidades altamente planejadas, como Harappa e Mohenjo Daro.

O surgimento da cultura hindu Depois de 1700 a.C. as cidades do Vale do Indo entraram em declínio, provavelmente devido ao afluxo de nômades vindos do ocidente, os arianos, que falavam uma língua indo-europeia primitiva (posteriormente conhecida como sânscrito). Seus primeiros escritos, um conjunto de hinos, invocações, encantos e rituais conhecidos como Vedas, datam de aproximadamente 1500 a.C. e marcam o surgimento do hinduísmo; essa religião politeísta evoluiu desenvolvendo uma complexa hierarquia de deuses e deusas, muitos adorados na Índia até hoje.

Os primeiros reinos hindus fundados pelos arianos na bacia do Ganges tinham uma hierarquia rígida, com o rei adquirindo status de divindade após a morte. Abaixo dele, várias camadas de grupos muito bem definidos – sacerdotes (brâmanes), soldados e nobres, agricultores e artesãos e, na base, trabalhadores forçados. Ao longo dos milênios, essa estrutura religiosamente sancionada tornou-se cada vez mais rígida, formando a base do sistema de castas hereditárias que

linha do tempo

5000-2000 a.C.	2600-c. 1700 a.C.	800 a.C.	c. 500 a.C.	326 a.C.
A agricultura se espalha pela Índia	Civilização do Vale do Indo	Inúmeros estados hindus fundados na bacia do Ganges	Início do budismo	Alexandre, o Grande, chega ao Indo

ainda exerce um papel importante na sociedade indiana moderna, apesar dos esforços dos reformadores para revogá-la.

Por volta do ano 500 a.C. surgiram novas seitas religiosas, notadamente o jainismo e o budismo. Apesar de abolirem a gama de deuses hindus, compartilhavam muitos dos conceitos fundamentais do hinduísmo, como o ciclo de morte e renascimento (*samsara*), a ideia de que os indivíduos sofrem as consequências de seus atos (*karma*) e o conceito de *dharma*, interpretado como "lei", "modo", "dever" ou "natureza".

> **"Sua boca tornou-se o brâmane; seus braços se transformaram no guerreiro; suas coxas, no povo; e dos seus pés nasceram os servos."**
>
> "Hino do Homem", do *Rig Veda*, (c. 1500 a.C.), esboço inicial do sistema de castas.

O fluxo e refluxo do poder De modo geral, a Índia antiga era formada por um mosaico de pequenos reinos, mas, em determinados momentos, um governante ou dinastia conseguia se impor sobre os demais. Um desses governantes foi Chandragupta Máuria, que reinou entre 321 e 297 a.C. e que fundou a dinastia Máuria, baseada no reino de Mágada, em Bengala Ocidental. Chandragrupta conquistou boa parte do norte do subcontinente: do Afeganistão, a oeste, até Assam, no leste, e no sul até o Decão. O neto de Chandragupta, Asoka, que reinou entre 272 e 232 a.C., transformou as conquistas de seu avô em um império com controle centralizado, administrado de acordo com os preceitos budistas: Asoka tinha consciência da obrigação imposta ao governante no sentido de agir corretamente.

Depois de Asoka, o poder Máuria foi diminuindo gradualmente. Somente no século IV d.C. é que outra dinastia, a dos Gupta, construiu um império à altura do império de Asoka. Os Gupta inauguraram uma idade do ouro nas artes e nas ciências, mas seu império desmoronou em meados do século VI. Partes desse império foram reunidas por um breve período no início do século VII por um imperador budista chamado Harsha. Depois dele a influência do budismo na Índia entrou em declínio, apesar de ter se enraizado de maneira mais permanente no sudeste da Ásia, no Tibete, China e Japão.

321-297 a.C.	272-232 a.C.	c. século II a.C.	c. século I d.C.	c. 320-540	606-47
Unificação de boa parte do norte da Índia sob Chandragupta Máuria	Reinado de Asoka, maior governante do Império Máuria	Civilização greco-indiana no Vale do Indo	Os Kushan da Ásia Central começam a se instalar no Vale do Indo	Império Gupta no norte da Índia	Harsha comanda império budista no norte da Índia

A Índia muçulmana A Índia entrou em contato com o islamismo pela primeira vez em 711, quando um exército árabe proveniente do Irã invadiu o Sind, região que circunda a foz do rio Indo. Houve outras invasões muçulmanas, vindas do Afeganistão, no noroeste, comandadas por líderes de origem turca. As invasões começaram no início do século XI, mas só em 1206 foi fundado o sultanato muçulmano de Déli. Esse foi o primeiro e mais poderoso de vários estados muçulmanos fundados no norte da Índia nos séculos seguintes, período em que uma minoria significativa de indianos se converteu ao islamismo. Todavia, o hinduísmo continuou no poder no sul, onde o Império Vijayanagara manteve seu domínio por cerca de duzentos anos, até finalmente começar a decair em 1565.

O invasor turco-afegão que teve impacto mais duradouro foi Babur de Kabul, que em 1526 derrubou o sultanato de Déli e fundou uma dinastia que conquistaria todo o subcontinente, com exceção do ex-

A idade do ouro dos Gupta

O período que se estendeu do século IV ao século VI d.C. sob o Império Gupta, é considerado na Índia uma Idade de Ouro. Na literatura, o *Mahabharata*, épico hindu escrito em sânscrito, alcançou sua forma final, enquanto o grande poeta Calidasa, tido como o Shakespeare da literatura sânscrita, criou novos épicos, dramas e poesia lírica. Na arquitetura, um dos maiores monumentos Gupta é o Templo Mahabodhi em Bodh Gaya, local onde Buda atingiu a iluminação, enquanto o misterioso Pilar de Ferro de Déli, com seus sete metros de altura que resistem até hoje sem qualquer sinal de ferrugem, é um notável exemplo de metalurgia. Na ciência, o astrônomo Aryabhatta provou, entre outras coisas, que a Terra gira em torno do Sol e faz um movimento de rotação em torno do próprio eixo; o tratado matemático e astronômico conhecido como *Surya Siddhanta* contém uma definição do seno, função da trigonometria. Um feito da maior importância, no entanto, foi o desenvolvimento do sistema decimal e o uso do zero, inovações usadas posteriormente por matemáticos muçulmanos e depois transmitidas para a Europa.

linha do tempo

711	Início do século XI	Final do século XII	1206	1336-1565	1398
Exército árabe conquista Sind	Mahmud de Gázni, governante turco-afegão invade o noroeste da Índia	Mohammad Ghauri, outro governante turco-afegão conquista o centro-norte da Índia	Fundação do Sultanato Muçulmano de Déli	Império Hindu de Vijayanagara no sul da Índia	Déli é saqueada por Timur (Tamerlão), que se proclamava descente de Gengis Khan

tremo sul. Os mogóis – assim chamados porque se proclamavam descendentes dos mongóis turcos da Ásia Central – estimularam uma cultura magnífica, notável pela poesia de influência persa e delicadas pinturas em miniatura. Também foram responsáveis por algumas das construções mais emblemáticas da Índia, como o Forte Vermelho de Déli e o Taj Mahal em Agra. Sob o neto de Babur, Akbar, o Grande, que reinou de 1556 a 1605, a Índia alcançou uma unidade sem igual até então, em parte devido à sua política de estimular os homens competentes da maioria hindu a participar da administração de seu império.

Mas sob o imperador Aurangzeb, que reinou de 1658 a 1707, a tolerância religiosa foi abandonada em detrimento da unidade política e da eficiência administrativa. O poder em todo o subcontinente foi ficando cada vez mais localizado; o enfraquecimento e as lutas internas tornaram a Índia uma presa relativamente fácil para os europeus que, tendo encontrado uma rota para a Ásia, buscavam explorar a grande riqueza do continente em proveito próprio.

A ideia condensada:
uma das civilizações mais antigas do mundo

1497-9	1526	1556-1605	1658-1707	1757
Vasco da Gama estabelece a rota marítima da Europa para a Índia	Babur de Kabul derruba o Sultanato de Déli e funda o Império Mogol	Reinado de Akbar, o Grande	Início do declínio do Império Mogol sob Aurangzeb	Os Ingleses vencem a Batalha de Plassey e garantem o domínio sobre boa parte da Índia

13 A China Imperial

Os primeiros governantes da China, os Shang, surgiram cerca de 3.500 anos atrás, constituindo a primeira de várias dinastias imperiais que governaram a China até o século XX. Foi sob os Shang que surgiram os elementos de uma cultura reconhecidamente chinesa, tanto na forma de uma escrita ideográfica ainda usada atualmente quanto no estilo de seus artefatos – bronze, cerâmica, seda e jade.

A China é tão grande, sua população tão numerosa e seus recursos tão abundantes que durante milênios os chineses não viram necessidade de olhar além das distantes fronteiras de seu próprio território, que eles chamavam de Reino Médio. Fora dali só havia bárbaros ignorantes, enquanto a China florescia – economicamente, artisticamente e tecnicamente. Até o início da Revolução Científica do século XVI no ocidente, a China estava muito à frente da Europa em termos de ciência e tecnologia, e é à China que devemos quatro invenções fundamentais: a bússola, a pólvora, a fabricação do papel e a impressão.

As primeiras dinastias A China é dominada por dois grandes rios: o rio Amarelo (Huang He) ao norte e o Yangtze (Chang Jiang) ao sul. Foi nas planícies férteis do rio Amarelo que a agricultura surgiu na China por volta do ano 4000 a.C. e dali se espalhou até a bacia do Yangtze. À medida que a sociedade chinesa foi se tornando mais complexa, surgiram vários centros cerimoniais importantes, que no período da Dinastia Shang haviam se transformado em cidades planejadas, seguindo uma orientação ditada pelos pontos cardeais. Os Shang, que afirmavam ter um "mandato divino", governaram boa parte do norte da China a partir de sua base no Vale do rio Amarelo. Como no Antigo Egito, nas tumbas reais dos Shang era depositado tudo o que fosse considerado necessário para o sustento dos mortos

linha do tempo

4000 a.C.	c. 1500 a.C.	c. 1000 a.C.	500-300 a.C.	481-221 a.C.	221 a.C.
Início da agricultura no Vale do rio Amarelo	Fundação da primeira dinastia histórica, a Dinastia Shang	Dinastia Zhou substitui a Dinastia Shang	Surgimento do taoísmo e do confucionismo, duas das principais religiões da China	Período dos Reinos Combatentes	Shi Huangdi torna-se o primeiro imperador, fundando a breve Dinastia Qin e construindo a Grande Muralha

A China Imperial

na outra vida. Mas os Shang iam além, sacrificando homens, mulheres e crianças, que eram enterradas na tumba para que o morto tivesse servos.

Os Shang foram derrubados por volta do ano 1000 a.C. pelos Zhou, que afirmavam ter herdado o tal "mandato divino" e fundaram uma dinastia que durou até princípios do século V a.C., quando teve início o Período dos Reinos Combatentes na China.

Confucionismo e Estado

Por volta do ano 500 a.C. um estudioso chamado Kong Fuzi – conhecido no ocidente como Confúcio – ensinava que, para estar em conformidade com a "vontade do céu" as pessoas deveriam mostrar pelo imperador o mesmo respeito que demonstravam pelo chefe de sua família. Essa ênfase na hierarquia, tanto na família quanto no Estado – acompanhada dos valores confucionistas de honradez, sabedoria, sinceridade, lealdade, piedade e compaixão –, influenciou a sociedade chinesa permanentemente.

O primeiro imperador O período dos Reinos Combatentes chegou ao fim em 221 a.C., quando Zheng, rei do pequeno estado de Qin, saiu vitorioso na luta com seus rivais. Ele adotou o nome Shi Huangdi, declarou-se imperador de toda a China e expandiu suas fronteiras até a Ásia Central e sul do mar da China.

Shi Huangdi centralizou a administração, padronizou pesos e medidas e construiu muitas estradas e canais. Mas despertou o ódio do povo pela crueldade com que esmagava qualquer oposição e pelo recrutamento forçado de centenas de milhares de rapazes para erguer a grande muralha no extremo norte. Outros governantes haviam construído muralhas para servir de proteção contra os nômades do norte, mas Shi Huangdi decidiu ligar e reforçar as fortificações existentes. Dezenas de milhares de trabalhadores morreram por causa disso.

Ascensão e queda das dinastias Após sua morte, em 210 a.C., Shi Huangdi foi enterrado com um impressionante "exército de terracota" formado por milhares de estátuas de soldados em tamanho natural. Logo depois uma nova dinastia assumiu o poder. A Dinastia Han, que

210 a.C.	202 a.C.	c. 100 d.C.	265-316 d.C.	386-533	589-618
Morte de Shi Huangdi	A Dinastia Han começa a expandir o império e a introduzir reformas administrativas	O budismo se espalha pela China	Dinastia Jin, que seria destruída pela invasão nômade	Dinastia Wei do norte, estabelecida pelos nômades	Dinastia Sui reunifica o norte e o sul da China

> **"O estado criado pelo imperador é o maior já visto."**
>
> Inscrição feita por ordem de Shi Huangdi ao tornar-se imperador, em 221 a.C.

governou a China por quatrocentos anos, melhorou a administração, criando exames de admissão para o serviço civil e enviando os administradores para postos de trabalho distantes de sua terra natal a fim de evitar a corrupção. Os Han impulsionaram melhorias na agricultura e a expansão do império, assumindo o controle da Rota da Seda até a Ásia Central. Foi através da Rota da Seda – sistema de vias terrestres que recebeu o nome do produto de exportação mais valioso da China – que se estabeleceram relações comerciais com os povos do ocidente, incluindo o Império Romano, cujas fronteiras se estendiam até o outro lado da Ásia.

Os Han foram seguidos por uma sucessão de dinastias, cujas capitais imperiais rigidamente planejadas, com populações que beiravam a casa do milhão, foram as maiores cidades do mundo entre a queda de Roma e o meteórico crescimento de Londres no século XVIII. As novas dinastias começaram fortes, com uma administração central imparcial e eficiente, mas foram enfraquecendo com o tempo devido a bases de poder rivais nas províncias, a revoltas de camponeses contra os altos impostos e a invasões de cavaleiros nômades do norte. Duas dessas invasões levaram à fundação de novas dinastias: na década de 1270, os mongóis de Kublai Khan completaram sua conquista da China, fundando a Dinastia Yuan; em 1644 um clã da Manchúria invadiu o país e fundou a Dinastia Manchu ou Qing, última dinastia da China Imperial.

Olhando para dentro e para fora Os chineses haviam desenvolvido habilidades consideráveis na construção naval e navegação marítima – foram eles que inventaram a bússola – e no início do século XV o governo imperial enviou uma grande frota sob o comando do almirante Zheng He em uma série de viagens comerciais às Índias Orientais, Índia, Arábia e África Oriental. Mas essa política de ampliação dos horizontes chineses e possível criação de um império comercial foi abandonada repentinamente no início da década de 1430.

linha do tempo

618-907	960-1279	1127	1215	Década de 1270	1271-1368	1368-1644
Dinastia Tang: período clássico da cultura chinesa	Dinastia Song: grande expansão comercial	Invasão de nômades Jin, limitando o governo Song ao sul da China	Mongóis de Gengis Khan derrotam os Jin no norte da China	Kublai Khan destrói os Song no sul	Dinastia Yuan (mongol), primeira fundada por Kublai Khan	Dinastia Ming: os chineses desistem das expedições comerciais marítimas e constroem a Cidade Proibida em Pequim

> **"Os servos surgiam em bandos... Afiavam suas enxadas, transformando-as em espadas; proclamavam-se os "Reis do Nivelamento" e declaravam que acabariam com a distinção entre ricos e pobres."**
>
> **Estudioso da época,** descrevendo as agitações populares em 1645, uma das muitas revoltas de camponeses que marcaram a história da China Imperial.

Aparentemente, o imperador se convenceu de que a China possuía todos os recursos de que precisava e era melhor concentrar-se na defesa das fronteiras ao norte.

A China se voltou para dentro justamente quando os europeus estavam começando a olhar para além de suas próprias costas – e prestes a superar a China em termos de avanço tecnológico. Em meados do século XVI os portugueses estabeleceram um posto comercial na costa sul da China, e no início do século XIX potências ocidentais, como a Inglaterra, pressionavam os relutantes chineses a manter relações comerciais, especialmente com a importação de ópio da Índia Britânica. As "Guerras do Ópio" terminaram com as potências ocidentais assumindo o controle de vários portos na China. Enfraquecida por revoltas internas e pressão externa contínua, a corte imperial reacionária deu as costas a todas as ideias de modernização e reforma, enquanto as tropas europeias ocupavam Pequim. O povo chinês se cansou e em 1911 o último imperador foi derrubado por uma revolução nacionalista. Dessa forma chegaram ao fim três milênios e meio de governo imperial.

A ideia condensada: a interiorização da China Imperial foi sua ruína

1644-1911	1839-42	1851-64	1856-60	1894-5	1900-1	1911
Dinastia Qing (Manchu): período de grande poder e prosperidade na China, até começar o declínio	A Grã-Bretanha derrota a China na Primeira Guerra do Ópio e transforma Hong Kong em colônia, além de garantir o acesso a cinco portos por um tratado	Milhões morrem na Rebelião Taiping	Segunda Guerra do Ópio: soldados britânicos e franceses ocupam a Cidade Proibida	Japão entra em guerra com a China, ocupando a Coreia e Taiwan	Rebelião dos Boxers: ataques a estrangeiros estimulados pela corte imperial, reprimida por potências estrangeiras	Revolução nacionalista derruba o último imperador

14 Os mongóis

No século XIII, um obscuro povo nômade das estepes do nordeste da Ásia criou o maior império de terra contígua que o mundo já tinha visto, estendendo-se da Hungria, a oeste, até a Coreia, no leste, e compreendendo praticamente toda a Ásia, com exceção da Índia e sudeste do continente.

Os mongóis, sob a liderança de Gengis Khan e de seus filhos e netos, partiram da Mongólia e causaram estragos em grande parte do mundo conhecido. Nesse processo, foram responsáveis por massacres em uma escala nunca imaginada até a era de Hitler e Stálin.

Pagãos, os mongóis eram temidos e detestados por cristãos e muçulmanos. Ainda assim, demonstraram respeito e tolerância pela religião dos outros povos, desde que se submetessem ao seu poder. E, embora no ocidente o nome de Gengis Khan seja sinônimo de brutalidade impiedosa, em sua Mongólia nativa e entre outros povos turcos ele é saudado como grande herói – até hoje muitos meninos da Turquia recebem o nome de Gengis. Historiadores modernos analisam Gengis Khan com certo distanciamento, assinalando que, ao criar seu vasto império eurasiano, ele possibilitou o contato entre a Europa e a civilização tecnologicamente muito mais avançada da China para grande enriquecimento da primeira.

Os cavaleiros das estepes   Durante milênios os povos agrícolas da Europa, Oriente Médio e China foram submetidos a invasões de povos nômades das pradarias remotas do centro da Ásia. No mundo antigo, os gregos escreveram sobre os citas e os sármatas, que viviam ao norte do mar Negro; nos séculos IV e V d.C., os hunos varreram a Europa, empurrando as tribos germânicas através das fronteiras do Império Romano. Ao mesmo tempo, um povo que os chineses chamavam de Wei do Norte assumiu o controle da fértil bacia do rio Amarelo (Huang He). Outro grupo de nômades, os magiares – ancestrais dos húngaros modernos – só foram detidos pela vitória decisiva do imperador germânico Otto em Lechfeld, em 950.

linha do tempo

c. século IV d.C.	451	Século VI	796	1071	1162
Hunos das estepes da Ásia migram para a Europa	Sob o comando de Átila, os hunos são derrotados em Châlons-sur-Marne	Os avares, outro povo da estepe, se fixam na Europa Oriental	Os avares são derrotados por Carlos Magno e integrados ao Império Franco	Turcos seljúcidas derrotam os bizantinos em Manziquerta e ocupam boa parte da Anatólia	Nascimento de Gengis Khan

Esses povos, assim como os mongóis, eram grandes cavaleiros. Suas táticas militares eram marcadas pela mobilidade. Eles evitavam as batalhas campais tradicionais, preferindo desferir ataques-surpresa contra seus inimigos. Desapareciam na imensidão das estepes, atraindo os adversários em seu encalço, geralmente com consequências fatais. Sua arma tradicional era o arco, ao qual se juntou depois a lança, que se tornou duplamente eficiente com o surgimento do estribo no século V d.C.

> **"Eles irão fazer o mundo inteiro sujeitar-se a eles."**
>
> **João de Plano Carpini,** enviado do Papa aos mongóis na década de 1240.

Descrições do avanço dos exércitos mongóis relatam como homens e mulheres eram capazes de suportar longas cavalgadas sob calor extremo ou frio intenso. Eles levavam suas *yurts* (tendas circulares cobertas de feltro ou lã) em carroças e sobreviviam quase exclusivamente de carne e leite. Segundo João de Plano Carpini, enviado papal no século XIII, "eles demonstram grande respeito um pelo outro e são bastante amistosos, compartilhando de bom grado a comida, apesar da pouca quantidade. Também são resignados...".

Os descendentes de Gengis Khan

Em 2003 um grupo de geneticistas publicou os resultados de um estudo de dez anos com as populações do que havia sido o Império Mongol, estendendo-se do oceano Pacífico ao mar Cáspio. Eles descobriram que 8% dos homens que viviam nessa região – cerca de 16 milhões de indivíduos ou 0,5% de toda a população masculina do mundo – tinham cromossomos Y praticamente idênticos. Isso indica que eram todos descendentes de um único homem que vivera cerca de mil anos atrás e que esse único homem era um antepassado de Gengis Khan e de seus parentes próximos do sexo masculino. Durante o período das conquistas mongóis, os líderes tinham prioridade para escolher as mulheres mais bonitas como esposas ou concubinas. Existem registros da época indicando que o filho mais velho de Gengis Khan, Tushi, teve quarenta filhos, enquanto seu neto, Kublai Khan, que conquistou a China, teve vinte e dois filhos legítimos, e todos os anos acrescentava trinta virgens ao seu harém.

1206	1215	1219	1227	1238
Gengis Khan unifica as tribos mongóis	Os mongóis completam a conquista do norte da China	Início das campanhas de conquista mongóis no Oriente Médio	Morte de Gengis Khan, que é sucedido por seu filho Ögodei	Os mongóis cruzam o Volga e iniciam a conquista da Rússia europeia

> **"A maior alegria é conquistar os inimigos, persegui-los, privá-los de suas posses, reduzir suas famílias às lágrimas, cavalgar seus cavalos, e fazer amor com suas esposas e filhas."**
>
> Gengis Khan (comentário atribuído a ele).

Gengis Khan e seus sucessores Na primeira década do século XIII, o líder mongol chamado Temudjin ("de ferro") unificou todas as tribos da Mongólia. Em um grande encontro realizado em 1206, ele adotou um novo nome, Gengis Khan, cujo significado é "Senhor da Terra". Então passou a dar substância a esse título e, em 1215, havia conquistado a maior parte do norte da China. Quatro anos depois voltou-se em direção ao oeste e assolou o Afeganistão e o Irã. "Assim como existe um único céu", ele proclamou, "também deve haver um só império na terra."

Gengis Khan morreu em 1227, mas seus filhos e netos deram continuidade à sua obra, cruzando o Volga em 1238 e avançando pela Rússia europeia, subjugando os turcos da Anatólia e, em 1258, destruindo o califado abássida sediado em Bagdá. Os cristãos esperavam que os invasores do leste se tornassem seus aliados na campanha contra os muçulmanos, mas o enviado despachado pelo Papa ao encontro dos mongóis na década de 1240 retornou com a exigência para que todos os príncipes da Europa se submetessem ao Grande Khan.

A expansão mongol no Oriente Próximo foi interrompida abruptamente em 1260 com a derrota sofrida na batalha de Ain Jalut contra os mamelucos do Egito. Os vencedores cortaram a cabeça do comandante mongol e a usaram em um jogo de polo. Mas a expansão prosseguiu no leste e em 1270 Kublai Khan, neto de Gengis Khan, derrubou a dinastia Song, no sul da China, e fundou sua própria dinastia imperial – a Yuan.

Por volta de 1300, o Império Mongol havia se dividido em vários canatos, que foram desaparecendo gradualmente ao longo dos séculos seguintes. Houve uma espécie de renascimento no final do século XIV com um líder chamado Timur, ou Tamerlão, que se proclamava descendente de

linha do tempo

1258	1260	1271	Meados século XIV
Hulagu, neto de Gengis Khan, destrói o califado abássida de Bagdá	Os mongóis são derrotados pelos mamelucos na Batalha de Ain Jalut, na Palestina	Kublai Khan, irmão de Hulagu, proclama-se primeiro imperador da Dinastia Yuan, na China	Desintegração do ilcanato no Oriente Médio

Gengis Khan. Ele comandou uma longa campanha de destruição no Oriente Médio, Ásia Central e Índia, mas jamais consolidou suas conquistas em um império. Em 1526, um descendente de Timur, Babur de Kabul, invadiu a Índia e fundou uma dinastia islâmica que dominaria o subcontinente por vários séculos, criando uma cultura magnífica marcada por monumentos como o Taj Mahal. Eles se chamavam de "mogóis", em reconhecimento à descendência direta dos "mongóis" (ver p. 54).

> ### O saque de Bagdá
>
> Em 1258, o neto de Gengis Khan, Hulagu, capturou Bagdá, capital dos califas abássidas, e matou milhares de habitantes. O próprio califa foi enrolado em um tapete e pisoteado até a morte por cavalos, pois os mongóis acreditavam que ofenderiam a Terra derramando sangue real. A Grande Biblioteca foi saqueada e seus livros foram atirados no Tigre; eram tantos que um homem poderia atravessar o rio a cavalo pisando sobre eles, segundo relatos da época. De acordo com um historiador árabe, "o rio ficou preto com a tinta dos estudiosos e vermelho com a tinta dos mártires".

A ideia condensada: os mongóis criaram um Império que se estendia da Europa Oriental até o Pacífico

1368	1369-1405	Final do século XV	1526	1678
Dinastia Yuan é derrubada pelo primeiro imperador Ming	Reinado de Timur (Tamerlão)	Desintegração do Canato da Horda Dourada nas estepes russas	Babur de Kabul funda a Dinastia Mogol na Índia	O Canato de Chagatai, no Turquistão, se desintegra

15 Japão, o império insular

Dizem que todos os países são diferentes uns dos outros, mas o Japão é "diferente de outro modo". Talvez devido ao seu isolamento geográfico, em um arquipélago na costa leste da Ásia, durante boa parte da sua história o Japão permaneceu isolado do resto do mundo.

Até mesmo a notável e rápida modernização e a industrialização do final do século XIX tocaram apenas superficialmente o estilo de vida japonês, sem alterar sua perspectiva do mundo e o apego aos costumes e valores tradicionais.

As ilhas do Japão foram colonizadas por humanos há cerca de 40 mil anos, durante a última Idade do Gelo, quando os baixos níveis da água do mar criaram uma ponte de terra até o continente asiático. Esses japoneses da Idade da Pedra eram caçadores-coletores e a partir de 10000 a.C. começaram a fazer cerâmica – uma das primeiras culturas do mundo a fazer isso. No entanto, somente por volta do ano 400 a.C. é que outra onda de imigrantes – possivelmente da China ou da Coreia – trouxe a agricultura e a metalurgia. Certamente houve contatos com a desenvolvida civilização chinesa a oeste, que no século I d.C. cobrava tributos dos numerosos clãs do Japão. Foi da China que o Japão adquiriu seu texto escrito e também o confucionismo e o budismo que se fundiram ao xintoísmo nativo, com sua ênfase no culto dos ancestrais e no respeito pela tradição e pela terra nativa. Apesar dessas ligações, a língua japonesa não tem relação com a chinesa e provavelmente com nenhuma outra língua.

Imperadores e xoguns A partir do século III d.C. o Japão tornou-se um mosaico de estados militarizados, mas por volta de 400 d.C. um desses estados, Yamato, começou a dominar os outros; todos os imperadores japoneses posteriores proclamaram-se descendentes

linha do tempo

10000 a.C.	400 a.C.	Século I a.C.	c. 400 d.C.	Século VI	604
A cultura Jomon começa a produzir peças de cerâmica	Primórdios da agricultura e metalurgia	Envio de tributos para a China	Japão unificado sob a Dinastia Yamato	Chegada do budismo	A "Constituição dos Dezessete Artigos" esboça deveres e virtudes esperados dos funcionários sob um imperador onipotente

da Dinastia Yamato. Em 607 o "Imperador da Terra do Sol Nascente" (i.e., Japão) escrevia ao "Imperador da Terra do Sol Poente" (i.e., China) de igual para igual em poder e magnificência. No século VIII os japoneses fundaram uma capital imperial em Nara, segundo o modelo chinês e começaram a adotar o modelo chinês de governo forte, centralizado. Também surgiu uma nova lenda sobre suas origens, segundo a qual os imperadores seriam descendentes do lendário primeiro imperador, Jimmu, que havia, segundo essa lenda, fundado o Japão em 660 a.C. e que era ele mesmo descendente de Amaterasu, Deusa do Sol no xintoísmo. A reivindicação dos imperadores japoneses ao status divino só foi abandonada após a Segunda Guerra Mundial.

> **"A harmonia deve ser valorizada, e a recusa a uma oposição injustificada deve ser respeitada..."**
>
> Príncipe Shotoku, que se tornou regente em 593 d.C., formulou a lei imperial na Constituição de 604 contendo dezessete artigos.

Em 794, a capital foi transferida para Quioto. Depois disso, os contatos com a China diminuíram, e o poder dos imperadores foi eclipsado pelo poder crescente dos Fujiwara, família de nobres que atuavam como regentes. No século XII, os Fujiwara foram desafiados por outras famílias aristocráticas. O Japão então sucumbiu à guerra civil e viu surgir uma sociedade feudal descentralizada, com o poder dividido entre vários barões regionais (daimiôs), que mantinham bandos de guerreiros samurais, uma casta militar de elite hierarquicamente superior aos mercadores, artesãos e camponeses. Em 1159, um senhor da guerra, Yoritomo, da família Minamoto, tomou o poder e, a partir de 1185, reinou como xogum (ditador militar) a partir de Kamakura (perto de Tóquio), enquanto o imperador, isolado em Quioto, era reduzido a figura decorativa. Xoguns de várias famílias continuaram senhores absolutos do Japão por muitos séculos, ciclo interrompido apenas no século XVI por uma série de guerras civis.

Em 1600 o Japão foi reunificado, e um nobre da família Tokugawa chamado Ieyasu fundou um novo xogunato com sede em Edo (Tóquio), enquanto o imperador continuava impotente em Quioto.

710-84	794	c. Século X	Início do século XII	1159	1185	1274, 1281
Capital imperial em Nara	A capital é transferida para Quioto	O poder passa do imperador para a família Fujiwara	Guerras civis	Minamoto Yoritomo assume o poder e se torna o primeiro xogum	O xogunato se muda para Kamakura, perto de Tóquio	Tentativas malsucedidas de invasão dos mongóis

> ### Kamikaze
>
> Até a Idade Média, o isolamento dos japoneses era tamanho que eles não imaginavam ter que enfrentar uma ameaça vinda do mar. Por isso foi um choque imenso quando, em 1274 e depois em 1281, os mongóis – que sob o comando de Kublai Khan haviam conquistado toda a China – tentaram invadir o Japão. Em ambas as ocasiões a frota mongol foi destruída por um furacão, que os japoneses passaram a chamar de *kamikaze*, que significa "vento divino". A lenda ressurgiu perto do final da Segunda Guerra Mundial quando, para tentar brecar o avanço dos Aliados, pilotos japoneses adotaram o nome de kamikazes em ações em que atiravam seus aviões carregados de bombas contra os navios dos inimigos.

Os xoguns Tokugawa exerceram controle rígido sobre os daimiôs, obrigando-os a passar muito mais tempo em Edo, longe de suas bases de poder regional (como Luís XIV faria posteriormente para castrar a turbulenta nobreza francesa do século XVII, obrigando-a a permanecer em seu Palácio de Versalhes). Os xoguns Tokugawa também deram as costas para a Europa. Mercadores e missionários cristãos tinham começado a chegar no século XVI e muitos camponeses haviam se convertido. Os xoguns temiam que isso fosse o prenúncio de um tipo de controle e a partir de 1635 impuseram uma política isolacionista, banindo todos os contatos entre japoneses e estrangeiros. A única exceção foi a pequena concessão comercial holandesa em uma ilha do porto de Nagasaki.

Fim do isolamento Esse isolamento foi encerrado à força em 8 de julho de 1853 quando quatro navios de guerra americanos sob o comando do comodoro Matthew Perry adentraram a Baía de Edo. Tendo demonstrado o poder de fogo de seus navios, Perry exigiu que os japoneses abrissem as portas para o comércio exterior. O Japão foi então pressionado a assinar uma série de tratados com as potências ocidentais, concedendo-lhes direitos que comprometiam sua soberania.

Essas mudanças forçadas marcaram o fim da longa Idade Média japonesa. Depois de um golpe de modernizadores em 1868, o xogum renunciou; o imperador teve seus poderes restaurados e mudou-se para Edo, que passou a se chamar Tóquio. Ele adotou o nome de Meiji, que significa "governo iluminado". Seguiu-se um período notável de

linha do tempo

1333	Séculos XV-XVI	1549	1585	1600	1635
Período Kamakura termina com o advento do xogunato Ashikaga	Guerras civis e anarquia feudal	Chegada do primeiro missionário cristão, o jesuíta Francisco Xavier	Depois de reunificar o Japão, Toyotomi Hideyoshi torna-se regente	Tleyasu Tokugawa funda o xogunato Tokugawa em Edo (Tóquio)	Édito banindo todo o contato com estrangeiros

industrialização em que o Japão realizou em três décadas o que a Europa havia levado quase dois séculos para realizar. E a transformação não ocorreu apenas na manufatura: educação, forças armadas, política e economia se modernizaram segundo parâmetros ocidentais.

À medida que o poder do Japão cresceu, os tratados "desiguais" foram colocados de lado. Para tornar-se a força dominante na região, o Japão travou uma guerra com a China em 1894-5 e conquistou a Coreia e Taiwan. Depois, em 1904-5, enfrentou a Rússia pelo controle da Manchúria e conseguiu uma vitória naval decisiva em Tsushima – a primeira vitória de uma nação asiática sobre uma potência europeia na era moderna. Quando teve início a Primeira Guerra Mundial, o Japão era tratado de igual para igual, tendo se tornado aliado da Grã-Bretanha. Durante a guerra atacou bases alemãs na China e tomou algumas ilhas controladas pela Alemanha no Pacífico. Depois da guerra, delegados japoneses participaram da Conferência de Paz de Paris e o Japão foi premiado pela Liga das Nações com um mandato sobre todas as antigas colônias alemãs no Pacífico ao norte do Equador. O Japão havia aquecido seus músculos; ainda teria mais coisas pela frente (ver p. 172).

> **"Se algum japonês tentar viajar para o exterior secretamente, deve ser executado... Se qualquer japonês voltar do exterior depois de ter residido fora, deve ser morto."**
>
> **O xogum Tokugawa Iemitsu** emitiu um edital em 1635 fechando o Japão ao contato com estrangeiros.

A ideia condensada:
uma transformação notável do medieval ao moderno

1853	1868-9	1894-1895	1902	1904-5	1914	1919
Frota americana põe fim ao isolamento japonês	Derrubada do último xogum; restaurado o poder do imperador Meiji	Primeira guerra sino-japonesa	Japão forma aliança com a Grã-Bretanha	Guerra russo-japonesa	Japão declara guerra à Alemanha	Japão obtém mandato sobre as Ilhas Mariana, Caroline e Marshall, ex-colônias alemãs no Pacífico

16 Incas e astecas

Os povos da Europa medieval tinham ideia de que havia outras culturas e governantes poderosos – sultões e califas do mundo muçulmano, o Grande Khan das estepes, o imperador do distante Catai. Mas não supunham que a oeste, do outro lado do Atlântico, além do sol poente, houvesse um vasto continente habitado por civilizações de brilho e riqueza inimagináveis.

A ironia é que, quando se depararam com essas civilizações – dos incas e dos astecas –, um punhado de aventureiros europeus conseguiu, em poucos anos, destruí-las completamente.

Os primeiros humanos chegaram ao continente norte-americano a partir da Ásia Oriental em algum momento da última Idade do Gelo, quando os dois continentes estavam ligados por uma ponte de terra. Essa migração pode ter ocorrido cerca de 25 mil anos atrás e certamente não depois de 8000 a.C., quando a elevação do nível da água dos oceanos cobriu essa ponte no Estreito de Bering. A partir daí, assentamentos humanos se espalharam rapidamente pelas Américas. O início da agricultura pode ser traçado até o sétimo milênio a.C. na região andina da América do Sul, espalhando-se a partir daí para outras partes do continente.

Primeiras civilizações À medida que os excedentes agrícolas permitiram que as sociedades se tornassem mais complexas, surgiram os primeiros grandes centros cerimoniais nos Andes e também na Mesoamérica. Alguns dos monumentos mais impressionantes – incluindo praças, pirâmides e cabeças de pedra colossais – foram construídos por volta de 1200 a.C. na costa caribenha da Mesoamérica pelos Olmecas. Centros cerimoniais surgiram em cidades-templo planejadas geometricamente segundo princípios astronômicos, como Tiahuanaco nos Andes e Teotihuacán no México. Por volta do primeiro milênio a.C., Teotihuacán tinha uma população de aproxima-

linha do tempo

8000 a.C.	6500 a.C.	4700 a.C.	1500 a.C.	1200 a.C.
Elevação do nível da água do mar cobre a ponte de terra entre a Ásia e a América do Norte	Feijões, abóbora e pimentas são cultivados nos Andes peruanos	Cultivo de milho na Mesoamérica	Grandes centros cerimoniais começam a surgir na Mesoamérica e nos Andes	Surgimento da Civilização Olmeca na Mesoamérica e Chavín nos Andes

damente 200 mil pessoas, muito mais do que qualquer cidade europeia da época, com exceção de Roma antes da queda. Entretanto, no final do milênio Teotihuacán, assim como outras grandes cidades-estado dos maias na Península de Yucatán, havia sido abandonada – por razões que não estão inteiramente claras.

Muitas das características permanentes das culturas mesoamericanas são originárias dessas primeiras sociedades. No centro de suas cidades e centros cerimoniais ficavam grandiosas pirâmides-templo em degraus. Havia também um grande interesse por astronomia e pelo calendário; os maias em particular desenvolveram sofisticados sistemas matemáticos, como a notação posicional dos números, bem como uma forma de escrita que ainda era usada na Mesoamérica na época da conquista espanhola. Por fim, havia a prática de sacrifícios humanos para aplacar os deuses sedentos de sangue e garantir o ciclo das estações. "Quando sacrificam um índio", escreveu uma testemunha europeia no século XVI, "abrem o peito do infeliz com facas de pedra e tiram o coração palpitante e o sangue..." Sacrifícios humanos também eram uma característica de algumas das culturas andinas.

As figuras de Nazca

O deserto de Nazca, no Peru, está cheio de desenhos de figuras gigantescas. Algumas são simples formas geométricas, enquanto outras representam animais, como macacos, baleias, lagartos e pássaros. Essas figuras misteriosas foram criadas ao longo de um período de quase mil anos, entre 200 a.C. e 700 d.C., e foram feitas com a remoção de pedras escuras da superfície do deserto para revelar o solo mais claro. São tão grandes que só podem ser visualizadas inteiramente do ar, por isso quem as fez jamais as viu na sua totalidade. Mas o método para fazer figuras tão gigantescas não é complexo e é provável que tenham sido usadas para vários rituais xamanísticos durante os quais os adoradores caminhariam ao longo das linhas antes de fazer suas oferendas aos deuses.

Os últimos impérios

Quando os primeiros europeus chegaram no território americano no início do século XVI, dois grandes impérios dominavam dois grandes territórios. Boa parte da Mesoamérica era

400 a.C.	**200** a.C.	**100** d.C.	**300** a.C.	**Início do século VII**
Início da civilização Zapoteca ao redor do Monte Albán na Mesoamérica	Fundação da cidade de Teotihuacán no México	Início da civilização Moche no norte do Peru	Início da civilização Maia e da escrita em Yucatán	Construção de terraços, aquedutos e canais de drenagem pelas culturas Nazca, Tiahuanaco e Huari na região dos Andes

controlada pelos astecas, enquanto a região andina, do Equador até o norte do Chile, era governada pelos incas do Peru. Os astecas foram os últimos de muitos estados guerreiros a dominar a Mesoamérica na era pré-colombiana; de sua magnífica capital, Tenochtitlán (onde fica a atual Cidade do México), extorquiam tributos e vítimas para sacrifícios humanos dos povos vizinhos.

> **"Muitos senhores caminhavam à frente do grande Montezuma, limpando o chão que ele pisaria e espalhando panos para que ele não pisasse na terra."**
>
> Bernal Díaz del Castillo, *História Verdadeira da Conquista da Nova Espanha*, c. 1568, descrevendo o imperador asteca.

O estado inca parece ter sido menos sanguinário (apesar de não desconhecer os sacrifícios humanos) e mais unificado. A tarefa do governo central era facilitada por uma rede de estradas bem construídas que se estendiam por milhares de quilômetros através de todo o império. No entanto, em nenhum lugar das Américas foi usada a roda; a locomoção era feita a pé ou – nos Andes – no lombo do principal animal de carga, a lhama. Para ajudar na comunicação, os incas tinham um sistema de cordões com nós chamado *quipo*, que também era usado para contas e censos; porém, ao contrário da escrita maia, não parece ter evoluído para um sistema de escrita mais flexível.

A conquista espanhola Quando os conquistadores espanhóis encontraram essas civilizações, ficaram espantados com sua magnificência, mas estavam dispostos a explorar sua própria superioridade tecnológica. Os povos nativos não apenas desconheciam a roda como ainda usavam instrumentos e armas feitos de pedra. Por isso, quando confrontados com os soldados espanhóis, com suas couraças, capacetes e espadas de aço, armas de fogo e cavalos, eles foram esmagados.

No México, o conquistador Hernán Cortés descobriu que os vizinhos dos astecas lutariam de bom grado ao lado dos espanhóis, pois há muito tempo eles eram malvistos devido à demanda insaciável por sacrifícios humanos. Em pouco mais de um ano, em 1519-20, Cortés

linha do tempo

Meados do século VII	c. 900	Século XII	c. 1200	1345
Declínio de Teotihuacán	Colapso das cidades-estado maias; ascensão da civilização Tolteca no México	Colapso do Império Tolteca	Fundação da Dinastia Inca	Astecas fundam Tenochtitlán

Incas e astecas | 71

e algumas centenas de soldados espanhóis derrotaram os poderosos astecas; por acreditar que Cortés fosse um enviado do deus Quetzalcoatl ("A serpente de penas"), o imperador Montezuma não oferecera muita resistência.

História semelhante ocorreu no Peru, onde Francisco Pizarro, outro impiedoso aventureiro espanhol à procura de ouro e poder, liderou menos de duzentos homens contra os incas. Em 1532, ele atraiu o imperador Atahualpa para uma armadilha, massacrou seu exército de milhares de homens e fez dele seu prisioneiro. Atahualpa ofereceu a Pizarro um quarto cheio de ouro em troca da sua liberdade, mas, ao receber o ouro Pizarro, voltou atrás e ordenou que Atahualpa fosse queimado na fogueira. Quando, diante da morte, o imperador se converteu ao cristianismo, Pizarro cedeu e ordenou que ele fosse morto por estrangulamento. A conquista do Peru foi concluída em 1535 com a tomada de Cuzco, capital dos incas. Tanto no Peru quanto no México o novo poder imperial iniciou um processo de escravização e conversão forçada, destruindo todos os vestígios dessas culturas.

> **"Alguns dos nossos soldados chegaram a perguntar se as coisas que vimos não eram um sonho."**
>
> **Bernal Díaz del Castillo**, conquistador que acompanhou Cortés, descrevendo a reação dos espanhóis às maravilhas da capital asteca, Tenochtitlán.

A ideia condensada: civilizações milenares foram varridas do mapa no curso de poucos anos

Séculos XIV-XV	Século XV	1519-21	1532-5
Império Chimu no Peru	Expansão do Império Inca	Conquista espanhola do Império Asteca	Conquista espanhola do Império Inca

17 Reinos e impérios da África

Quando exploradores europeus estudaram as ruínas do Grande Zimbábue no final do século XIX, ficaram convencidos de que o grande complexo real, com suas torres e muros de pedra, não poderia ter sido construído pelos africanos locais. Para eles, as ruínas eram obra de fenícios ou árabes; também surgiram histórias ligando o lugar às lendárias minas do Rei Salomão e à Rainha de Sabá.

Simplesmente não encaixava no projeto colonial europeu considerar que os negros africanos fossem capazes de desenvolver uma sociedade com a riqueza e a complexidade necessárias para produzir tamanha magnificência.

O mesmo sentimento de descrença acometeu os europeus ao descobrirem as deslumbrantes cabeças de bronze de Ifé no que é hoje o sudoeste da Nigéria. Tanto estética quanto tecnicamente, essas estátuas, datadas dos séculos XII ao XVI, superavam ou estavam em pé de igualdade com o que era produzido na Europa na mesma época. No entanto, à medida que se acumulavam as evidências arqueológicas, tanto em Ifé como no Grande Zimbábue, ficava claro que nesses lugares haviam se desenvolvido reinos prósperos e poderosos no período da Idade Média europeia e que esses eram apenas dois entre inúmeros reinos e impérios que floresceram na África subsaariana no período pré-colonial.

O berço da humanidade   Foi na África que surgiram nossos primeiros ancestrais humanos, há aproximadamente quatro milhões de anos. Cerca de dois milhões de anos depois, o *Homo erectus* começou a se espalhar para fora da África, chegando à Europa e ao leste da Ásia. Os humanos modernos, *Homo sapiens sapiens*, também surgiram

linha do tempo

4000 a.C.	Séculos VIII-VI a.C.	500 a.C.	1-500 d.C.	100 d.C.	Século IV
Estabelecimento da agricultura no Sahel	Dinastia Núbia governa o Egito	Metalurgia desenvolvida pela Cultura Nok na África Ocidental	Migração Bantu	Fundação do Império de Axum	Abissínia adota o cristianismo

na África, cerca de duzentos mil anos atrás. A partir de cem mil anos alguns desses homens modernos começaram a migrar para a Europa e Ásia, e daí chegaram à Austrália, Oceania e Américas.

A África também foi afetada pela mudança climática ocorrida após 5000 a.C., que resultou na formação do Deserto do Saara, criando uma barreira física entre os povos que viviam de cada lado do deserto.

> **"Entre as minas de ouro das planícies do interior... há uma fortaleza construída com pedras de tamanho maravilhoso..."**
>
> **Vicente Pegado**, capitão da feitoria portuguesa de Sofala, na costa de Moçambique, faz a primeira descrição europeia do Grande Zimbábue, 1531.

Os que viviam ao norte caíram no âmbito do mundo Mediterrâneo e do Oriente Próximo. Sua história se mistura com a do Antigo Egito, Cartago, com os impérios de Alexandre, o Grande, de Roma, dos árabes e dos turcos otomanos.

Do outro lado da grande divisão, os acontecimentos se deram em grande parte de forma independente. Por volta de 4000 a.C. comunidades agrícolas se estabeleceram nas planícies do Sahel, região ao sul do Saara; a fundição de ferro surgiu na África Ocidental no primeiro milênio a.C.; e alguns assentamentos de vulto surgiram graças ao comércio com os nômades do deserto ao norte e com os povos da floresta ao sul.

Entre dois mil e mil e quinhentos anos atrás, comunidades agrícolas da Idade do Ferro começaram a se espalhar em direção ao sudeste da África Ocidental, movimentação conhecida atualmente como Migração Bantu. Os caçadores-coletores nativos do sul foram marginalizados: os pigmeus da África Central se refugiaram na densa floresta tropical, enquanto o povo San da África Austral ficou confinado no Deserto do Kalahari.

Contatos culturais Em certos lugares houve contatos entre a África subsaariana e os povos do norte. O Nilo proporcionava a ligação entre o Egito dos faraós e os povos de pele mais escura do sul, na Núbia (norte do Sudão). A Núbia foi conquistada pelos egípcios no início do segundo milênio a.C., e alguns dos últimos faraós tinham

Século VII	Século VIII-XI	Século XI	Século XII-XVI	Século XIII-XV	Século XIV-XV
O islamismo se espalha pelo norte da África	Império de Gana	O islamismo se estabelece no Sahel	Reino de Ifé	Império do Mali	Construção do Grande Zimbábue

ascendência núbia. Foram os núbios que, por volta do ano 100 d.C., fundaram o Império de Axum na costa do mar Vermelho. Inicialmente, Axum também dominou parte da Arábia, mas depois seus governantes se voltaram para o interior do continente para formar o reino da Abissínia, onde é hoje a Etiópia. A Abissínia adotou o cristianismo no século IV d.C. e conseguiu manter sua identidade e independência da influência árabe-muçulmana e da invasão europeia até a ocupação italiana de 1935-41.

> **"Aqui há grande reserva de médicos, juízes, sacerdotes e outros homens instruídos, que são caridosamente mantidos à custa do rei."**
> Leão, o Africano, "Descrição de África", 1550, descreve Timbuktu, capital do Império Mali.

Em outras partes da África o islamismo foi se tornando dominante. Tendo se espalhado rapidamente pelo norte do continente no século VII d.C., começou a se infiltrar no sul pelas rotas do comércio subsaariano e no século XI havia se estabelecido no Sahel. Navegadores árabes também difundiram sua religião e sua cultura pela costa leste da África, onde criaram uma série de feitorias, como Mombasa.

Ouro, marfim e escravos Foi o comércio de ouro com os árabes na costa leste da África que proporcionou a riqueza necessária para construir o Grande Zimbábue nos séculos XIV e XV. A exportação de ouro, marfim e escravos em caravanas pelas rotas transaarianas também sustentou a riqueza e o poder de inúmeros reinos e impérios que dominaram sucessivamente o Sahel e parte da África Ocidental. Do século VIII ao século XI, o Império de Gana se estendeu até partes da moderna Mauritânia e Mali; diz-se que seus governantes podiam reunir um exército de duzentos mil homens. Nos séculos XIII a XV, o Império do Mali se estendia do Niger até a costa do Atlântico, a oeste. Seguiram-se outros impérios: Songhai, nos séculos XV e XVI, ainda maior que o do Mali; e Kanem-Bornu, em torno do Lago Chade, que atingiu seu auge no século XVII.

O comércio de escravos aumentou dramaticamente quando, a partir do século XV, os portugueses criaram feitorias ao longo da costa

linha do tempo

Século XV	Século XV-XVI	Século XVI-XIX	1652	Século XVII	Século XVI-XVII
Portugueses criam feitorias na costa oriental da África	Império Songhai	Comércio de escravos no Atlântico	Holandeses fundam uma colônia em Cape Town	Auge do Império Kanem-Bornu e Benin	Império Oyo prospera

africana no Atlântico. Os portugueses foram seguidos pelos holandeses, franceses e ingleses e vários reinos africanos – Benin, Oyo, Ashanti – prosperaram em parte por satisfazerem a demanda insaciável por escravos. O comércio de escravos – pelo qual milhões de negros africanos atravessaram o Atlântico para trabalhar em fazendas do Novo Mundo – teve um efeito devastador sobre a sociedade africana tradicional. Esse "Holocausto Africano", como foi descrito, preparou o continente para o domínio colonial europeu no final do século XIX. Apenas alguns reinos africanos – como o Ashanti, na África Oriental, e os Zulus, no sul da África – conseguiram oferecer uma resistência efetiva, mas no final também foram destruídos.

> ## A generosidade de Mansa Musa
>
> A riqueza do Império do Mali era tamanha que, ao fazer uma peregrinação a Meca em 1324, seu devoto imperador, Mansa Musa, levou com ele dezenas de milhares de seguidores – soldados, escravos, esposas e funcionários da corte – junto com cem camelos, cada um deles carregando 45 quilos de ouro. Quando chegou ao Cairo, ele gastou tanto ouro, "inundando a cidade com sua gentileza", que o custo dos bens e serviços disparou e a moeda local levou alguns anos para recuperar seu valor.

A ideia condensada: impérios ricos e poderosos chegaram a prosperar no que os europeus chamavam de "continente escuro"

1820	1824-1901	1875-1900	1879	1896
Shaka forma o poderoso Império Zulu no sul da África	O Reino Ashanti resiste aos britânicos	"Partilha da África": o continente é dividido entre as potências coloniais europeias	Os zulus derrotam os britânicos em Isandlwana	Os etíopes derrotam os italianos e se mantêm independentes

18 O Renascimento

Somente a partir do século XIX os historiadores começaram a usar o termo *Renaissance* – palavra francesa para "renascimento" – ao se referirem à redescoberta dos modelos clássicos na arte e na literatura, que ocorreu na Europa entre o século XIV e o final do século XVI. Paralelamente a essa revalorização, eles detectaram um movimento de distanciamento da visão de mundo centrada em Deus e a aproximação de um mundo em que os seres humanos ocupavam o centro do palco.

Na Era Vitoriana, a História era vista como uma sucessão de avanços em que a humanidade ia melhorando constantemente com o passar das eras históricas, indo da barbárie e da superstição à racionalidade, à sabedoria e às boas maneiras. Segundo essa narrativa, a civilização ocidental havia sofrido um revés com a queda de Roma e mergulhado no período de trevas da Idade Média, para depois seguir em direção à luz novamente com a redescoberta dos valores clássicos – os valores da Grécia Antiga e de Roma.

As artes visuais A ideia de que os humanos haviam alcançado algo novo e notável no período que hoje chamamos de Renascimento é anterior ao século XIX e deve muito ao biógrafo e artista italiano Giorgio Vasari (1511-74). Em seu livro sobre as vidas de pintores, escultores e arquitetos (1550), Vasari descreve como, a partir do final do século XIII, pintores florentinos como Giotto reagiram contra a arte gótica da Idade Média e começaram a se "purgar desse estilo bruto". "Os que vieram depois", escreveu Vasari, "puderam distinguir o bom do ruim e, abandonando o velho estilo, começaram a copiar os antigos com todo ardor e empenho." A versão de Vasari da história da arte culmina na perfeição alcançada, ou assim ele afirma, por seu amigo, o pintor e escultor Michelangelo (1475-1564). "Ele supera não apenas aqueles que, por assim dizer, superaram a natureza", diz

linha do tempo

Século XI	Século XII	Século XIII	c. 1305	c. 1321	1341
Fundação da primeira universidade europeia, em Bolonha	Fundação das Universidades de Paris e de Oxford	São Tomás de Aquino procura fundir a filosofia de Aristóteles à teologia cristã	Afrescos de Giotto na Capela Arena, em Pádua; primeiras grandes pinturas do Renascimento	Dante conclui *A Divina Comédia*	Petrarca, pai do humanismo, é coroado poeta laureado em Roma

ele, "mas também os antigos mais famosos, que sem dúvida a superaram. Ele seguiu de conquista em conquista, sem jamais encontrar uma dificuldade que não possa superar pela força de seu gênio divino..." Foi um brilhante trabalho de relações públicas, que definiria padrões não apenas da história da arte mas da história cultural de modo geral por muitos séculos. O foco passou dos esforços coletivos, geralmente anônimos, dos artistas medievais, como os construtores das grandes catedrais, para o gênio individual, o ser humano em cujo sangue ardia a chama divina.

> **"O Renascimento... representa a juventude e somente a juventude – a curiosidade intelectual, captando a energia em toda a vida..."**
> Bernard Berenson, *Os pintores venezianos*, 1894.

Certamente é verdade que nas artes visuais houve muitas inovações durante o Renascimento, difundindo-se a partir da Itália para outras partes da Europa. Na arquitetura, o estilo gótico foi abandonado, dando lugar à adaptação de modelos gregos e romanos. (O termo "gótico" foi cunhado no final do Renascimento, sugerindo que o estilo da Alta Idade Média era tão bárbaro quanto os godos que saquearam Roma.) Na pintura foi feita uma nova descoberta – a perspectiva, que dá a ilusão de espaço tridimensional. Tanto na pintura quanto na escultura percebe-se um secularismo crescente. O tema da arte medieval era predominantemente religioso, de modo geral, encomendado por ou para a Igreja. Embora os temas religiosos continuassem a ter importância durante o Renascimento, patronos seculares queriam exibir sua riqueza decorando as paredes de seus palácios com histórias tiradas da mitologia grega – no mínimo porque essas histórias ofereciam muitas oportunidades para a exibição de belos corpos despidos. Enquanto a Igreja falava do pecado original e da vergonha da nudez, os artistas do Renascimento vendiam a ideia de perfeição do ser humano – principalmente no que dizia respeito à aparência física.

O humanismo renascentista A ideia de perfectibilidade do homem foi importante para o movimento conhecido como "humanismo renascentista", que surgiu na Itália no século XIV quando o poeta

1408	c. 1410-15	1420-36	c. 1426	c. 1450	1471
Estátua de Davi, de Donatello	O arquiteto italiano Filippo Brunelleschi redescobre leis matemáticas de perspectiva conhecidas dos antigos	Brunelleschi constrói a cúpula da Catedral de Florença	Masaccio começa a aplicar princípios de perspectiva à pintura	Gutenberg inicia impressão com tipos móveis	Nascimento de Albert Dürer, um dos maiores artistas do Renascimento

Petrarca (1304-74) – pioneiro no uso do termo Idade das Trevas – estimulou um novo interesse pelas obras dos antigos gregos e romanos. Muitas dessas obras haviam sido redescobertas nos dois séculos anteriores – inúmeros textos gregos foram preservados por estudiosos árabes e posteriormente traduzidos por Europeus para o latim (mais conhecido do que o grego). A palavra "humanismo" é derivada do termo latino *studia humanitatis*, nome dado ao novo currículo educacional proposto pelos seguidores de Petrarca. Esse currículo, baseado na literatura clássica, era formado por cinco temas centrais: retórica, poesia, gramática, história e filosofia natural.

Os *umanisti* italianos, como ficaram conhecidos os estudiosos clássicos, procuravam não apenas imitar o estilo dos autores antigos como também adotar seu método de investigação intelectual, desembaraçado das restrições impostas pela doutrina cristã (apesar de não chegarem ao ponto de rejeitar os ensinamentos da Igreja). O estudo do que constitui a virtude era particularmente importante – como o homem virtuoso deveria agir na esfera política, no campo de batalha etc. O estilo, no entanto, era essencial: adotando a retórica de figuras como o orador romano Cícero, os humanistas acreditavam que poderiam introduzir virtude nos outros e no estado como um todo.

O espírito do questionamento aberto abraçado pelos humanistas acabou se espalhando pelo norte da Europa, onde o estudioso holandês Erasmo de Roterdã (1466-1536) se mostrava um crítico severo da Igreja Católica Romana. Mas ele jamais endossou o rompimento

O Homem Renascentista

A ideia de perfectibilidade humana foi incorporada ao conceito geral de "Homem Renascentista", eloquentemente articulado por Baldassare Castiglione em seu livro *O Cortesão* (1528). "Esse nosso cortesão deve ter berço nobre", ele escreveu, "dotado não só de talento e de beleza pessoal e moral, mas de certa graça." Deveria ser excelente soldado e cavaleiro, capaz de "falar e escrever bem" e de demonstrar proficiência em música, desenho e pintura. O livro tornou-se imensamente popular, mas isso talvez tenha ocorrido porque rearticulava a ideia de "perfeito cavalheiro, gentil", que durante séculos havia sido fundamental para o conceito medieval de cavalheirismo.

linha do tempo

1474	1486	c. 1503	1508-12	1509	1509-11
William Caxton imprime o primeiro livro em inglês	*O Nascimento de Vênus*, Botticelli	*Mona Lisa*, Leonardo da Vinci	Michelangelo pinta o teto da Capela Sistina	*O Elogio da Loucura*, Erasmo; obra satírica atacando os abusos da Igreja Católica Romana	*A Escola de Atenas*, Rafael

com Roma iniciado por Martinho Lutero e o grau de influência do espírito renascentista sobre os reformadores protestantes é discutível. Igualmente discutível é o alcance desse espírito na deflagração da Revolução Científica dos séculos XVI e XVII, considerando que os grandes astrônomos e anatomistas desse período rejeitavam os ensinamentos dos autores clássicos – e da Igreja – quando contrariavam os fatos observados. Foi a Revolução Científica, e não o humanismo renascentista, que abriu o caminho para a revolução intelectual, ética e filosófica do Iluminismo no século XVIII, onde tantos dos nossos modernos valores ocidentais estão enraizados.

A impressão

A impressão com tipos móveis estava em uso na China desde o século XI, mas era desconhecida na Europa até que a técnica fosse inventada pelo impressor alemão Johannes Gutenberg por volta de 1450. Antes disso, os textos eram laboriosamente copiados à mão, o que limitava enormemente o número de livros – e consequentemente o conhecimento e a diversidade de opiniões – em circulação. A impressão com tipos móveis possibilitou não só a produção em massa de livros, mas também de cartazes, trovas e panfletos. Permitiu também a transmissão para um público internacional mais amplo do trabalho não apenas dos humanistas renascentistas, mas também dos reformadores religiosos, contribuindo significativamente para a propagação da Reforma Protestante.

A ideia condensada: um afastamento do discurso centrado em Deus, em voga na Idade Média, mas não uma revolução

1513	1516	1516	1528	1550
O Príncipe, Maquiavel; tratado afirmando que, para manter o poder e a estabilidade políticos, os fins justificam os meios	Erasmo publica sua versão editada do *Novo Testamento* grego com uma tradução em latim	O humanista inglês Sir Thomas More publica *Utopia*, esboçando uma sociedade ideal	Castiglione descreve o "Homem Renascentista" em *O Cortesão*	Vasari glorifica a arte renascentista em *As Vidas dos Pintores*

19 O Império Otomano

Para um autor inglês do século XVII os turcos otomanos eram "o maior terror do mundo" – visão universalmente compartilhada pelos cristãos da Europa.

Nos dois séculos anteriores, os otomanos haviam varrido os últimos vestígios do Império Romano do Oriente, conquistado toda a Península dos Bálcãs e aparecido às portas de Viena exibindo sua força, ameaçando colocar toda a Europa sob o domínio do califado Islâmico. Seu poder se estendia do mar Vermelho e Golfo Pérsico até a Hungria e a Costa Berbere, no norte da África, e estiveram muito perto de dominar todo o Mediterrâneo.

O Império Otomano foi assim nomeado em homenagem a Osman ou Othman I, líder nômade que no final do século XIII declarou seu pequeno estado na Anatólia independente dos turcos seljúcidas, então a força dominante na região. Dizia-se que Osman, quando estava na casa de um homem santo, sonhou que uma lua saía do peito do homem santo e entrava no seu. "Em seguida", continua a história, "uma árvore brotou de seu umbigo e sua sombra cobriu todo o mundo." O homem santo disse a Osman que esse sonho profetizava sua soberania e a de seus descendentes.

"Cobrindo todo o mundo" Osman e seus sucessores se puseram a transformar o sonho em realidade, suprimindo a presença bizantina na Ásia Menor e se expandindo em direção aos Bálcãs, onde os camponeses cristãos descobriram que eram mais bem tratados sob os otomanos do que haviam sido por seus antigos senhores cristãos. Os bizantinos – herdeiros do Império Romano do Oriente – ficaram confinados à sua capital, Constantinopla, até a cidade finalmente cair no grande cerco de 1453, fato que marcou o fim de dois milênios de história romana e causou grande perturbação em toda a Europa.

linha do tempo

1299	1389	1396	1453	1460	1514	1514-16	1517
Osman I, fundador da Dinastia Otomana, declara independência dos turcos seljúcidas	Conquista da Sérvia após a vitória otomana em Kosovo	Conquista da Bulgária	Constantinopla cai diante do cerco otomano	Os otomanos tomam a Grécia	O sultão Selim I derrota os persas em Chaldiran	Selim conquista a Armênia	Selim domina o Egito, a Síria e o oeste da Arábia

Os otomanos fizeram de Constantinopla sua capital e mudaram seu nome para Istambul – "a cidade".

O sultão que havia tomado Constantinopla, Mehmed II, também completou a conquista da Grécia e estabeleceu uma base de operações do outro lado do mar Negro, na Crimeia. Seus sucessores, Bayezid II e Selim I, conquistaram a Síria, o Levante, o Eito e parte da Arábia, incluindo as cidades muçulmanas sagradas de Meca e Medina.

O poder otomano alcançou seu apogeu durante o reinado de Solimão I (1520-66), o Magnífico, filho de Selim. Solimão tomou a Mesopotâmia dos Persas, conquistou a Hungria e a Transilvânia e, em 1529, sitiou Viena, recuando apenas devido à chegada do inverno. Solimão também criou uma marinha eficiente, que usou para tomar a Ilha de Rodes dos Cavaleiros Hospitalários, enquanto o poder otomano se estendia até o Mediterrâneo Ocidental via corsários da Costa Berbere, que se tornaram vassalos do sultão.

Para a cristandade ocidental, "o Turco" representava uma ameaça à sua existência e circulavam inúmeras histórias narrando as atrocidades otomanas. De modo geral, no entanto, os sultões otomanos demonstravam tolerância com as práticas religiosas de seus súditos cristãos e não muçulmanos – revelando um contraste gritante com as perseguições religiosas patrocinadas pelos príncipes cristãos europeus antes, durante e depois da Reforma.

> ### Sultãos e califas
>
> No mundo muçulmano, o título "califa" – que significa "sucessor" – foi concedido aos que sucederam Maomé como líderes de toda a comunidade islâmica; nos séculos seguintes inúmeras dinastias árabes detiveram esse título. O título "sultão" era concedido àqueles que detinham o poder de fato nos bastidores do trono do califa e foi adotado pelos otomanos no século XIV. A liderança do califado foi assumida pelos sultões otomanos no século XVI após a conquista do Egito e a morte do último califa Abássida. O califado otomano foi finalmente abolido em 1924 pela República Turca.

1522	1526	1529	1565	1517	1669	1768-92
Os otomanos tomam Rodes	Solimão, o Magnífico, conquista a Hungria após a vitória em Mohács	Cerco malsucedido dos Otomanos a Viena	Os Cavaleiros Hospitalários resistem ao cerco dos Otomanos em Malta	Os otomanos capturam Chipre, mas são derrotados em Lepanto	Creta é tomada de Veneza	Guerras com a Rússia levam à perda de território em torno do mar Negro

"**Homem doente da Europa**" As ambições otomanas no Mediterrâneo Ocidental foram finalmente esmagadas em 1571, quando a frota turca foi derrotada por uma força composta por espanhóis e venezianos em Lepanto, na costa da Grécia. A partir daí teve início o lento declínio dos otomanos. Observando o quadro de uma perspectiva do final do século XIX, um historiador turco descreveu a sorte do Estado Otomano após a morte de Solimão, o Magnífico, como uma oscilação entre "angústia e decadência outonal" e "restauração e rejuvenescimento primaveril", mas a tendência geral seguiu em uma só direção: a decadência. A Turquia, que havia sido o flagelo da Cristandade, ficou conhecida como "o homem doente da Europa".

> **"Eu que sou o sultão dos sultões, o soberano dos soberanos, a sombra de Deus na Terra..."**
>
> Solimão, o Magnífico escreve para Carlos V, monarca do Sacro Império Romano, junho de 1547.

Várias razões para esse declínio podem ser identificadas. Os próprios sultões foram em parte responsáveis, afundando em um isolamento autoindulgente em seus palácios luxuosos, cercados por seus haréns e cortesãos bajuladores. Ao mesmo tempo, a administração centralizada estabelecida por Solimão se desintegrou à medida que administradores locais – paxás – adquiriram mais poder. A eficiência do governo central também foi enfraquecendo com a tendência cada vez mais frequente de conceder empregos administrativos com base na hereditariedade em vez do mérito. Outro fator a ser considerado foi o conservadorismo crescente no mundo muçulmano, que havia sido um celeiro de inovação intelectual e tecnológica. Assim, o Império Otomano passou praticamente incólume por dois momentos cruciais que transformaram a Europa e a América nos séculos XVIII e XIX: o Iluminismo e a Revolução Industrial.

Com o enfraquecimento do vigor dos otomanos, as forças vizinhas começaram a morder as bordas do Império. Depois de outro cerco malsucedido dos otomanos a Viena, em 1683, os austríacos tomam a ofensiva e conquistam a Hungria; no final do século XVIII, os russos tomam boa parte da costa norte do mar Negro. No século XIX, cresce a inquietação nacionalista entre os vassalos cristãos no sudeste europeu, e

linha do tempo

1804-13	1829	1853	1853-1856	1876	1878
Revolta sérvia bem-sucedida contra o governo turco	A Grécia, com o apoio da Grã-Bretanha, França e Rússia, consegue a independência da Turquia	Ocupação russa das províncias otomanas da Moldávia e Valáquia (depois unificadas na Romênia)	Turquia, Grã-Bretanha, França e Piemonte lutam contra a Rússia na Guerra da Crimeia	Violenta repressão turca à revolta búlgara	Congresso de Berlim: Romênia, Sérvia e Montenegro se tornam independentes da Turquia; a Bulgária adquire autonomia

os otomanos reagem com selvageria crescente – para horror da opinião pública no ocidente. Mas as potências ocidentais ficaram preocupadas com as ambições russas enquanto o poder otomano enfraquecia nos Bálcãs e a leste do Mediterrâneo, temendo uma virada no equilíbrio do poder. A Grã-Bretanha em especial acreditava que a Rússia ameaçava sua rota para a Índia, sua possessão imperial mais importante. Seguiu-se uma série de guerras e crises diplomáticas enquanto Áustria e Rússia disputavam a hegemonia nos Bálcãs. Essa rivalidade levaria à eclosão da Primeira Guerra Mundial, quando a Turquia se aliou à Áustria e à Alemanha contra a Rússia, Grã-Bretanha e França. A derrota da Turquia nessa guerra levaria ao desmantelamento final do Império Otomano.

> **Os corsários berberes**
>
> Desde o século XVI, corsários da Costa Berbere – atual Tunísia, Argélia e Marrocos – atacaram toda a região do Mediterrâneo Ocidental, chegando ao sul da Inglaterra e Irlanda, capturando centenas de milhares de cristãos e vendendo-os como escravos. Somente no início do século XIX é que a pirataria dos corsários foi esmagada pelas potências ocidentais, incluindo os Estados Unidos. A partir daí ocorreu a colonização europeia de sua terra natal.

A ideia condensada: a desintegração do Império Otomano afetou o equilíbrio de poder na Europa

1891	1912-3	1918	1920	1921-2	1923
Movimento da Juventude Turca é formado para estimular as reformas	A Turquia se envolve na Primeira e Segunda Guerra dos Bálcãs	A Turquia é derrotada na Primeira Guerra Mundial	Antigo território otomano no Oriente Médio é dividido entre Grã-Bretanha e França	Os turcos conseguem resistir à invasão grega	Kemal Atatürk funda a República da Turquia e inicia o processo de ocidentalização

20 A Era dos Descobrimentos

"Descobrimento" é um termo eurocêntrico bastante relativo no contexto da história da exploração. As terras que Vasco da Gama, Colombo, Caboto e outros "descobriram" já estavam ocupadas por outros povos – os europeus é que nunca haviam estado ali. Entretanto, esses "descobrimentos" teriam consequências profundas tanto para os descobridores quanto para os descobertos, e para o mundo como um todo.

As grandes viagens de exploração empreendidas pelos navegadores europeus a partir de meados do século XV não foram de maneira alguma um feito inédito. Os extraordinários navegadores polinésios cruzaram o Oceano Pacífico por milhares de anos em suas canoas orientando-se pelas estrelas para colonizar ilhas distantes. Por volta do final do século IX d.C., os vikings haviam fundado uma colônia na Groelândia e, no ano 1000, Leif Eriksson fundou um assentamento chamado Vinlândia em algum ponto do nordeste da América do Norte – talvez Terra Nova ou Maine. Mais ou menos nessa mesma época, mercadores árabes haviam estabelecido feitorias ao longo da costa leste da África, e no início do século XV o almirante chinês Zheng chegara à África Oriental, à Arábia, à Índia e às Índias Orientais. Mas nenhuma dessas viagens teve um impacto tão permanente quanto o "descobrimento" europeu das Américas e a abertura de novas rotas marítimas para a Ásia e o resto do mundo.

Contornando o Cabo Não foi em prol do desenvolvimento científico que se realizaram as primeiras viagens europeias do descobrimento. A principal motivação era comercial – mais especificamente, a participação no extremamente valioso comércio de especiarias. As especiarias saíam das Índias (como eram conhecidas as regiões do sul e sudeste

linha do tempo

1402	1420	1430	1434	1444
Os espanhóis iniciam a conquista das Ilhas Canárias	Navegadores portugueses patrocinados pelo infante D. Henrique, o Navegador descobrem a Madeira	Os portugueses chegam aos Açores	Os portugueses contornam o Cabo Bojador na costa noroeste da África	Os portugueses chegam ao rio Senegal e estabelecem uma rota para os escravos e outras mercadorias, evitando assim as rotas transaarianas controladas pelos muçulmanos

da Ásia) e chegavam à Europa por longas e árduas rotas terrestres através da Ásia Central e Oriente Médio. A dissolução do Império Mongol e a expansão dos otomanos no século XIV tornaram essas rotas ainda mais problemáticas. A pequena, mas poderosa, república marítima de Veneza controlava o comércio do Oriente Próximo através do Mediterrâneo até a Europa, e isso levou seus rivais comerciais a buscarem rotas alternativas.

O reino de Portugal, situado no Atlântico, assumiu a liderança em grande parte devido ao estímulo proporcionado pelo infante D. Henrique, o Navegador (1394--1460), filho mais novo do rei João I. O infante D. Henrique criou uma escola de navegação, estimulou a colonização de Madeira e dos Açores e patrocinou uma série de viagens de exploração pela costa oeste da África, onde foram fundadas inúmeras feitorias. Tudo isso foi possível graças ao desenvolvimento das caravelas, barcos mais apropriados à navegação oceânica do que as galés do Mediterrâneo movidas a remo, e aos novos instrumentos de navegação, como a bússola magnética (usada pelos chineses e depois pelos árabes), o quadrante e o astrolábio.

> **"As gengivas... de alguns dos meus homens incharam, de forma que não conseguiam comer de forma alguma e por isso morreram."**
>
> **Antonio Pigafetta,** que acompanhou Fernão de Magalhães em sua primeira viagem de circum-navegação da Terra, descreve os efeitos do escorbuto.

O rei João II de Portugal continuou a patrocinar os exploradores após a morte do infante D. Henrique. Sob seus auspícios, em 1488, Bartolomeu Dias contornou o Cabo da Boa Esperança no extremo sul da África, mostrando que estava aberto um novo caminho para o oriente. Em 1498, outro navegador português, Vasco da Gama, contornou o Cabo e continuou a navegar pela costa oriental da África e depois pelo mar aberto até Calecute, no sudoeste da Índia. Ele retornou trazendo uma pequena quantidade de especiarias.

Outros seguiram seus passos, chegando até as Ilhas das Especiarias (Molucas) nas Índias Orientais. Os mapas que fizeram de suas rotas

c. 1460	1488	1492	1493-6	1494
Navegadores portugueses e italianos descobrem as ilhas de Cabo Verde	Bartolomeu Dias contorna o Cabo das Tormentas, depois rebatizado como Cabo da Boa Esperança	Cristóvão Colombo chega à ilha de San Salvador (atual Bahamas) e Hispaniola	Segunda viagem de Colombo: ele chega a Guadalupe, Porto Rico e Jamaica, e retorna a Hispaniola	O Tratado de Tordesilhas divide o Novo Mundo entre Espanha e Portugal

> **"Sua alteza... logo converterá para nossa fé sagrada uma imensidão de pessoas, conquistando grandes domínios e grandes riquezas para a Espanha. Porque sem dúvida há nessas terras uma grande quantidade de ouro."**
>
> Cristóvão Colombo, em carta para seu patrono, o rei Fernando da Espanha, em outubro de 1492.

complexas pelas águas perigosas do Arquipélago Malaio tornaram-se mais valiosos do que seu peso em ouro.

Para o Novo Mundo Cristóvão Colombo não imaginava que existissem as Américas quando partiu em direção ao ocidente em 1492. Há muito tempo se sabia que o mundo era redondo, mas Colombo, imaginando que a Terra fosse menor do que realmente é, acreditava que navegando para o oeste chegaria às Índias muito mais depressa do que contornando a África. Seus três navios demoraram trinta e três dias para chegar às Bahamas, e tamanha era sua convicção de que havia chegado às Índias que chamou seus habitantes de *índios*.

Colombo era italiano, mas seus patronos eram Fernando e Isabel, reis da Espanha recém-unificada. Fernando e Isabel eram católicos fervorosos, e Colombo relatou que esse "Novo Mundo" estava cheio de pagãos prontos para serem convertidos à verdadeira fé – e também cheio de ouro. As reivindicações da Coroa Espanhola sobre as novas terras no ocidente foram contestadas por Portugal; o Tratado de Tordesilhas, de 1494, dividiu as Américas entre os dois países: Portugal ficou com o Brasil, e a Espanha com o resto. Os ingleses também se interessaram pelo Novo Mundo e, em 1496, o rei Henrique VII patrocinou um navegador italiano, Giovanni Caboto, que no ano seguinte chegou ao noroeste da América do Norte.

Colonização e dominação Outros noventa anos transcorreriam até que os ingleses voltassem a tentar estabelecer assentamentos na América do Norte; mas no sul, espanhóis e portugueses logo começaram a tirar proveito da sua superioridade tecnológica sobre os nativos. Os poderosos impérios dos astecas e dos incas foram rapidamente

linha do tempo

1497-9	1498-1500	1500	1502-4	1510	1519-21
Vasco da Gama navega até a Índia e volta contornando o Cabo da Boa Esperança	Terceira viagem de Colombo: ele chega a Trinidad e a América do Sul	Pedro Álvares Cabral chega ao Brasil e reclama o território para Portugal	Quarta viagem de Colombo: explora a costa caribenha da América Central	Os portugueses estabelecem um assentamento permanente em Goa, na costa ocidental da Índia	A Espanha conquista o Império Asteca no México

derrubados, seu ouro e prata foram saqueados e o povo escravizado e convertido à força. "Para essa gente", escreveu um missionário jesuíta em 1563, "não há melhor pregação do que a da espada e da vara de ferro". Além disso, milhões sucumbiram às doenças trazidas pelos europeus por não terem imunidade a elas.

Tinha começado a dominação europeia do mundo. Mas as consequências se fizeram sentir. Enquanto as potências europeias voltadas para o Atlântico – Espanha e Portugal, e depois Holanda, Grã-Bretanha e França – prosperavam graças à riqueza das terras recém-descobertas, o Mediterrâneo se transformou em uma espécie de água estagnada; as grandes cidades comerciais de Veneza e Gênova entraram em decadência. Além disso, nem tudo o que vinha do Novo Mundo era benéfico. As grandes quantidades de prata trazidas pela Espanha contribuíram para o aumento da inflação em toda a Europa no século XVI. O tabaco e a sífilis tiveram um efeito mais insidioso sobre a saúde dos europeus, causando milhões de mortes nos séculos seguintes.

> **Batizando a América**
>
> Por um golpe de sorte, a América foi batizada em homenagem a Americo Vespuccio, aventureiro florentino que em 1499 navegou ao longo da costa nordeste da América do Sul e descobriu a foz do rio Amazonas. Colombo teve que se contentar em dar seu nome a uma república sul-americana, a um rio e várias cidades norte-americanas, ao distrito federal norte-americano e a uma província canadense.

A ideia condensada: as viagens dos descobrimentos definiram o cenário para a colonização europeia e dominação mundial

19-22
...não de Magalhães, navegador português ...erviço da Espanha, comanda a primeira ...um-navegação da Terra, estabelecendo ...a nova rota para a Ásia pelo extremo sul ...América do Sul e através do Pacífico; ...galhães foi morto em 1521 e apenas um ...seus cinco navios voltou para a Espanha

1532-5
Espanhóis conquistam o Império Inca no Peru

1597
Willem Barentsz, navegador holandês, morre ao voltar de sua terceira tentativa para encontrar uma passagem para as Índias ao longo da costa norte da Rússia

1611
Henry Hudson, navegador inglês, é abandonado à deriva por sua tripulação amotinada, após a quarta tentativa para encontrar uma passagem para a Ásia através do Ártico canadense

21 A Reforma

Até o final da Idade Média, a Igreja Católica Romana havia desfrutado da supremacia espiritual por toda a Europa Ocidental sem ser questionada. É certo que houve alguns surtos de heresia – como o catarismo no sul da França no início do século XIII –, mas foram violenta e eficientemente destruídos. Também houve desentendimentos com governantes seculares, quando os interesses da Igreja e do Estado entraram em choque – como o direito à indicação de bispos ou à cobrança de impostos do clero.

A Igreja havia passado por períodos de lassidão e abuso em suas fileiras, mas de maneira geral havia conseguido corrigir as coisas, com a criação de novas ordens monásticas mais rígidas, por exemplo, pois as antigas haviam ficado ricas e autoindulgentes.

Mas a riqueza e o mundanismo crescentes da Igreja levaram a uma nova onda anticlerical no século XIV; a argumentação da Igreja de que apenas seus sacerdotes poderiam fazer a mediação entre os leigos e Deus passou a ser cada vez mais contestada. Um desses contestadores foi John Wycliffe (1330?-84), que criticou a doutrina da transubstanciação (a crença de que o pão e o vinho servidos na eucaristia se transformavam literalmente no corpo e no sangue de Cristo) e enfatizou o papel da ação individual em oposição à mediação eclesiástica. Wycliffe também supervisionou a primeira tradução da Bíblia para o inglês. Até então, a Bíblia só podia ser lida em latim, de forma que seus ensinamentos não eram acessíveis à maioria das pessoas, obrigadas a confiar no que os padres diziam. As ideias de Wycliffe influenciaram o reformador João Huss, natural da Boêmia (Tchecoslováquia), que foi queimado na fogueira em 1415 por se recusar a renegar suas ideias. Entretanto, ele se tornou um herói nacional para seus seguidores na Boêmia, que conseguiram repelir uma cruzada enviada para esmagá-los.

linha do tempo

1377	1380	1414	1415	1517	1520
As críticas de John Wycliffe à doutrina católica são condenadas pelo papa	Década em que Wycliffe conclui a tradução da Bíblia para o inglês	Repressão ao lollardismo, movimento criado pelos seguidores de Wycliffe	João Huss é queimado na fogueira por causa de suas críticas à Igreja	Lutero lança a Reforma com suas 95 teses contra as indulgências	Ulrich Zwingli inicia a Reforma na Suíça

A Reforma

Apelos pela Reforma Por volta do final do século XV os papas de Roma se comportavam com toda a ostentação, crueldade e materialismo dos príncipes renascentistas, esbanjando dinheiro em grandes projetos artísticos, arrumando amantes e indicando seus filhos ilegítimos para posições de poder na Igreja. Para financiar essas extravagâncias eles colocavam à venda altos cargos na igreja e estimulavam a prática da venda de indulgências, pelas quais era oferecida a remissão dos pecados àqueles que pagassem pelo privilégio. Essa prática causava especial indignação na Alemanha, onde um de seus mais notórios adeptos foi Johann Tetzel, para quem, segundo um relato da época, um homem poderia ser perdoado mesmo que tivesse dormido com a própria mãe.

Esses abusos foram criticados por estudiosos humanistas como Erasmo (ver p. 78). Em 1516, Erasmo traduziu o Novo Testamento do grego original para o latim e, fazendo isso, apontou as falhas da Vulgata, versão latina endossada pela Igreja. Essa volta ao texto original da Bíblia também evidenciou a disparidade entre a austeridade inicial da Igreja e a pompa e a corrupção da instituição da época. Erasmo, contrariando a prática da igreja, também queria que a Bíblia fosse traduzida para a linguagem do dia a dia para que todos pudessem entender a palavra de Deus.

Luteranismo Erasmo procurou reformar a Igreja por dentro, mas outros chegaram à conclusão de que isso não seria possível. Na Alemanha, um sacerdote e monge agostiniano chamado Martinho Lutero (1483-1546) também achava que o texto da Bíblia deveria ser colocado ao alcance de todos, não apenas daqueles que soubessem ler

Por que "Protestantismo"?

A palavra "protestantismo" é decorrente do "protesto" feito por uma minoria de delegados na Dieta de Speyer, assembleia convocada pelo imperador Carlos V – ferrenho apoiador do papado – em abril de 1529. O "protesto" era contra uma resolução que determinava o fim da "inovação na religião" – em outras palavras, os ensinamentos de reformadores como Lutero. Os "protestantes" declararam que a consciência individual era fundamental em tais assuntos.

1521
Lutero é excomungado e depois proscrito pela Dieta de Worms

1524-5
Guerra dos Camponeses na Alemanha

1527
O luteranismo é adotado na Suécia

1530
A Confissão de Augsburgo estabelece a Igreja Luterana

1533
Henrique VIII rompe com Roma e torna-se o chefe supremo da Igreja da Inglaterra, mas que continua católica em sua doutrina

1536
João Calvino descreve sua teologia reformada na obra "Instituição da Religião Cristã"

> **"Minha consciência está submetida à palavra de Deus... Aqui estou. Não posso fazer outra coisa. Que Deus me ajude."**
>
> **Martinho Lutero** desafia a autoridade papal na Dieta de Worms, 18 de abril de 1521.

latim, e por isso traduziu o Novo Testamento para o alemão. Lutero acreditava que a verdade religiosa seria encontrada somente nas Escrituras e que a salvação só poderia ser alcançada pela fé. Por isso criticou severamente a venda de indulgências e confrontou Johann Tetzel com suas famosas 95 teses contra essa prática, que ele pregou na porta da igreja de Wittenberg em 31 de outubro de 1517. Lutero também negou que os sacerdotes tivessem papel especial, afirmando que todo homem e toda mulher eram iguais diante de Deus.

Os ataques de Lutero aos sacerdotes e ao papa levaram à sua excomunhão em 1521, seguida de uma convocação para que comparecesse à Dieta (assembleia) Imperial na cidade de Worms. Lutero era súdito de Carlos V, que, como imperador do Sagrado Império Romano, era um ferrenho defensor do papado. Mas na Dieta, Lutero se recusou a retratar-se e, por isso, foi declarado um proscrito pelo imperador.

As novas técnicas de impressão ajudaram a disseminar rapidamente as ideias de Lutero, que encontraram grande apoio na Alemanha – entre os príncipes (a Alemanha era formada por pequenos estados, unidos nacionalmente sob o imperador) e também entre as pessoas comuns. Estas últimas entenderam a rejeição de Lutero à autoridade papal e imperial como um sinal para tentarem fugir elas mesmas da opressão, o que levou à Guerra dos Camponeses em 1524-5. Mas Lutero ficou chocado com essa revolta contra a autoridade temporal e percebeu que precisava do apoio dos príncipes contra as tentativas de Carlos V de esmagar a Reforma que ele havia iniciado. Por isso conclamou "a todos que pudessem que evitassem os camponeses como ele evitaria o próprio demônio" e apoiou a repressão brutal da revolta.

A expansão do protestantismo Com a Confissão de Augsburgo em 1530, que resumiu os princípios básicos do luteranismo, o rompimento com Roma tornou-se definitivo. Seguiu-se uma série de

linha do tempo

1536-40	1541	1541	1546	1547	1553-8	1555
Dissolução dos mosteiros na Inglaterra	Calvino estabelece uma teocracia protestante em Genebra	A Contrarreforma é lançada no Concílio de Trento	O luteranismo é adotado na Dinamarca	Eduardo VI sobe ao trono da Inglaterra e introduz o protestantismo	Maria I restaura o catolicismo na Inglaterra	A paz de Augsburgo põe fim à guerra religiosa na Alemanha

guerras religiosas na Alemanha, que chegaram ao fim com a Paz de Augsburgo em 1555, estabelecendo que cada príncipe teria o direito de determinar a fé de seus súditos. Nessa época a Suécia e a Dinamarca já haviam adotado o luteranismo, e a Igreja da Inglaterra, cujo chefe era o monarca inglês, também continha elementos do luteranismo. Na Inglaterra, como em outras partes, o Estado lucrou com o confisco de propriedades da Igreja e foi fortalecido por seu poder sobre as nomeações eclesiásticas.

> **Um homem com Deus é sempre maioria.**
>
> John Knox, c. 1505-72, reformador escocês, inscrição no Museu da Reforma Protestante, Genebra.

O luteranismo não foi a única vertente de religião reformada. A alternativa mais significativa, o calvinismo, surgiu a partir dos ensinamentos do teólogo francês João Calvino (1509-56). Calvino dizia que a salvação estava predestinada: independentemente do que a pessoa fizesse em vida, somente aqueles escolhidos por Deus seriam salvos. Ao mesmo tempo, Calvino conclamou as autoridades a vigiarem a vida moral dos membros da Igreja, conferindo uma inclinação austera e teocrática aos seus ensinamentos. Foram criadas igrejas calvinistas em Genebra, França, Países Baixos e Escócia e mais tarde na Nova Inglaterra. Como na Alemanha, os reformadores frequentemente enfrentaram uma oposição violenta, especialmente quando a Igreja Católica Romana iniciou o processo conhecido como Contrarreforma (ver p. 92).

A ideia condensada: o monopólio espiritual da Igreja Católica Romana foi rompido para sempre

1559	1560	1562-98	1588	1598
Elizabeth I reintroduz o protestantismo na Inglaterra	O Parlamento Escocês adota a Confissão de Fé de inspiração calvinista, separando a Igreja da Escócia de Roma	Guerras religiosas na França entre huguenotes (calvinistas) e católicos	Fracasso da Armada Espanhola contra a Inglaterra	O Édito de Nantes concede a tolerância religiosa aos huguenotes (protestantes franceses)

22 A Contrarreforma

A Reforma causou um choque profundo na Igreja Católica Romana, induzindo-a a se reformar e se revigorar. Então a Igreja militante partiu para a ofensiva, depurando-se dos abusos, da lassidão e do clero pouco instruído, enviando seus soldados para derrubar, espiritual e temporalmente, os cismáticos heréticos que haviam levantado suas bandeiras contra a autoridade do papa em Roma.

Seria um negócio sangrento, marcado pelo fanatismo impiedoso e enfrentando complicações crescentes devido à conjuntura política nacional e internacional. O conflito entre Protestantes e Católicos culminou em um horrendo banho de sangue: a Guerra dos Trinta Anos, que devastou boa parte da Europa Central. No final da guerra, a luta superara o conflito entre Protestantes e Católicos, contrapondo o crescente poder (católico) da França e o enfraquecido poder (católico) dos Habsburgos, soberanos da Espanha, Áustria e do Sacro Império Romano, que então compreendia a maior parte da Alemanha.

Renovação católica A rápida expansão dos ensinamentos reformistas de Lutero e Calvino por toda a Europa colocava em risco a própria existência da Igreja Católica Romana. Embora Carlos V, imperador do Sacro Império, combatesse os príncipes protestantes alemães em nome do papa, a Igreja, dando-se conta do quanto havia se afastado de seus próprios padrões, procurou renovar-se. O principal agente da reforma no interior da Igreja Católica foi o Concílio de Trento. Realizado em três sessões entre 1541 e 1563, na cidade de Trento, no norte da Itália, convenientemente próximo da fronteira linguística entre a Europa italiana e alemã, o concílio divulgou numerosos decretos relacionados à prática e à doutrina, e implementou medidas para garantir a todos os sacerdotes uma educação apropriada – sem falar do celibato. Um controle mais rígido passou a ser aplicado sobre as ordens religiosas existentes, cuja frouxidão moral havia fornecido muita munição aos

linha do tempo

1521	1534	1541	1542	1553-8	1555
Excomunhão de Martinho Lutero	Fundação da Companhia de Jesus (jesuítas)	A Contrarreforma é lançada no Concílio de Trento	O papa Paulo III cria o Santo Ofício com poderes inquisitoriais sobre todos os católicos	Maria I restaura o catolicismo na Inglaterra	A Paz de Augsburgo acaba com a primeira onda de guerras religiosas na Alemanha

> **"Na invocação dos santos, na veneração das relíquias e no uso sagrado das imagens, toda a superstição deve ser removida, toda a busca imunda por ganhos eliminada e toda a lascívia evitada..."**
>
> Decreto da 25ª sessão do Concílio de Trento,
> 3-4 de dezembro de 1563.

reformadores. Além disso foram criadas novas ordens, tanto leigas quanto monásticas.

A mais notável das novas ordens foi a Companhia de Jesus, cujos membros, os jesuítas, faziam votos de pobreza, castidade e obediência. Essa ordem altamente disciplinada e eficiente foi fundada em 1534 por um ex-soldado espanhol, Inácio de Loyola. Sua tarefa, nas palavras do próprio Loyola, era "lutar por Deus sob a bandeira da cruz" e "pelo progresso das almas na vida e na doutrina cristã, propagar a fé através do ministério da palavra, de exercícios espirituais, obras de caridade, educação das crianças e analfabetos nos princípios cristãos". A Companhia tornou-se uma das instituições mais poderosas na Europa Católica e foi a principal entidade missionária católica em todo o mundo.

Em 1542, a Santa Sé criou o Santo Ofício – Suprema e Sacra Congregação da Inquisição Romana e Universal –, que teria a responsabilidade de vigiar o cumprimento da doutrina católica e seria dotado de poderes inquisitoriais sobre todos os católicos. A Inquisição já existia em alguns países e foi introduzida em outros. Desde 1478 a Inquisição Espanhola estivera ativa contra os judeus convertidos suspeitos de apostasia e com a Reforma trabalhara para eliminar o protestantismo em todo o Império Espanhol (que na época incluía os Países Baixos). Essas instituições julgavam heréticos suspeitos em tribunais eclesiásticos e depois os entregavam às autoridades seculares para que fossem punidos, "não [...] para a correção e o bem da pessoa punida", segundo um manual dos inquisidores de 1578, "mas para o bem público a fim de que outros fiquem aterrorizados e se afastem dos males que comete-

1559	1562	1564	1566	1567	1572
O papa Pio IV introduziu um Índice de livros proibidos, que os católicos não poderiam ler	Início das guerras religiosas na França entre os huguenotes (calvinistas) e os católicos	Filipe II ordena que todos os decretos do Concílio de Trento sejam aplicados em todos os territórios espanhóis	Os holandeses resistem à Inquisição Espanhola e exigem liberdade religiosa	Início da Revolta Holandesa (Guerra dos Oitenta Anos)	Massacre da Noite de São Bartolomeu contra os huguenotes na França

> ## O Índice
>
> Em 1559, consciente do efeito da impressão na divulgação dos ensinamentos dos reformadores protestantes, o papa introduziu um Índice de livros que os católicos estavam proibidos de ler, levando muita gente a vasculhar suas prateleiras ansiosamente à procura de algo não autorizado. Um estudioso de Roma descreveu o fato como "holocausto da literatura". Isso também causou danos ao avanço científico: *Da revolução de esferas celestes*, em que Copérnico afirma que a Terra gira em torno do Sol e não o contrário, permaneceu no Índice até 1835.

riam". Aqueles que eram considerados culpados de heresia ardiam na fogueira, geralmente em um grande espetáculo público chamado de *auto de fé*. Entre 1575 e 1610, em apenas uma cidade espanhola – Toledo – 366 pessoas tiveram esse destino.

A Europa polarizada Como em outras ocasiões, quando certezas religiosas opostas se chocaram, prevaleceu a violência. Filipe II da Espanha, filho do imperador Carlos V, apesar de ansioso para limitar o poder da Igreja em seus domínios, emergiu como o mais ardoroso defensor da Europa Católica. Suas tentativas para extirpar a heresia protestante nos Países Baixos contribuíram para a eclosão da Revolta Holandesa, em 1567. O apoio dos ingleses aos rebeldes holandeses levou Filipe a enviar a Armada Espanhola contra a Inglaterra em 1588, o que resultou em um fracasso vergonhoso. Filipe também interferiu nas Guerras Religiosas na França (1562-98), em que os huguenotes franceses (calvinistas) lutaram pela liberdade de culto, enquanto nobres católicos e protestantes disputavam o controle da Coroa. O episódio mais terrível ocorreu em 1572, quando cerca de treze mil protestantes morreram no Massacre da Noite de São Bartolomeu. A guerra terminou em 1598 com o Édito de Nantes, que concedeu liberdade religiosa aos huguenotes.

A Guerra dos Trinta Anos Apesar de a França ter resolvido suas diferenças religiosas internas, a Europa logo mergulhou em um conflito religioso mais amplo, a Guerra dos Trinta Anos. Na verdade, esse episódio foi uma complexa mistura de conflitos, começando com uma revolta no interior do Sacro Império Romano, com os protestantes da Boêmia contestando o domínio dos Habsburgos austríacos. Embora a Revolta tenha sido esmagada, em 1620 os Habsburgos es-

linha do tempo

1588	1598	1609	1618	1620	1621
A Armada Espanhola é dispersada por tempestades e uma frota inglesa	O Édito de Nantes concede tolerância religiosa aos huguenotes, pondo um fim às Guerras Religiosas na França	Trégua na guerra entre espanhóis e holandeses	Revolta na Boêmia marca o início da Guerra dos Trinta Anos	Os boêmios são derrotados na Batalha da Montanha Branca; tropas espanholas ocupam o Palatinado Renano na Alemanha Ocidental	Recomeçam as hostilidades entre espanhóis e holandeses

panhóis engrossaram o conflito contra os príncipes Protestantes na Alemanha e foram acompanhados nessa cruzada antiprotestante pelo imperador Fernando II. Alarmado com esses desdobramentos, Gustavo Adolfo, o poderoso rei da Suécia Protestante, decidiu intervir em 1630 e conseguiu algumas vitórias até ser morto na Batalha de Lützen, em 1632. Três anos depois, a França se juntou aos protestantes germânicos. A guerra adquiriu então um caráter mais político do que religioso: a França era uma força católica, mas inimiga dos Habsburgos desde o início do século XVI, e agora via que para manter sua posição na Europa precisava limitar o poder da Espanha e do Império. A guerra se arrastou até 1648, quando a Paz de Westfália reconheceu a independência holandesa e fixou o mapa religioso da Europa mais ou menos na sua forma atual.

> **"Foram, para mim, as melhores e mais felizes notícias que poderia receber."**
>
> **Filipe II da Espanha**, agosto de 1572, ao ser informado do Massacre da Noite de São Bartolomeu.

Todavia, o custo de tudo isso foi terrível: somente na Alemanha, devido à guerra e suas companheiras constantes, a fome e as doenças, aproximadamente sete milhões de homens, mulheres e crianças – cerca de dois terços da população – perderam a vida. Foi um retrocesso que custou à Alemanha muitas gerações para se recuperar.

A ideia condensada:
o mapa religioso da Europa só foi fixado após um século de conflitos violentos

1629	1630	1632	1635	1643	1648
O imperador Fernando II tenta impor os termos da Paz de Augsburgo de 1555 na Alemanha	Gustavo Adolfo da Suécia entra na guerra do lado protestante na Alemanha	Gustavo Adolfo é morto na batalha	A França católica entra na guerra ao lado dos protestantes germânicos contra os Habsburgos na Guerra dos Trinta Anos	A França consegue uma vitória decisiva sobre a Espanha na Batalha de Rocroi	A Paz de Westfália acaba com a Guerra dos Trinta Anos; a Espanha reconhece a independência holandesa

23 A Revolução Inglesa

No século XVII a Inglaterra foi sacudida por uma série de sublevações constitucionais muitas vezes violentas através das quais buscou lançar os grilhões da autocracia real. A monarquia constitucional que emergiu em seguida se tornaria um modelo que progressistas de muitos outros países procuraram imitar nos séculos seguintes.

O poder da Coroa na Inglaterra teoricamente se diluíra desde a Idade Média por causa do Parlamento – embora nesse estágio o Parlamento não representasse mais do que um punhado de nobres e outros proprietários de terras, clérigos e homens abastados da cidade. Os monarcas ainda se comportavam autocraticamente, mas faziam isso dentro dos limites das leis aprovadas pelo Parlamento – embora a mando do monarca. A questão mais importante era que a Coroa dependia do Parlamento para elevar os impostos e assim financiar os negócios do governo – das guerras à construção de palácios. Mas o Parlamento não se reunia regularmente, e sim quando convocado pelo monarca.

A Coroa e o Parlamento As tensões entre a Coroa e o Parlamento começaram a surgir perto do final do reinado de Elizabeth I. Entretanto, devido ao seu pragmatismo político, Elizabeth nunca colocou as questões constitucionais à prova. Seu sucessor, Jaime I, era consumido pela crença no "direito divino dos reis" de fazerem o que bem entendessem, uma vez que seu reinado era sancionado por Deus. Por isso entrou em choque direto com o Parlamento, que defendia ferozmente suas "liberdades e privilégios". Em resposta a isso, Jaime I tentou reinar sem convocar o Parlamento, arrecadando dinheiro por meios bastante impopulares, como a venda de monopólios e títulos.

linha do tempo

1598	1603	1621	1625	1629
Jaime VI da Escócia esboça a doutrina do direito divino dos reis em *A verdadeira lei das monarquias livres*	Com a morte de Elizabeth I, Jaime VI a sucede no trono inglês como Jaime I	Jaime manda prender dois de seus principais críticos na Câmara dos Comuns	Carlos I é coroado	Carlos dissolve o Parlamento, que deixa de se reunir por onze anos

Carlos I, filho de Jaime, foi educado na crença fervorosa do poder divino dos reis e era ainda menos pragmático do que seu pai. Orgulhoso, pio e irascível, recebia qualquer conselho desinteressado como crítica pessoal. Quando subiu ao trono em 1625, o Parlamento era dominado pelos puritanos, que reprovaram o pródigo (ainda que de inspiração protestante) cerimonial religioso escolhido por Carlos e também a esposa que havia escolhido, uma princesa católica francesa. Como seu pai, Carlos preferiu reinar sozinho, mas ao não conseguir levantar os recursos de que precisava com seus próprios meios, ele foi obrigado a convocar o Parlamento, que em 1628 promulgou a Petição de Direito, declarando a ilegalidade do aumento dos impostos sem a aprovação do Parlamento e condenando outros abusos do poder monárquico. Outro hiato parlamentar – chamado de Reinado Pessoal ou Tirania dos Onze Anos – terminou em 1640, quando a tentativa de Carlos de impor bispos aos escoceses presbiterianos enfrentou a resistência armada. Precisando de mais dinheiro para a guerra, Carlos mais uma vez foi obrigado a convocar o Parlamento.

> **"Os reis são justamente chamados de deuses por exercerem condutas ou semelhanças do poder divino na Terra."**
>
> Rei Jaime I, discurso ao Parlamento Inglês, 21 de março de 1610.

O Parlamento Longo, que se reuniu em novembro de 1640, obteve a relutante aprovação de Carlos a uma série de exigências, incluindo a insistência para que os Parlamentos fossem convocados pelo menos uma vez a cada três anos e para que não pudessem ser dissolvidos sem seu próprio consentimento. Mas em janeiro de 1642, após o Parlamento ter exigido o controle sobre o exército, Carlos marchou sobre a Câmara dos Comuns à frente de quatrocentos soldados e tentou prender seus cinco principais opositores. Eles conseguiram fugir, mas em questão de meses os dois lados – realistas e parlamentaristas – estavam abertamente em guerra.

Commonwealth **e Protetorado**   A Guerra Civil Inglesa, que seguiu aos trancos e barrancos até 1651, dividiu o país e acabou envolvendo escoceses e irlandeses. Carlos foi capturado em 1646 e, em janeiro de 1649, foi levado a julgamento por traição, considerado culpado e

1640
ABRIL-MAIO Carlos convoca o Parlamento Breve para arrecadar dinheiro para a guerra com os escoceses, mas o dissolve após sua recusa em obedecê-lo
NOVEMBRO Carlos convoca o Parlamento Longo, que declara a ilegalidade dos métodos do rei para arrecadar dinheiro

1641
O Parlamento aprova um documento, a Solene Advertência, detalhando os abusos de poder cometidos por Carlos desde sua ascensão ao trono

1642
JANEIRO Carlos tenta prender cinco de seus principais opositores na Câmara dos Comuns
AGOSTO Carlos declara guerra ao Parlamento

1644
O Parlamento consegue uma vitória decisiva em Marston Moor

decapitado. Antes desses episódios, reis já haviam sido derrubados e mortos, geralmente por rivais dinásticos, mas jamais julgados e condenados por traição. Esse fato representou uma declaração de que o povo – representado pelo Parlamento – era soberano, e não a monarquia. Com efeito, o Parlamento procedeu à abolição da monarquia e declarou a Inglaterra uma *Commonwealth* (Comunidade da Inglaterra).

Entretanto, o Parlamento não era o único poder existente. O exército – que sob o comando de seu general mais bem-sucedido, Oliver Cromwell, saía vitorioso da Guerra Civil – considerava o Parlamento conservador demais para seu gosto. Em 1653, Cromwell liderou uma tropa de soldados até a Câmara dos Comuns e expulsou seus membros; nesse mesmo ano tornou-se lorde protetor. Ao morrer, em 1658, Cromwell foi sucedido por seu filho, mas o novo lorde protetor não tinha o mesmo apoio que seu pai havia tido, e o vácuo de poder foi preenchido quando o filho de Carlos I retornou à Inglaterra em 1660 e assumiu o trono como Carlos II.

A "Revolução Gloriosa" Assim, a Guerra Civil terminou sem conseguir resolver os problemas constitucionais que a haviam desencadeado. A Restauração de 1660 também não foi uma solução, pois Carlos II era um operador político hábil demais para enfrentar os

O Contrato Social

O filósofo John Locke publicou *Dois Tratados Sobre o Governo* em 1690, justificando implicitamente a derrubada de Jaime II na Revolução Gloriosa. Locke afirmou que os homens nascem com certos "direitos naturais" – liberdade, igualdade e independência – e só abrem mão desses direitos ao concordarem em "juntar-se a outros homens para se unirem em comunidade para uma vida confortável, segura e pacífica uns com os outros". Assim, os reis governam "não por direito divino", mas por um "contrato social" em que os homens abrem mão de seus "direitos naturais" pelos "direitos civis". Se o governante tenta negar esses direitos, as pessoas estão certas ao buscar sua derrubada. Os argumentos de Locke influenciaram os revolucionários americanos e franceses do final do século XVIII.

linha do tempo

1646	1647	1648	1649	1651	1653
Carlos se rende aos escoceses, que o entregam ao Parlamento	Carlos se recusa a concordar com as propostas do exército para a reforma constitucional	Retomada das hostilidades; os apoiadores de Carlos são derrotados em Preston	Carlos é condenado por traição e decapitado; abolição da monarquia e da Câmara dos Lordes pelo Parlamento.	Carlos II e seus aliados escoceses são derrotados em Worcester	Oliver Cromwell torna-se lorde protetor

> **"Vocês estiveram aqui sentados por muito tempo para qualquer bem que tenham feito. Vão embora, eu vos digo, e nos deixem livres de vocês. Em nome de Deus, vão."**
>
> Oliver Cromwell, depois de ter vencido a guerra para o Parlamento, destitui-o em 1653.

problemas. Mas após sua morte, em 1685, Carlos foi sucedido por seu irmão católico, Jaime II, que não tinha sua astúcia nem a obstinação doutrinária de seu pai. Os súditos protestantes de Carlos temiam que o rei estivesse planejando reintroduzir o catolicismo e reinar segundo o estilo absolutista de Luís XIV da França. Em 1688 um grupo de nobres convidou Guilherme de Orange, genro de Jaime, a invadir a Inglaterra. Guilherme chegou com doze mil homens, proclamando que manteria "as liberdades da Inglaterra e a religião protestante". Jaime fugiu para a França e, em 1689, a Coroa foi oferecida a Guilherme e sua esposa, Maria (filha de Jaime e protestante), sob a condição de que aceitassem a Declaração de Direitos, que limitava o poder da Coroa e detalhava os direitos e liberdades dos súditos.

A assim chamada "Revolução Gloriosa" instituiu a monarquia constitucional na Inglaterra sem derramamento de sangue. O poder, no entanto, não retornou inteiramente para as mãos do povo, e sim para as mãos de uma pequena oligarquia latifundiária e aristocrática. Ainda seriam necessários mais dois séculos e meio de agitação e luta até que fosse estabelecida uma democracia verdadeiramente representativa na Grã-Bretanha, em que homens e mulheres poderiam se manifestar a respeito de quem governaria o país.

A ideia condensada: o início do fim das monarquias absolutistas na Europa

1657	1658	1660	1679-81	1685	1688	1689
Cromwell recusa a Coroa oferecida pelo Parlamento	Morte de Cromwell	Restauração de Carlos II no trono	Carlos destitui uma série de Parlamentos por tentarem excluir seu irmão católico Jaime (futuro Jaime II) de sua sucessão	Jaime II é coroado e reprime uma rebelião protestante	Guilherme de Orange desembarca na Inglaterra; Jaime foge	Guilherme e sua esposa Maria aceitam a Coroa, concordando com os termos da Declaração de Direitos

24 A Revolução Científica

A ciência é o método pelo qual entendemos e conseguimos prever o funcionamento do mundo físico. Suas regras são rigorosas, suas teorias comprováveis em experiências e suas leis, uma vez estabelecidas, são imutáveis – a menos que novas evidências revelem que são falsas.

Embora atualmente ciência e religião sejam consideradas atividades distintas, envolvendo esferas diferentes da experiência humana, no passado as duas entraram em choque quando as explicações científicas para o mundo físico contradiziam as Escrituras ou outra verdade religiosa consagrada.

Na Europa cristã da Idade Média, as descobertas científicas dos antigos gregos eram em grande parte desconhecidas e pouca coisa do que chamamos de ciência foi realizada. Somente no mundo islâmico é que os escritos dos gregos foram preservados e estudados e foi só a partir do século XII que as traduções de Aristóteles e outros autores para o latim começaram a surgir na Europa. São Tomás de Aquino elaborou sua teologia cristã com base na filosofia aristotélica, enquanto os ensinamentos dos antigos a respeito da natureza do universo físico – da esfera celeste ao corpo humano – foram considerados incontestáveis.

A cosmologia de Copérnico Embora no século III a.C. o filósofo grego Aristarco de Samos tenha concluído que a Terra gira em torno do Sol e possui movimento de rotação sobre o próprio eixo, essa explicação heliocêntrica (com o Sol no centro) do universo foi ofuscada no século II d.C. por Ptolomeu de Alexandria, que afirmou que

linha do tempo

1543	1551-6	1556	1561	1572
Publicação de *Da Revolução de Esferas Celestes*, de Nicolau Copérnico e de *Da Organização do Corpo Humano*, de Andreas Vesalius	Conrad Gessner, naturalista suíço, publica *História dos Animais*, base da zoologia moderna	Publicação póstuma de *Da Natureza dos Metais*, de Georgius Agricola, considerado o fundador da mineralogia	Publicação de *Observações Anatômicas*, do anatomista italiano Gabriele Fallopio, que descobriu as trompas que levam seu nome	O astrônomo holandês Tycho Brahe observa uma supernova (corpo celeste surgido após a explosão de uma estrela), indicando que os objetos celestes não são imutáveis

era a Terra, e não o Sol, que estava no centro do universo. O Sistema Ptolomaico seria depois incorporado à doutrina cristã, segundo a qual a Terra e a vida humana eram obra de Deus.

A versão geocêntrica (centrada na Terra) foi universalmente aceita na Europa até que o astrônomo e matemático polonês Nicolau Copérnico (1473-1543), ao tentar calcular as posições dos planetas, descobriu que o cálculo era muito mais fácil se considerasse que todos eles (inclusive a Terra) giravam em torno do Sol. Ele então se deu conta de que isso explicaria o fato de que às vezes os planetas pareciam mudar de direção, indo para trás em relação à Terra.

> **"Afirmar que o Sol está na verdade no centro do universo... é uma atitude muito perigosa..."**
>
> **Cardeal Roberto Belarmino**, da Inquisição Romana, 12 de abril de 1615.

Consciente de que seria alvo de críticas, ou coisa pior por parte da Igreja, Copérnico esperou até 1543, ano de sua morte, para publicar *Da Revolução de Esferas Celestes*, que foi reprovado por católicos e protestantes. Mas a teoria de Copérnico se apoiava em observações astronômicas detalhadas, que levaram Johannes Kepler (1571-1630) a concluir que os planetas traçavam elipses em torno do Sol, em vez de círculos – considerada a figura matematicamente mais perfeita. Outras evidências favoráveis ao sistema de Copérnico foram produzidas por Galileu Galilei (1564-1642), que usou o telescópio que havia construído para observar manchas solares (o que fazia do Sol um corpo menos perfeito do que se imaginava até então) e as luas de Júpiter. As ideias de Copérnico foram formalmente condenadas pela Igreja Católica Romana em 1616; em 1633, Galileu foi acusado de heresia, cuja punição era a morte na fogueira. Ele foi obrigado a retirar seu apoio à teoria heliocêntrica e passou o resto da vida em prisão domiciliar.

O método científico Copérnico queria encontrar evidências de que os autores antigos haviam proposto um universo heliocêntrico e encontrou referências a essas teorias em suas leituras de Cícero e

1584	1600	1609-19	1610	1616	1620
O monge italiano Giordano Bruno afirma que o Sol é apenas mais um entre os corpos do universo, na esteira das ideias de Copérnico	Bruno morre na fogueira, acusado de heresia. William Gilbert, físico e médico inglês, publica seu livro sobre magnetismo	Kepler publica suas leis do movimento planetário	Galileu publica observações astronômicas feitas com seu telescópio	A Igreja Católica Romana condena as ideias de Copérnico e proíbe Galileu de prosseguir com sua obra científica	Francis Bacon descreve o método científico na obra *Novum Organum*

Plutarco. Mas a certeza dos antigos foi contestada e as viagens de Descobrimento dos séculos XV e XVI contribuíram para mudar essas perspectivas: como apontou o cientista irlandês Robert Boyle em 1690, até mesmo um simples marinheiro que fizesse a viagem ao Novo Mundo em um dos navios da frota de Cristóvão Colombo, "ao voltar teria condições de contar aos outros homens centenas de coisas que eles nunca teriam aprendido com a filosofia de Aristóteles ou a geografia de Ptolomeu". No início desse mesmo século, o filósofo inglês Francis Bacon, à luz de novas descobertas, havia rejeitado o velho dogma de que "os limites do mundo intelectual deveriam estar restritos ao que era conhecido pelos antigos". Bacon passou a afirmar que a descoberta da pólvora, da impressão e da bússola magnética demonstrava que os modernos já haviam superado os antigos.

Bacon foi o pioneiro do processo de indução – a elaboração de teorias gerais a partir do que realmente ocorre no mundo físico. Isso contrasta com a dedução, em que conclusões particulares são discutidas a

Descobrindo o mundo interior

Na Idade Média, a autoridade máxima em medicina e anatomia humana era o médico Galeno, da Grécia Antiga. Como na época de Galeno a dissecação humana era proibida, ele havia chegado às suas conclusões sobre anatomia humana dissecando animais. Quando o anatomista flamengo Andreas Vesalius (1514-64) começou a dissecar os cadáveres de criminosos recém-executados, descobriu que Galeno cometera muitos erros. Os tradicionalistas reagiram afirmando que a anatomia humana devia ter mudado desde aquela época. Galeno tivera uma noção da circulação sanguínea, sugerindo que o sangue atravessava minúsculos poros nas paredes que separam os dois ventrículos do coração. Por isso, o médico e anatomista inglês William Harvey (1578-1657) causou controvérsia ao contradizer Galeno quando publicou suas conclusões sobre a circulação sanguínea em 1628. Mas na época da morte de Harvey, sua descrição detalhada, baseada em dissecações e experiências com animais, era amplamente aceita.

linha do tempo

1621	1628	1632	1655	1660
O matemático holandês Willebrord Snellius descobre a lei da refração	Publicação de *Sobre o Movimento do Coração e do Sangue*, de Harvey	Galileu publica *Diálogo Sobre os Dois Principais Sistemas do Mundo*, que levou à sua apresentação diante da Inquisição	O físico e astrônomo holandês Christiaan Huygens inicia seu trabalho com óptica, que o levaria à teoria ondulatória da luz	Fundação da *Royal Society*, principal instituição científica da Grã-Bretanha; Robert Hooke publica a lei da elasticidade que leva seu nome

partir de princípios gerais – sem referência à observação ou à experimentação. Em ciência, a dedução só é válida se for baseada na matemática. Galileu já havia percebido isso e foi o primeiro a insistir no uso da análise matemática em física.

O novo método científico, baseado na observação e na experimentação, e apoiado na lógica implacável da matemática, foi triunfantemente confirmado por Sir Isaac Newton (1642-1727). Sua descoberta das três leis do movimento e da lei da gravitação forneceu uma explicação mecânica completa do universo, cujo funcionamento mostrou-se tão previsível quanto um relógio. A mecânica newtoniana está por trás dos grandes avanços tecnológicos que viriam depois – dos motores a vapor aos foguetes espaciais – e, apesar das conclusões da relatividade e da física quântica, suas leis permanecem válidas na maioria das escalas e para os fins mais práticos. Foram as descobertas de Newton, mais do que qualquer outro, que lançaram as bases para o Iluminismo do século XVIII.

A ideia condensada: nossa compreensão do mundo físico libertou-se do conhecimento dos antigos e do dogma religioso

1661	1663	1684	1686-1687	1992
Robert Boyle publica *O Químico Cético*, mostrando que existem muito mais elementos do que os quatro apresentados pelos gregos antigos e diferenciando elementos, compostos e misturas	Boyle publica sua lei da relação entre a pressão e o volume de um gás	Gottfried Leibniz publica seu trabalho sobre cálculo, iniciando uma disputa com Newton, que o acusou de ter roubado sua concepção de cálculo, criada em 1666	Newton descreve suas leis do movimento e da gravitação (descobertas em meados da década de 1660) em seu *Principia Mathematica*	Galileu é inocentado da acusação de heresia por uma comissão do Vaticano

25 A Idade do Império

As viagens de Descobrimento dos séculos XV e XVI revelaram novos mundos para os europeus, cheios de novos animais, novas plantas, novos povos. "Não deve ser à toa", escreveu Francis Bacon em 1607, "que durante as longas viagens, que são a marca do nosso tempo, tenham sido reveladas muitas coisas na natureza que podem lançar alguma luz sobre a filosofia natural".

Mas para muita gente a descoberta de novos mundos era muito mais uma oportunidade comercial do que intelectual. Essas novas terras eram ricas em matérias-primas, que podiam ser trocadas por produtos manufaturados. Elas também ofereciam possibilidades de colonização, e muitos países europeus começaram a fincar suas bandeiras e sua gente em regiões distantes do globo, frequentemente lutando uns contra os outros pelo direito de fazer isso.

Guerra e comércio As rivalidades coloniais ficaram evidentes desde o início. Enquanto a Espanha saqueava o ouro e a prata de suas possessões recém-conquistadas no México e no Peru, corsários ingleses, como Francis Drake, atacavam as frotas de galeões que levavam a pilhagem pelo Atlântico. As Américas e as Índias (sul e sudeste da Ásia) possuíam outras riquezas pelas quais valia a pena lutar: peles, madeira, tabaco e peixe da América do Norte; café, açúcar e tabaco das Américas do Sul e Central e das Índias Ocidentais; especiarias, seda, algodão, chá e café das Índias. Os séculos XVII e XVIII foram pontuados por guerras frequentes entre britânicos, franceses, espanhóis, holandeses e portugueses pelos direitos comerciais e possessões coloniais. No século XVII, os holandeses expulsaram os portugueses de boa parte de seu império espalhado pelas Índias Orientais, e em

linha do tempo

1492	1494	1497-9	1500	1510	1519-21
Colombo chega às Américas	O Tratado de Tordesilhas divide o Novo Mundo entre Portugal e Espanha	Vasco da Gama descobre a rota marítima para a Índia	Os portugueses descobrem o Brasil	Os portugueses montam assentamento em Goa, na costa ocidental da Índia	Os espanhóis conquistam o Império Asteca no México

> **"Para os nativos... todos os benefícios comerciais que podem ter resultado desses acontecimentos se perderam em meio às terríveis desgraças que provocaram."**
>
> Adam Smith, *A Riqueza das Nações*, 1776, referindo-se à "descoberta da América, e a passagem para as Índias Orientais pelo Cabo da Boa Esperança".

1763, ao final da Guerra dos Sete Anos, a Grã-Bretanha emergiu como a força dominante na América do Norte e na Índia. Os portugueses mantiveram o Brasil, e os espanhóis suas colônias no México, na América Central e na América do Sul, enquanto as Índias Ocidentais se transformaram em um mosaico de assentamentos coloniais.

O cultivo do açúcar, tabaco e outras culturas nas lavouras das Américas dependia do trabalho escravo. A princípio, os espanhóis tentaram escravizar os nativos da Índias Ocidentais, mas em questão de décadas esses povos foram dizimados devido a uma combinação de tratamento brutal e doenças europeias contra as quais não tinham resistência. Assim, teve início a grande demanda por escravos africanos, dando origem ao chamado comércio triangular ou Atlântico: os escravos eram tirados da África Ocidental e levados para as lavouras das Américas, as matérias-primas americanas eram levadas para a Europa, e os produtos manufaturados europeus eram enviados tanto para as colônias nas Américas quanto para a África Ocidental para comprar mais escravos.

Nos séculos XVII e XVIII, a maior parte da colonização foi realizada por companhias comerciais patrocinadas pelo governo, como a Companhia Britânica das Índias Orientais, fundada em 1600, e suas equivalentes holandesa e francesa. Uma patente "para o plantio e povoação do nosso povo na América" foi concedida pela rainha Elizabeth I da Inglaterra a Sir Walter Raleigh em 1584, e várias tentativas foram feitas para colonizar a costa leste até que o primeiro assentamento permanente fosse estabelecido pela Companhia de Londres em 1607.

1532-5	1600	1602	1607	1652	1652-74
Conquista espanhola do Império Inca no Peru	Fundação da Companhia Britânica das Índias Orientais	Fundação da Companhia Holandesa das Índias Orientais	A Companhia de Londres funda uma colônia em Jamestown, primeiro assentamento inglês permanente na América	Os holandeses fundam uma colônia em Cape Town	Guerras anglo-holandesas pelo comércio: a Inglaterra expulsa os holandeses da América do Norte e da África Ocidental

Um novo uso para as colônias

Os primeiros colonizadores europeus da Austrália – reivindicada para a Grã--Bretanha pelo capitão James Cook em 1770 – eram criminosos condenados. Desde o início do século XVIII, na falta de um sistema prisional, a Grã-Bretanha passou a enviar os condenados que escapavam da forca para suas colônias americanas a fim de trabalharem na lavoura. Diante da independência Americana, no entanto, foi obrigada a procurar outro lugar; em 1788, a "primeira frota" que transportava centenas de criminosos chegou a New South Wales, Austrália, para fundar uma colônia penal. Essa deportação prosseguiu por várias décadas, e os condenados libertados teriam um papel importante na construção das bases da economia australiana.

Os governos europeus desse período enxergavam a criação desses assentamentos como uma forma de beneficiar a pátria. Essa teoria, conhecida como mercantilismo, foi descrita pela grande *Encyclopédie* francesa de 1751-68, que afirmou que as colônias foram estabelecidas "unicamente para o uso da metrópole [i.e., a pátria--mãe]", que, portanto, "deveriam se tornar imediatamente dependentes dela e consequentemente protegidas por ela", e que as colônias "deveriam negociar exclusivamente com os fundadores". O que o mercantilismo não reconheceu foi o custo da defesa por meio da força armada do monopólio da pátria-mãe sobre o comércio com as colônias. Foi preciso que Adam Smith, com sua obra pioneira na área de economia, *A Riqueza das Nações* (1776), reconhecesse a verdade: "Sob o atual sistema de administração... a Grã-Bretanha não aufere nada além de perdas com o domínio que assume sobre suas colônias".

A missão imperial No século XIX começou a surgir uma nova postura. A colonização não seria mais feita apenas por razões comerciais, mas com o propósito mais elevado de disseminar os benefícios da civilização ocidental entre povos vistos como selvagens, ateus ou crianças que precisavam de disciplina e orientação. Na Grã-Bretanha essa nova atitude se manifestou a partir do ressurgimento evangélico do final do século XVIII, e no século XIX se misturou às pseudocientíficas teorias raciais da superioridade dos brancos em relação a pessoas de outras raças. No século XVIII, os "nababos" da Companhia Britânica das Índias Orientais, que tinham ido em busca apenas de dinheiro e de uma vida de luxo e conforto,

linha do tempo

1664	1740	1754	1763	1776	1788
Fundação da Companhia Francesa das Índias Orientais	Grã-Bretanha e França travam guerras pelo controle da Índia	Início da Guerra Franco--Indiana na América do Norte	A Grã-Bretanha sai vitoriosa da Guerra dos Sete Anos, conquistando Índia e Canadá	Declaração de Independência das colônias britânicas na América do Norte	A Grã-Bretanha funda uma colônia penal em New South Wales

haviam adotado hábitos locais e casado com nativas – em alguns casos, até se converteram à fé local. Em contrapartida, os missionários e os administradores coloniais da Era Vitoriana adotavam uma separação rígida entre governantes e governados, ao mesmo tempo que se esforçavam arduamente para construir igrejas, escolas, tribunais, estradas de ferro e outros pilares da civilização ocidental. Para os colonizados, era uma faca de dois gumes, pois, sob o verniz das intenções piedosas, os colonizadores ainda detinham o poder e os lucros e qualquer divergência era resolvida pela força das armas.

"É um nobre trabalho plantar o pé da Inglaterra e estender seu cetro pelas margens de córregos sem nome, e por regiões ainda desconhecidas..."
The Edinburgh Review, vol. 41, 1850.

A força armada ainda era o método usado pelos impérios para se expandirem. Na luta para repartir a África no final do século XIX, os europeus usaram sua superioridade tecnológica para esmagar a resistência dos nativos, como fizeram os brancos americanos ao se espalharem em direção ao oeste pelo continente norte-americano. Um novo fervor competitivo emergiu entre as potências ocidentais: mais colônias representavam mais matéria-prima e mais mercados para os produtos manufaturados. Muitos falavam em termos quase darwinianos da "sobrevivência do mais preparado". Esse ímpeto pela dominação imperial contribuiria para a hostilidade e desconfiança mútuas que culminaria com a eclosão da Primeira Guerra Mundial.

A ideia condensada: a partir do século XVI as potências europeias começaram a dominar o resto do mundo

1853	1857	1875-1900	1898	1899-1902	1918
Frota americana obriga o Japão a se abrir para as atividades comerciais	Rebelião indiana contra o domínio britânico	"Partilha da África": o continente é dividido entre as potências coloniais europeias	Os Estados Unidos tomam as Filipinas, Guam e Porto Rico da Espanha; anexação americana do Havaí	Os britânicos derrotam os bôeres (colonizadores holandeses) na África do Sul e tomam as repúblicas bôeres	Derrota da Turquia e da Alemanha na Primeira Guerra Mundial; seus impérios são divididos entre os vitoriosos

26 O Iluminismo

Iluminismo é o nome dado ao período de fermentação crítica e intelectual que começou na Europa e na América no final do século XVII e continuou pelo século seguinte. Uma gama variada de pensadores – conhecidos como *philosophes* na França – procurou substituir as crenças cegamente aceitas do passado pelo pensamento e pela prática racional – em tudo: da economia política ao tratamento de criminosos.

Os pensadores do Iluminismo não compartilhavam um programa coerente; na verdade, havia muitas discordâncias entre eles. Todavia, todos tentaram desafiar pressupostos até então inquestionáveis de tradição e preconceito e aspiravam tirar a humanidade da escuridão da superstição e conduzi-la à luz da razão. De modo geral, sua perspectiva era liberal e humanista, crítica em relação ao despotismo e dogmatismo da Igreja Católica Romana, e condenavam os governantes que exibiam descaso pelo bem-estar de seus súditos.

A primazia da razão Os pensadores do Iluminismo buscaram inspiração na Revolução Científica dos séculos XVI e XVII. Copérnico, Kepler, Galileu e tantos outros haviam demonstrado a falsidade dos ensinamentos da Igreja, que afirmava que a Terra estava no centro do universo; Newton, por inferência de observações, apresentou uma explicação completa do movimento, da bola de canhão pelo ar até o planeta orbitando o Sol. Isso e outros avanços na ciência experimental do final do século XVII levaram ao triunfo do empirismo sobre o cartesianismo, sistema do filósofo francês René Descartes (1596-1650). Descartes sustentava que todo o conhecimento adquirido através dos sentidos não é confiável e tudo o que podemos saber com certeza deve ser deduzido a partir da premissa básica irrefutável

linha do tempo

1637	1686-7	1688-9	1690	1734	1740
Descartes descreve seu sistema da dúvida metódica em *Discurso sobre o Método*	Newton apresenta suas leis do movimento e gravitação em *Principia Mathematica*	Estabelecida a monarquia constitucional na Inglaterra	Locke expõe os princípios do empirismo em *Ensaio acerca do Entendimento Humano* e em *Dois Tratados sobre o Governo* defende o direito de um povo derrubar o governante que não protege seus direitos	Voltaire defende os valores e ideais ingleses nas *Cartas Filosóficas*	Hume desenvolve a Filosofia Empirista em seu *Tratado da Natureza Humana*

"Penso, logo existo". Os princípios do empirismo, que contradiziam os do cartesianismo, foram enunciados pelo filósofo inglês John Locke em seu *Ensaio acerca do Entendimento Humano* (1690). Nessa obra, Locke afirmou que os seres humanos não têm ideias inatas, mas adquirem todo o conhecimento a partir da experiência, através da "sensação" e "reflexão". Isso é o que constitui a razão, argumentou ele, "que é distinta da fé".

> **"Écrasez l'infâme – Esmaguem a infâmia!"**
>
> Voltaire, em carta para M. d'Alembert, 28 de novembro de 1762.

Alguns poucos pensadores do Iluminismo eram ateus convictos, porém muitos eram adeptos do deísmo. Os deístas rejeitavam as revelações divinas e os milagres da cristandade, propondo um Deus cuja existência poderia ser estabelecida pela razão e não presumida pela fé. Esse Deus era a "primeira causa" da existência do universo e havia criado as estrelas e os planetas para que funcionassem perfeitamente, como Newton havia descrito. Esse Deus havia dotado os homens de razão e livre-arbítrio, porém mantinha-se distante da sua criação.

A influência do Iluminismo As ideias do Iluminismo se espalharam entre as elites da Europa e da América através de obras como *Cartas Filosóficas*, de Voltaire (1734), que discutiam as ideias de Newton e de Locke e expressavam admiração pelas liberdades inglesas – contrastando com a autocracia do *Ancien Régime* de sua França natal. O mais importante repositório do Iluminismo, no entanto, foi a *Encyclopédie* francesa – vinte e oito volumes compilados sob a direção de Denis Diderot entre 1751 e 1772, contendo todo o conhecimento científico e filosófico mais recente.

Entre os que adotaram as novas ideias dos *philosophes* estavam alguns dos monarcas autocráticos da Europa, como Catarina, a Grande, da Rússia, Frederico, o Grande, da Prússia e José II, do Sacro Império Romano-Germânico. Esses "déspotas esclarecidos" tentaram impor reformas "racionais" em seus países. Mas havia limites para seu "ilumi-

1740-86	1748	1751-72	1759	1762
Reinado de Frederico, o Grande, da Prússia	Montesquieu publica *Do Espírito das Leis*	Publicação da *Encyclopédie* em 28 volumes	Voltaire publica *Cândido*, uma fábula satírica	Em seu *Do Contrato Social*, Rousseau afirma que a soberania reside no povo como um todo, enquanto em *Emílio*, seu romance sobre educação, ele expõe sua ideia de que a sociedade corrompe a bondade humana inata

Algumas das principais figuras do Iluminismo

John Locke (1632-1704), filósofo inglês: popularizou a ideia do "contrato social" entre governo e governados; defendeu o empirismo – a convicção de que o conhecimento é adquirido através dos sentidos.

Voltaire (François-Marie Arouet, 1694-1778), escritor e filósofo francês: popularizou as ideias de Locke e de Newton; defensor da liberdade e da tolerância; conhecido especialmente pela fábula satírica *Cândido*.

Denis Diderot (1713-84), filósofo francês: editor e principal colaborador da *Encyclopédie* (1751-72); adversário do cristianismo e defensor do materialismo.

Montesquieu (Charles Louis de Secondat, Baron de Montesquieu, 1689-1755), escritor e filósofo francês: seu *L'Esprit des Lois* (*O Espírito das Leis*, 1748) mostrou como os sistemas legais e os governos variavam de uma sociedade para outra, dando origem ao conceito de relativismo cultural.

Cesare Beccaria (1738-94), teórico italiano do Direito Penal: sua obra *Dos Delitos e Das Penas* (1764) expôs os princípios do Direito Penal, propondo o fim da tortura e da pena de morte, e inspirou a reforma do código penal em muitos países.

David Hume (1711-76), historiador e filósofo escocês: dando continuidade à tradição empírica, rejeitou a existência de ideias inatas, examinou a base psicológica da natureza humana e aplicou um ceticismo extremo a tudo, de supostos milagres ao conceito de causa e efeito, que ele considerava uma "conjunção constante" em vez de inevitabilidade lógica.

Adam Smith (1723-90), filósofo e economista escocês: em *A Riqueza das Nações* (1776) apoiou o livre comércio contra o monopólio e a regulação, defendeu o papel do interesse pessoal (*self-interest*) na criação de uma sociedade mais rica e demonstrou as vantagens da divisão do trabalho.

Jean-Jacques Rousseau (1712-78), escritor e filósofo francês: afirmou a bondade inata da natureza humana, que é desvirtuada pela sociedade corrupta. Fez oposição crescente ao racionalismo, defendendo a primazia do sentimento individual.

linha do tempo

1762-96	1764	1769	1773	1775-83	1776
Reinado de Catarina, a Grande, da Rússia	Publicação do *Dicionário Filosófico*, de Voltaire, e de *Dos Delitos e Das Penas*, de Beccaria	Dissolução de centenas de mosteiros na Áustria	Supressão dos jesuítas	Guerra revolucionária americana	Declaração de Independência Americana; Adam Smith defende a liberdade de mercado em sua obra *A Riqueza das Nações*

nismo". Frederico pode ter liberalizado o código penal prussiano e introduziu reformas sociais e econômicas, mas também empreendeu guerras de conquista implacáveis. Catarina também travou guerras pela expansão territorial e abandonou sua proposta de emancipar os servos da Rússia diante da oposição de seus proprietários. José II conseguiu emancipar os servos no Sacro Império Romano, mas passou a cobrar-lhes impostos. Também introduziu a tolerância religiosa e reformas na educação, no sistema legal e na administração – algumas das quais teve que retirar devido à oposição de certos grupos cujos privilégios estavam ameaçados.

Uma das consequências políticas mais duradouras foi o impacto da linguagem e das ideias dos pensadores iluministas sobre alguns dos documentos fundamentais das Revoluções Americana e Francesa, da Declaração de Independência Americana e da Declaração de Direitos dos Estados Unidos. Esses documentos contêm ideias que continuam a dominar o discurso político das democracias liberais ocidentais: igualdade, direitos individuais, a ideia de que o governo só governa com o consentimento dos governados, a tolerância religiosa e o devido processo legal.

A ideia condensada: o Iluminismo ajudou a estabelecer os valores das democracias liberais modernas

1780-90	1788	1789	1791
Reinado de José II, da Áustria	Ratificação da Constituição Americana	Início da Revolução Francesa e rascunho da Declaração dos Direitos do Homem e do Cidadão	Ratificação da Declaração de Direitos dos Estados Unidos (dez primeiras emendas à Constituição)

27 A Revolução Americana

A Revolução Americana foi mais do que uma guerra de independência travada pelos colonos americanos contra o domínio britânico entre 1775 e 1783. Começou com a indignação dos colonos contra os impostos e restrições britânicos e continuou ao longo do conflito propriamente dito até os debates do pós-guerra, nos quais os Estados Unidos independentes decidiram que tipo de país seriam.

A antipatia mútua entre colonos e governantes britânicos surgiu devido às visões conflitantes sobre o papel das colônias. Para o governo britânico, as colônias existiam apenas para beneficiar a pátria-mãe e deveriam contribuir financeiramente para sua própria defesa. Para os colonos, que não tinham voz no Parlamento de Westminster, isso era uma negação da justiça natural. A relutância do rei Jorge III e de seus ministros em Londres para contemporizar tornou o conflito inevitável.

Troadas de descontentamento Durante a Guerra Franco-Indígena (componente norte-americano da Guerra dos Sete Anos, ver p. 105), a grande maioria dos colonos americanos se considerava súdito leal da Coroa e muitos – inclusive George Washington – lutaram ao lado dos britânicos contra os franceses. Apesar de ter se encerrado em 1763 com a vitória dos britânicos, a guerra foi muito dispendiosa; por isso o Parlamento determinou que os colonos deveriam pagar por sua defesa através de impostos. Para isso, introduziu uma série de medidas e também proibiu novos assentamentos a oeste, além dos Apalaches, para evitar futuros conflitos com os povos nativos americanos. Essa proibição, junto com a Lei do Selo de 1765 – introduzindo um selo em todos os documentos legais e em outras transações – provocou grande insatisfação entre os colonos que haviam se acostumado a uma medida justa de autonomia através de suas

linha do tempo

1754-63	1763	1764	1765	1766
Guerra Franco-Indiana	A Grã-Bretanha proíbe assentamentos além dos Apalaches	A Grã-Bretanha proíbe as colônias de imprimirem seu próprio papel-moeda	Lei do Aquartelamento, exigindo que as colônias fornecessem alimentos e alojamento para as tropas britânicas; Lei do Selo, impondo um tributo sobre todas as mercadorias	O Parlamento rejeita a Lei do Selo, mas aprova a Lei Declaratória, proclamando seu direito de legislar sobre os assuntos da colônia

assembleias. Eles argumentavam que, por não terem representação no Parlamento Britânico, somente as suas assembleias deveriam ter poder para aumentar impostos, e criaram o slogan "Não à taxação sem representação". Diante da agitação, o Parlamento revogou a Lei do Selo, mas proclamou seu direito de taxar os súditos americanos da Coroa e passou a cobrar impostos sobre uma variedade de bens importados pelas colônias.

À medida que subia a temperatura política, muitos americanos começaram a adotar uma nova ideologia, declarando que suas liberdades como "ingleses nascidos livres" estavam sendo ameaçadas por uma tirania corrupta. Em 1770, o Parlamento revogou todos os impostos de importação, exceto o imposto sobre o chá;

> **"A Revolução estava na mente das pessoas... antes que uma gota de sangue fosse derramada em Lexington."**
>
> Ex-presidente John Adams, em carta a Thomas Jefferson, 24 de agosto de 1815.

e então, em 1773, para ajudar a Companhia das Índias Orientais, que enfrentava dificuldades, descarregou uma grande quantidade de chá – ainda com o controvertido imposto – no mercado americano. Isso provocou a famosa Festa do Chá de Boston, em que um grupo de "patriotas" – como passaram a se chamar – entrou no navio, alguns disfarçados de nativos americanos, e jogaram toda a carga na água do Porto de Boston.

A Guerra Revolucionária Quando a Grã-Bretanha impôs medidas repressivas contra Massachusetts (colônia onde havia sido realizada a Festa do Chá), os delegados das colônias se reuniram no Primeiro Congresso Continental e decidiram banir todas as importações da Grã-Bretanha. O enfrentamento se transformou em conflito militar em 19 de abril de 1775, quando soldados britânicos em busca de um esconderijo de armas foram confrontados em Lexington, perto de Boston, por agricultores armados e houve troca de tiros.

No que dizia respeito ao rei Jorge e seu governo, os colonos eram agora traidores; uma grande força de tropas britânicas e mercenários alemães foi enviada para lidar com os rebeldes do outro lado do Atlântico. Quando começou a guerra aberta, um Segundo Congresso

1767	1770	1773	1774	1775
Tarifas Townshend impõem tributos sobre vários artigos importados	O Parlamento rejeita as Tarifas Townshend, exceto a do chá; Massacre de Boston: soldados britânicos disparam contra um grupo de civis	Carga de chá inundando o mercado americano provoca a Festa do Chá de Boston	As Leis Intoleráveis determinam medidas repressivas contra Massachusetts; encontro do Primeiro Congresso Continental	Conflitos em Lexington e Concord; George Washington torna-se comandante do Exército Continental; americanos declaram vitória em Bunker Hill; encontro do Segundo Congresso Continental

> **"A árvore da liberdade deve ser regada de tempos em tempos com o sangue dos patriotas e dos tiranos. É seu adubo natural."**
>
> Thomas Jefferson, carta a W.S. Smith, 13 de novembro de 1787.

Continental se reuniu em setembro de 1775. No verão seguinte tomou uma decisão muito importante, e no dia 4 de julho de 1776 endossou a Declaração de Independência.

Declarar a independência não é o mesmo que conquistá-la. Os britânicos dispunham de uma força disciplinada e bem armada, e um grande número de americanos permaneceu leal à Coroa. Mas as milícias de patriotas tinham a vantagem de conhecer o terreno e foram transformadas em uma força de combate eficaz por seu comandante em chefe, George Washington. Elas também podiam ser reabastecidas facilmente enquanto os britânicos dependiam de linhas de abastecimento mais longas. A vitória decisiva dos americanos em Saratoga, em 1777, estimulou os franceses a se engajarem na luta contra seus velhos inimigos, os britânicos; em 1781, uma grande força britânica sitiada pelo exército de Washington e uma frota francesa em Yorktown foram obrigadas a se render. Dois anos depois a Grã-Bretanha reconheceu a independência dos Estados Unidos com o Tratado de Paris, encerrando a guerra formalmente.

Criando um novo país Depois de conquistar a independência dos Estados Unidos, como as treze ex-colônias britânicas passaram a se chamar, a questão era saber que tipo de país seria aquele. No início não havia um governo central forte, pois os estados ainda relutavam em trocar uma tirania por outra. O Segundo Congresso Continental esboçara os Artigos da Confederação prevendo a união dos Estados, mas eles só foram adotados em 1781, com o primeiro Congresso da Confederação. Os Estados, no entanto, continuaram relutando em se submeter ao poder de um governo central e surgiram duas facções opostas: os federalistas, que viam a necessidade de um governo central forte para enfrentar ameaças externas e desordens internas, e os antifederalistas, que viam o governo central como uma ameaça aos direitos dos estados e às liberdades individuais dos cidadãos. Para

linha do tempo

1776	1777	1780	1781	1783
O panfleto radicalmente antimonarquista de Thomas Paine, *Senso Comum*, torna-se um best-seller; o Congresso adota a Declaração de Independência	Os americanos conquistam uma vitória decisiva em Saratoga	A Pensilvânia abole a escravidão, seguida por outros estados do norte	Os britânicos se rendem em Yorktown; os Artigos da Confederação criam um governo central fraco dirigido pelo Congresso da Confederação	O Tratado de Paris põe fim à guerra; a Grã-Bretanha reconhece a independência dos Estados Unidos

A Revolução Americana | 115

resolver essas dificuldades, uma Convenção Constitucional se reuniu na Filadélfia em 1787 a fim de redigir uma constituição federal.

O que finalmente emergiu dali produziu um governo central forte, mas com seus poderes separados entre executivo (Presidente), legislativo (Congresso) e judiciário, e equilibrado e vigiado pelos poderes dos estados e do povo. A Constituição dos Estados Unidos foi ratificada em 1788 e, para acalmar os antifederalistas, foi adotada a Declaração de Direitos, compreendendo as dez primeiras emendas à Constituição. Entre outras coisas, ela garantia a liberdade de religião, opinião e de imprensa, garantia o devido processo legal e reservava aos estados todos os poderes não especificamente atribuídos ao governo federal. Entretanto, nem a Constituição nem a Declaração de Direitos resolveu o problema que dividiria o país nas décadas seguintes: se a escravidão continuaria a ser permitida em qualquer parte da União.

> ## A Declaração de Independência
>
> A tarefa de elaborar a Declaração de Independência foi entregue pelo Congresso a um jovem agricultor da Virgínia chamado Thomas Jefferson, que mais tarde se tornaria o terceiro presidente dos Estados Unidos. Seus sentimentos, justificando a revolta contra a tirania, continuaram soando ao longo dos séculos: "Consideramos que essas verdades são evidentes por si mesmas, que todos os homens são criados iguais; que são dotados por seu Criador de direitos inerentes e inalienáveis; que entre eles estão a vida, a liberdade e a busca da felicidade...".

A ideia condensada: uma nova experiência na construção de uma nação

1786	1787	1787-8	1788	1789	1791
O Tratado de Paris põe fim à guerra; a Grã-Bretanha reconhece a independência dos Estados Unidos	Reunião da Convenção Constitucional	James Madison, Alexander Hamilton e John Jay defendem o federalismo em *O Federalista*	Ratificação da Constituição dos Estados Unidos	George Washington torna-se o primeiro presidente dos Estados Unidos	Ratificação da Declaração de Direitos

28 A Revolução Francesa

Os tiros disparados em Lexington e Concord, que desencadearam a Guerra Revolucionária Americana em 1775, podem – nas palavras de Ralph Waldo Emerson – ter sido "ouvidos em todo o mundo", mas foram a Queda da Bastilha em Paris, em 1789, e os cataclismos que se seguiram que deixaram a Europa em chamas. A Revolução Francesa não apenas derrubou a própria monarquia da França como ameaçou todas as outras monarquias do *Ancien Régime* na Europa, desencadeando guerras que se estenderam por décadas, com as forças da reação tentando aniquilar o que consideravam ser o monstro em seu seio.

As raízes da Revolução Francesa remontam à época de Luís XIV, cujo longo reinado se estendeu de 1643 a 1715. Durante a minoridade de Luís, a França foi sacudida por guerras civis entre várias facções aristocráticas; ao chegar ao trono por direito próprio em 1661, Luís decidiu acabar com o poder da nobreza e centralizar todo o poder, declarando *L'État c'est moi* – "O Estado sou eu". A aristocracia foi obrigada a passar a maior parte do tempo na corte, vivendo no magnífico Palácio de Versalhes, fora de Paris. Ali, longe de suas bases de poder provinciais, ficavam sem condições de promover rebeliões contra o rei. Entretanto, encapsulados naquele isolamento luxuoso, tanto a nobreza quanto a família real se distanciaram do povo e de suas queixas crescentes.

Má gestão econômica e descontentamento crescente Luís XIV havia procurado neutralizar a dissidência aristocrática isentando a nobreza do pagamento de impostos, ônus que recairia sobre os camponeses e a burguesia. Esse ônus foi aumentando ao longo do século

linha do tempo

1776	1777	1781	1788	1789
Anne-Robert-Jacques Turgot, ministro das finanças de Luís XVI é demitido após tentar introduzir reformas	A França se une aos colonos americanos na guerra contra os britânicos	Jacques Necker, sucessor de Turgot como ministro das Finanças, renuncia ao ter suas propostas de reforma rejeitadas	Crise econômica leva a uma nova convocação de Necker	**MAIO** Necker convence Luís a convocar os Estados Gerais **JUNHO** O Terceiro Estado se declara Assembleia Nacional **JULHO** Levante popular que leva à Queda da Bastilha **AGOSTO** A Assembleia Nacional divulga a Declaração dos Direitos do Homem

XVIII com a atuação da França no cenário internacional, travando inúmeras guerras para manter sua posição na Europa e construindo e defendendo seu império ultramarino. Nesta última empreitada foi malsucedida, tendo perdido o Canadá e a Índia para a Grã-Bretanha na Guerra dos Sete Anos, que terminou em 1763. A economia também enfraqueceu consideravelmente com o amplo sistema, patrocinado pela Coroa, de proteção e monopólios que sufocava o comércio e a indústria.

Maria Antonieta

A esposa de Luís XVI, a princesa austríaca Maria Antonieta, era criticada pelos antimonarquistas por suas extravagâncias e pela falta de empatia com seus súditos empobrecidos (apesar de ser altamente improvável que alguma vez tenha dito "Que comam brioches" ao ser informada de que o povo não tinha pão para comer). Boatos difamatórios circulavam livremente, principalmente a respeito de seu suposto apetite sexual – como na América, aqueles com inclinações republicanas adotavam a linguagem da "virtude", apontando a depravação e decadência de seus opressores.

O sucessor de Luís XIV, Luís XV, revelou-se um governante fraco e indeciso, dominado por sua amante; a divisão, intriga e corrupção que rondavam a corte levaram a monarquia a um descrédito crescente. As coisas só pioraram com o inepto e apagado Luís XVI, que subiu ao trono em 1774. A decisão de Luís de apoiar militarmente os americanos em sua luta pela independência dos britânicos, apesar de ter alcançado seu objetivo, deixou a França à beira da falência. As tentativas de seu ministro das finanças para introduzir reformas econômicas foram frustradas pela oposição da aristocracia e da própria esposa de Luís, Maria Antonieta.

Os acontecimentos de 1789 As coisas caminharam para um enfrentamento em maio de 1789, quando, para resolver a crise econômica, Luís foi convencido a convocar – pela primeira vez desde 1614 – os Estados Gerais, assembleia geral que representava os três Estados: clero, nobreza e burguesia. O segundo Estado, a nobreza, mostrou-se relutante em considerar qualquer tipo de mudança, entregando a iniciativa ao terceiro Estado, a burguesia, cujas ambições comerciais haviam sido frustradas por tributações injustas,

1791
JUNHO Luís e sua família tentam fugir da França **AGOSTO** A Prússia e a Áustria ameaçam intervir para apoiar Luís **SETEMBRO** Luís aceita a nova Constituição **OUTUBRO** A Assembleia Nacional é substituída pela Assembleia Legislativa, que defende a guerra contra a Áustria

1792
SETEMBRO Invasão austro-prussiana derrotada em Valmy; Nova Convenção Nacional declara a república **NOVEMBRO** Os radicais jacobinos liderados por Danton destituem o moderado governo girondino **DEZEMBRO** Luís é levado a julgamento

> **"O princípio de toda Soberania reside essencialmente na Nação... A lei é a expressão da vontade geral."**
>
> Declaração dos direitos do Homem e do Cidadão, agosto de 1789.

restrições ao comércio e má gestão econômica. O terceiro Estado se declarou Assembleia Nacional e, quando o rei enviou tropas a Paris para abafar a rebelião, a multidão tomou a Bastilha (fortaleza onde estavam confinados inúmeros prisioneiros políticos) e pegou em armas. A Revolução Francesa estava a caminho.

Os revolucionários de Paris e de outras regiões criaram uma Guarda Nacional para defender a Assembleia Nacional. O exército estava dividido e nada fez. A Assembleia Nacional decidiu abolir os privilégios da aristocracia e em agosto lançou a Declaração dos Direitos do Homem e do Cidadão, que afirmava a liberdade e a igualdade de todos os homens. Em outubro, Luís e sua família foram obrigados a deixar Versalhes e morar em Paris, onde ficariam próximos do povo, a quem agora teriam de responder.

Banho de sangue Após uma tentativa frustrada de fugir do país em 1791, Luís foi trazido de volta a Paris e obrigado a concordar com a nova constituição, que limitava seus poderes. Esses desdobramentos não passariam despercebidos em outros países da Europa, a maioria dos quais governados por monarquias absolutistas. Em agosto de 1791, Leopoldo II da Áustria e o rei da Prússia declararam que uma intervenção armada em apoio ao rei francês não estava descartada e, em dezembro, o próprio Luís escreveu a várias cabeças coroadas sugerindo uma ação militar coordenada "como a melhor forma de acabar com as facções ali existentes".

Em agosto de 1792, Áustria e Prússia invadiram a França com a intenção declarada de restaurar todos os poderes de Luís. Os invasores foram expulsos em Valmy; depois disso os revolucionários voltaram sua atenção para os próprios franceses, matando centenas de suspeitos de serem contrarrevolucionários. Em novembro, a França foi declarada oficialmente uma república; no ano seguinte, Luís e sua

linha do tempo

1793
JANEIRO Luís é executado **FEVEREIRO** A França anexa os Países Baixos austríacos; Grã-Bretanha, Áustria, Prússia, Países Baixos, Espanha e Sardenha formam uma coalizão contra a França **MARÇO** Revolta antirrevolucionária na Vendeia **JULHO** Início do Período do Terror **OUTUBRO** Execução de Maria Antonieta **DEZEMBRO** Esmagada a Revolta da Vendeia

1794
ABRIL Execução de Danton **JULHO** Robespierre é derrubado e executado; fim do Regime do Terror

esposa foram condenados por traição e enviados à guilhotina.

Isso foi apenas o começo. Diante de mais ameaças externas e revoltas internas, os jacobinos – facção radical – destituem os moderados girondinos e estabelecem uma verdadeira ditadura sob o Comitê da Salvação Pública, dominado por Maximilien Robespierre. Instalou-se o "Regime do Terror" e dezenas de milhares de suspeitos de serem contrarrevolucionários foram guilhotinados. Esse banho de sangue só terminou quando o próprio Robespierre foi derrubado por um golpe em julho de 1794 e executado.

> **"Os homens jamais serão livres enquanto o último rei não for enforcado com as tripas do último padre."**
>
> *La Bouche de fer,* jornal revolucionário, 11 de julho de 1791.

Os excessos do Terror deixaram os governantes de outros países europeus tão assustados que qualquer reivindicação por reformas políticas ou sociais eram consideradas perigosas e reprimidas implacavelmente. O espírito progressista do Iluminismo, que ajudara a impulsionar as revoluções tanto na França quanto na América, deu lugar ao medo e à reação. Na França, a turbulência política continuou pela década de 1790, até que um governo estável fosse restaurado por um ambicioso oficial do exército chamado Napoleão Bonaparte.

A ideia condensada: estabeleceu os princípios de liberdade, igualdade e fraternidade, mas à custa de um banho de sangue

1795	1796-1797	1798	1799
República Batava fundada por radicais locais nos Países Baixos com a ajuda da França revolucionária; a Convenção Nacional é substituída pelo Diretório	Napoleão Bonaparte derrota os austríacos na Itália; os franceses fundam repúblicas "irmãs" no norte da Itália	Fundação de repúblicas em Roma e na Suíça	Bonaparte assume o poder na França como "primeiro cônsul"

29 A Era Napoleônica

"O que dirá a História?", perguntou certa vez Napoleão. "O que pensará a posteridade?" Tanto seus contemporâneos quanto os que vieram depois dele se dividiram em suas opiniões a respeito de Napoleão Bonaparte, o jovem oficial de artilharia da Córsega que se tornou Napoleão I, imperador da França e governante do maior império europeu desde o Império Romano.

Na França, ainda hoje Napoleão é reverenciado, e o local de seu sepultamento – *Les Invalides*, em Paris – tornou-se um santuário para o mais sagrado dos sentimentos franceses, *la gloire*. Além das fronteiras da França, muitos – especialmente no século XIX – o saudaram como um colosso, o arquétipo do "grande homem", que, valendo-se da pura energia e da força de vontade, sacudiu o mundo. Outros o atacaram, chamando-o de tirano presunçoso que em nome da liberdade teria reduzido o mundo inteiro à escravidão.

De general a imperador As duas décadas e meia de conflitos europeus conhecidos como Guerras Revolucionárias e Napoleônicas começaram em agosto de 1792, quando a Áustria e a Prússia atacaram a França Revolucionária. A Grã-Bretanha e outros aliados europeus se juntaram no ano seguinte e, em dezembro de 1793, Napoleão Bonaparte atraiu a atenção nacional pela primeira vez ao desempenhar um papel de liderança na retomada do Porto de Toulon dos britânicos. Bonaparte foi promovido a general de brigada – tinha apenas 24 anos.

Posteriormente Bonaparte se envolveu em convulsões internas, sufocando uma manifestação monarquista em Paris em outubro de 1795 com sua famosa "rajada de canhão". Depois disso fez uma campanha brilhante contra os austríacos na Itália em 1796-7, obrigando-os a

linha do tempo

1792	1793	1796	1797	1798
Invasão austro-prussiana da França Revolucionária rechaçada em Valmy	A França anexa os Países Baixos Austríacos (Bélgica moderna); os britânicos são derrotados em Toulon	Bonaparte derrota os austríacos na Itália; Saboia e Nice cedidas à França; a França funda a República Lombarda no norte da Itália	Bonaparte conquista mais vitórias no norte da Itália, onde os franceses proclamam a República Cisalpina e a República Liguriana	Fundação das Repúblicas "irmãs" em Roma e na Suíça (República Helvética); frota Francesa é derrotada pelos britânicos comandados por Horatio Nelson na Batalha do Nilo

> **"Então ele também é apenas um homem. Agora também passará por cima de todos os direitos humanos e cederá apenas às próprias ambições; irá colocar-se acima de todos os outros e tornar-se um tirano."**
>
> Ludwig van Beethoven, ao saber que o herói e defensor da República Francesa havia nomeado a si mesmo imperador, maio de 1804. Beethoven rasgou a primeira página de sua Terceira Sinfonia, com sua dedicatória a Napoleão, e mudou seu nome para *Heroica*.

entregar os Países Baixos Austríacos (Bélgica moderna) aos franceses. Embora sua campanha no Egito em 1798 tenha terminado com uma derrota para os britânicos, sua estrela continuou em ascensão na França e em novembro de 1799 ele tomou o poder como "primeiro cônsul", com poderes quase ditatoriais. Depois de um breve período de paz em 1802-3, a guerra continuou, e em 1804 Bonaparte chocou seus muitos admiradores republicanos em todo o mundo ao proclamar-se imperador Napoleão I. Ele calculara corretamente que seus sucessos militares contra os inimigos da França iriam lhe angariar popularidade suficiente, especialmente no exército, para um passo tão ousado.

Embora sua intenção de invadir a Grã-Bretanha tenha sido frustrada pela frota de Nelson na Batalha de Trafalgar, em 1805, Napoleão triunfou no continente europeu infligindo derrota após derrota aos austríacos, russos e prussianos. Em 1809, todos haviam feito as pazes com a França, deixando a Grã-Bretanha sozinha na luta. Boa parte da Europa Ocidental, Central e Setentrional estava agora sob o controle de Napoleão como parte do Império Francês ou como reino governado por um membro de sua família (como na Espanha e em Nápoles), ou ainda como estado dependente – como a Confederação do Reno, fundada por Napoleão na Alemanha para substituir o Sacro Império Romano.

Folie de grandeur A imposição de seu irmão José como rei da Espanha, em 1808 foi um erro que custou caro a Napoleão, atolando um grande número de tropas francesas em uma guerra brutal contra

1799	1800	1802	1803	1804	1805
Bonaparte assume o poder na França como primeiro cônsul	Bonaparte derrota os austríacos em Marengo, estabelecendo o domínio francês na Itália	França faz as pazes com a Grã-Bretanha e seus aliados	Retomada das hostilidades na Europa	Bonaparte torna-se imperador Napoleão I	Napoleão derrota os austríacos em Ulm e ocupa Viena; Nelson derrota a esquadra franco-espanhola na Batalha de Trafalgar; Napoleão derrota austríacos e russos em Austerlitz

Napoleão como comandante

A eficiência de Napoleão como general se devia a uma combinação de fatores, entre os quais estava a habilidade para manter o inimigo imaginando quais seriam suas intenções, seguida por um ataque repentino ao seu ponto mais vulnerável. Essas táticas exigiam maestria nas manobras e deslocamento rápido, combinados a uma logística flexível. A França respondera à eclosão das Guerras Revolucionárias recrutando cidadãos para formar um grande exército; com uma grande reserva à sua disposição, Napoleão podia se permitir a perda de homens. "Você não pode me parar", ele disse ao ministro do Exterior da Áustria, conde Metternich. "Eu gasto trinta mil homens por mês". Apesar dessa insensibilidade, as tropas veneravam l'*Empereur* no mínimo porque dava preferência ao talento sobre o privilégio e promoveu muitos homens de suas fileiras, como o marechal Ney.

as guerrilhas espanholas. Napoleão cometeu um erro ainda maior em 1812, quando decidiu invadir a Rússia. A Grande Armada Francesa, apesar de derrotar os russos em Borodino, ficou sem condições de enfrentar o terrível inverno russo e não pôde seguir sua conduta habitual de viver da terra ocupada, pois os russos destruíam tudo o que encontravam pelo caminho enquanto recuavam na direção de Moscou. Quase meio milhão de soldados franceses havia iniciado a campanha; menos de um décimo conseguiu voltar.

O desastre russo convenceu a Prússia e a Áustria a se unirem novamente à Grã-Bretanha contra Napoleão e conquistaram uma vitória importante em Leipzig, em 1813; no ano seguinte, o duque de Wellington, que há anos combatia os franceses na Península Ibérica, comandou as forças britânicas através da fronteira da França. Com Paris nas mãos dos aliados, Napoleão abdicou e se exilou na Ilha de Elba, na costa da Itália. Entretanto, a monarquia francesa restaurada não agradou, e Napoleão voltou do exílio para mais uma tentativa. O exército francês se reuniu em torno dele e, em junho de 1815, enfrentaram britânicos e prussianos em Waterloo. Foi, nas palavras de Wellington, "uma luta muito apertada", mas Napoleão foi derrotado, capturado e enviado para o exílio na remota Ilha de Santa Helena, no Atlântico Sul. Ele jamais retornou.

linha do tempo

1806	1807	1808	1809
Criação da Confederação do Reno, dominada pela França; a França derrota os prussianos em Jena e Auerstädt; Napoleão torna seu irmão José o rei de Nápoles e seu outro irmão, Luís, rei das Províncias Unidas (Países Baixos)	Russos e prussianos fazem a paz com Napoleão; a França invade Portugal	A França invade a Espanha; José, irmão de Napoleão, é instalado como rei; os britânicos intervêm sob o comando de Wellington, iniciando a Guerra Peninsular	Napoleão derrota os austríacos em Wagram; anexação dos Estados Papais à França; Wellington derrota a França em Talavera

O impacto de Napoleão Maximilien Robespierre, antes de arquitetar o Regime do Terror, havia alertado seus compatriotas para o perigo de um dos generais vitoriosos tentar estabelecer uma "ditadura legal". Foi precisamente o que fez Napoleão em 1799, apesar de ter declarado na época em que tomou o poder que "a Revolução está estabelecida sobre seus princípios originais: está consumada". Embora o governo de Napoleão estivesse longe de ser liberal – ele acreditava, por exemplo, que a liberdade de imprensa tornava impossível a tarefa de governar e era cruel com seus opositores políticos domésticos – ele preservou alguns dos valores da Revolução Francesa, que ele temia estar se degenerando e se transformando em anarquia. Seu legado mais duradouro é o Código Napoleônico, um código de Direito Civil implantado em todo o seu império e nos estados dependentes e aliados. Esse sistema legal incorporou muitos dos valores da Revolução e do Iluminismo, incluindo a igualdade (não para as mulheres, na versão de Napoleão), liberdade individual, separação entre Igreja e Estado e tolerância religiosa. Até hoje o Código Napoleônico serve de modelo para os códigos de Direito Civil na Europa e em todo o mundo.

> "**A conquista fez de mim o que sou; só a conquista pode me manter.**"
> Napoleão Bonaparte, 30 de dezembro de 1802.

Após a derrota de Napoleão, os aliados vitoriosos procuraram desfazer a nova distribuição, restaurando os antigos impérios e monarquias absolutistas que cruzavam fronteiras étnicas. Depois de 1815, as forças da reação que estavam no poder em toda a Europa fizeram tudo o que podiam para acabar com as aspirações radicais e nacionalistas despertadas pela Revolução Francesa. Porém, após décadas de repressão, elas pegariam fogo novamente em 1848.

A ideia condensada: como tirano ou libertador, Napoleão transformou a Europa

1812	1813	1814	1815
esastrosa campanha de apoleão na Rússia; eclosão a guerra entre Grã-Bretanha Estados Unidos devido à terdição britânica sobre o mércio dos Estados Unidos m a França	Britânicos derrotam os franceses em Vitoria; Napoleão é derrotado na Batalha das Nações em Leipzig; britânicos entram na França; forças dos Estados Unidos derrotam os britânicos na Batalha do Tâmisa em Ontário	Os Aliados ocupam a França; Napoleão é exilado em Elba; Congresso de Viena se reúne para elaborar os termos da paz; britânicos põem fogo em Washington D.C.	Sem saber do acordo de paz, forças americanas derrotam os britânicos em Nova Orleans; Napoleão retorna à França, mas é derrotado em Waterloo

30 A Revolução Industrial

Um século e meio depois de 1750, as economias e sociedades de boa parte da Europa e da América do Norte estavam completamente transformadas. A riqueza, antes predominantemente gerada pela terra, agora fluía cada vez mais da indústria, fosse da mineração ou da manufatura, transformadas pela revolução das novas tecnologias.

Houve um crescimento massivo de cidades grandes e pequenas à medida que as pessoas deixavam o campo em busca de trabalho nas fábricas. Muitas trocavam a pobreza rural pela sordidez e degradação urbanas – fenômeno que ainda pode ser visto em muitos países recém-industrializados ao redor do mundo. No entanto, a transformação também criou uma nova classe média, que conquistou poder político em detrimento da velha aristocracia rural.

A Revolução Industrial começou na Grã-Bretanha e se espalhou para outras partes da Europa e para os Estados Unidos. Vários fatores contribuíram para que a Grã-Bretanha se tornasse o primeiro país a passar por esse processo de industrialização generalizada. Em primeiro lugar, havia um grande acúmulo de capital para investimento em novas empresas. Esse capital havia sido auferido por proprietários de terra que haviam feito melhorias em suas propriedades e, por isso, aumentaram seus lucros, e também fora gerado pelo crescente domínio da Grã-Bretanha no comércio mundial – especialmente o comércio do Atlântico, em que fortunas foram feitas com escravos, açúcar, tabaco e outras mercadorias. Em meados do século XVIII, a Grã-Bretanha detinha um extenso império comercial no exterior, que proporcionava não apenas as matérias-primas, mas também um grande mercado para os produtos manufaturados. Também foi de grande importância para o

linha do tempo

1709	1712	1730	1760	1768	1769
Abraham Darby constrói um forno alimentado por coque para produzir ferro fundido	Thomas Newcomen inventou a primeira máquina a vapor prática para bombear água	Jethro Tull inventa a máquina de semear; nessa mesma época, "Turnip" Townshend introduz o sistema de rotação de culturas	Início do *boom* de construção de canais na Grã--Bretanha	Richard Arkwright patenteia a máquina de tecer movida a água	James Watt aperfeiçoa a máquina a vapor de Newcomen, dando grande impulso à Revolução Industrial

crescimento industrial britânico sua geografia física, com uma costa extensa repleta de portos naturais que facilitavam o acesso aos mercados internacionais, seus muitos rios navegáveis e a proximidade de suas reservas de carvão e minério de ferro.

A mecanização e o sistema fabril A mecanização foi a chave que destravou a Revolução Industrial. No período pré-industrial, a manufatura estava nas mãos de indivíduos autônomos, que trabalhavam em suas casas ou em pequenas oficinas onde um mestre-artesão supervisionava o trabalho de oficiais e aprendizes. Geralmente, uma única pessoa realizava todas as tarefas envolvidas na produção de um item, do início ao fim. Porém, em sua obra *A Riqueza das Nações* (1776), o economista Adam Smith apontou para a ineficácia dessa abordagem. Pegando o exemplo de uma fábrica de alfinetes, Smith afirmou que um homem trabalhando sozinho lutaria para conseguir produzir um alfinete por dia, ao passo que, se dez trabalhadores assumissem os diferentes estágios do processo, a fábrica poderia produzir 48 mil alfinetes por dia. Essa divisão do trabalho, afirmou Smith, também estimulava o desenvolvimento de novas máquinas.

Na Grã-Bretanha, a indústria têxtil (baseada na lã nacional e no algodão importado dos Estados Unidos) assistiu a uma série de inovações para mecanizar a fiação e a tecelagem. Os tecelões autônomos não conseguiam competir com as novas fábricas e suas máquinas e foram obrigados a abrir mão de sua independência e trabalhar para donos de moinhos em troca de salários miseráveis. Em alguns lugares, tecelões descontentes – conhecidos como luditas – destruíram as novas máquinas. Quando capturados, os líderes dessas revoltas eram executados ou levados para a Austrália.

> **"A raça que vive nessas casas em ruínas... ou em porões escuros e úmidos, no mau cheiro e imundície imensuráveis... essa raça realmente deve ter chegado ao estágio mais baixo da humanidade."**
>
> Friedrich Engels, em *A Situação da Classe Trabalhadora na Inglaterra*, 1845, descreve a vida de muita gente em Manchester, uma das grandes cidades industriais da Grã-Bretanha.

1776	1779	1781	1785	1793	1804
Adam Smith descreve o capitalismo de livre mercado em *A Riqueza das Nações*	Samuel Crompton inventa a máquina de fiação movida à água, que seria o padrão por mais de um século. Ponte de ferro fundido construída sobre o rio Severn	Watt acrescenta o movimento de rotação à máquina a vapor	Edmund Cartwright patenteia o tear mecânico; motor a vapor usado pela primeira vez em fábricas de algodão	Eli Whitney melhora as descaroçadoras para separar as sementes das fibras de algodão	Richard Trevithick constrói a primeira locomotiva a vapor

A Revolução agrícola

Havia outra revolução em andamento paralelamente à Revolução Industrial. No século XVIII todas as formas de produzir comida começaram a ser colocadas em bases mais racionais – em parte sob a influência do pensamento iluminista. Mas o desenvolvimento agrícola teve um custo humano. Na Grã-Bretanha, grandes áreas de uso comum foram "fechadas" por ricos proprietários rurais, que obtinham os direitos legais para fazer isso através de seus amigos no Parlamento. As pessoas que trabalhavam nessas terras foram despejadas, o que causou muito sofrimento em lugares como as Terras Altas (*Highlands*) na Escócia, onde os humanos foram substituídos por um animal muito mais lucrativo – a ovelha. Situação semelhante se repetiu em outras partes da Europa. Mas com grandes áreas de terra sob seu controle, os proprietários ricos podiam introduzir melhorias científicas, como a rotação de culturas, a reprodução seletiva dos animais e o uso de novas culturas, como os nabos, para manter os animais vivos no inverno, em vez de matar a maioria no final do outono. A tecnologia, especialmente no setor da mecanização, também desempenhou um papel fundamental. Inovações como a máquina de semear, inventada por Jethro Tull em 1730, e o arado de aço, inventado em 1837 por John Deere, tornaram possível o cultivo dos solos duros do Meio-Oeste dos Estados Unidos. O aumento na produção de alimentos possibilitou, tanto na Europa quanto nos Estados Unidos, a alimentação de um número crescente de pessoas, que trabalhavam nas fábricas e não mais na terra.

A era do vapor Inicialmente, as novas máquinas eram movidas por moinhos de água, mas com os aperfeiçoamentos no motor a vapor, o carvão tornou-se a principal fonte de energia. O carvão (na forma de coque) também fornecia o calor necessário para fundir o minério de ferro, e a crescente demanda por carvão levou à exploração de camadas cada vez mais profundas.

Um dos maiores impactos do carvão e do vapor foi sentido no transporte. Durante séculos produtos a granel foram transportados por

linha do tempo

1811-2	1812	1821	1823	1825	1829
Manifestações com a destruição de máquinas	Henry Bell constrói o *Comet*, primeiro barco a vapor	Michael Faraday demonstra o motor elétrico	O governo britânico adota a técnica de construção de estradas inventada por John McAdam	Primeira linha de vapores entre Stockton e Darlington. Thomas Telford conclui a ponte suspensa sobre o Estreito de Menai	A locomotiva Rocket de Robert Stephenson atinge 58Km/h, estimulando o desenvolvimento de estradas de ferro

barcos através de rios e águas costeiras, pois as estradas eram ruins e no inverno, de modo geral, intransponíveis. No século XVIII houve a expansão do transporte fluvial, com a criação de novas redes de canais ligados aos rios existentes. Apesar de ter havido também um grande programa de desenvolvimento das estradas existentes, a revolução mais significativa na área dos transportes ocorreu com a chegada das ferrovias, com a abertura precursora da linha entre Stockton e Darlington, em 1825. Em pouco tempo as linhas ferroviárias começaram a se proliferar por toda a Europa, América do Norte e outras partes. As ferrovias permitiram o barateamento do transporte não apenas de mercadorias, mas também de passageiros, propiciando as viagens entre cidades e a ampliação dos horizontes, com as pessoas viajando cada vez para mais longe. Impacto semelhante ocorreu quando os motores a vapor foram colocados nos navios, tornando as viagens transatlânticas quase rotineiras.

> **"Removemos montanhas e fazemos dos mares estradas planas; nada pode resistir a nós."**
>
> **Thomas Carlyle,** e sua visão positiva do avanço tecnológico em *Signs of the Times,* 1829.

Com o tempo, a energia a vapor foi substituída pela eletricidade e pelo motor de combustão interna. No final do século XIX, os concorrentes da Grã-Bretanha, Alemanha e Estados Unidos mostraram-se mais eficientes na adoção dessas novas tecnologias e tomaram a dianteira econômica. No início do século XX os Estados Unidos haviam se transformado na maior potência industrial mundial.

A ideia condensada: a Revolução Industrial gerou uma nova prosperidade, mas a um custo humano

1839	1840	1843	1844	1857	1869	1908
Charles Goodyear inventa o processo de vulcanização da borracha	*Boom* das ferrovias na Europa	Isambard Kingdom Brunel constrói o *Great Britain*, primeiro grande navio movido a hélice	Samuel Morse transmite a primeira mensagem por telégrafo	O processo de Bessemer possibilita a produção de aço com baixo custo	Conclusão da Estrada de Ferro Union Pacific, primeira ferrovia transcontinental dos Estados Unidos	Henry Ford inicia a produção em massa de carros com seu Modelo T

31 O nacionalismo na Europa

No século XIX ocorreram grandes mudanças no mapa político da Europa, equivalentes em termos de importância à transformação econômica e social operada pela Revolução Industrial. Novos países surgiram no sudeste do continente com a desintegração do velho império dos turcos otomanos (ver p.80); na Europa central e setentrional foram criados dois Estados poderosos: a Itália e a Alemanha.

Estes novos Estados se baseavam em etnias. No século XIX, tornou-se comum a definição dos povos por sua identidade étnica ou nacional, baseada especialmente na língua falada. Para reforçar essa identidade, muitos artistas do período decidiram celebrar um passado frequentemente mitificado, exposto em lendas e músicas folclóricas, ajudando a criar novas "tradições" nacionais.

Apesar de Estados como a Grã-Bretanha e a França existirem há muito tempo na Europa Ocidental, o quadro no restante da Europa, no final das Guerras Napoleônicas, em 1815, era muito diferente. A Alemanha era uma colcha de retalhos formada por pequenos principados, em geral dominados pela Áustria. O império da Áustria propriamente dito incluía polacos, tchecos, eslovacos, húngaros, eslovenos, croatas e italianos, além de falantes de alemão. A Itália, como a Alemanha, não tinha uma unidade política, sendo meramente – nas palavras do príncipe Metternich, primeiro-ministro austríaco – "uma expressão geográfica".

As Revoluções de 1848 A derrota de Napoleão em 1815 e a restauração dos velhos impérios e monarquias absolutistas abafaram as esperanças despertadas pela Revolução Francesa. A florescente

linha do tempo

1798	1804-13	1814-5	1820	1821-9	1825
Sociedade dos Irlandeses Unidos promove a Rebelião Irlandesa contra o domínio britânico	Revolta bem-sucedida dos sérvios contra o governo turco	Congresso de Viena restaura os antigos regimes em toda a Europa	Revoltas liberais e nacionalistas na Espanha, Portugal e Nápoles	Guerra de Independência da Grécia contra a Turquia	Revolta Dezembrista na Rússia

burguesia, cuja riqueza provinha do comércio e da indústria, havia nutrido a esperança de conquistar mais poder político, ocupando o lugar antes reservado à velha aristocracia rural. Muitos de seus membros haviam inclusive abraçado a causa do liberalismo, no qual o poder dos monarcas absolutos seria substituído por uma constituição e por uma assembleia legislativa, onde teriam representação. Naquelas regiões da Europa em que o governante era estrangeiro, os apelos para uma reforma constitucional geralmente coincidiam com demandas pelo direito à autodeterminação nacional.

Após uma série de insurreições abortadas nas décadas anteriores, em 1848 começaram a pipocar revoluções em muitas partes da Europa. A agitação começou na França, onde, como em outras partes, havia também um elemento socialista envolvido, uma vez que os camponeses e os trabalhadores urbanos viram-se não apenas destituídos de direitos, mas também sofrendo com a fome e o desemprego. O rei francês foi deposto e a Segunda República foi declarada.

Também houve insurreições na Alemanha, Boêmia tcheca, Polônia, Itália, Hungria, Sicília e até mesmo na própria Viena. Na Confederação Germânica dominada pela Áustria, os nacionalistas formaram o Parlamento de Frankfurt, que exigiu reformas liberais e a unificação germânica. Na Prússia, o rei Frederico Guilherme IV foi obrigado a concordar com a criação de uma constituição e de uma assembleia nacional e a apoiar a unificação germânica, enquanto no Império Austríaco os boêmios e os húngaros conquistaram certo grau de independência. Muitos estados italianos também promulgaram suas constituições. Para muitos foi "a primavera dos povos".

Muitas dessas conquistas, no entanto, duraram pouco. Na França, a Segunda República foi derrubada em 1851 pelo sobrinho de Napoleão I, Luís Napoleão Bonaparte, que organizou um golpe e se declarou imperador Napoleão III.

Frederico Guilherme recusou a Coroa de uma Alemanha unida e o domínio da Áustria sobre a Confederação Germânica foi restaurado. A Áustria também reprimiu revoltas na Boêmia, Hungria e norte da Itália e o governo imperial absolutista foi restaurado.

1830	1831, 1834	1832-4	1848-9	1859	1860
Revolução na França cria a monarquia constitucional conservadora sob Luís Felipe; revolta belga leva à independência dos Países Baixos; revolta polonesa contra o governo russo	Revoltas malsucedidas do movimento democrático radical "Jovem Itália", comandado por Giuseppe Mazzini	Revoltas de esquerda reprimidas na França	Revoluções por toda a Europa	Austríacos derrotados em Magenta e Solferino, e expulsos da Lombardia	Garibaldi liberta a Sicília e Nápoles

Unificação italiana e alemã Depois de 1848, os dois grandes acontecimentos do nacionalismo europeu do século XIX, a unificação da Itália e da Alemanha, foram arquitetados pelos principais ministros dos dois reinos, Piemonte e Prússia.

O Piemonte, monarquia constitucional do noroeste da Itália, era tanto economicamente quanto industrialmente mais avançado do que os outros estados italianos; seu primeiro-ministro a partir de 1852, Camillo di Cavour, começou a unificar a Itália sob sua liderança com uma mistura de guerra e diplomacia. Em 1859, depois de ter prometido Nice e Saboia à França, Cavour garantiu o apoio militar francês para expulsar os austríacos da Lombardia. Em 1860, o líder guerrilheiro italiano Giuseppe Garibaldi lançou uma campanha em que ele e seus mil voluntários camisas-vermelhas varreram a dinastia espanhola que governava a Sicília e Nápoles. Determinado a manter o controle piemontês sobre o processo de libertação nacional, Cavour enviou tropas para os Estados Papais para dar um basta às ambições de Garibaldi. Em 1861 foi fundado o Reino da Itália, e Garibaldi reconheceu Victor Emmanuel II do Piemonte como rei do país unificado. As últimas peças do quebra-cabeças se encaixaram. Depois de apoiar a Prússia em sua bem-sucedida guerra contra a Áustria, a Itália ficou com Veneza; sua capital histórica; Roma, foi finalmente conquistada em 1870.

> **As guerras de Bismarck**
>
> A primeira conquista territorial de Bismarck para a Prússia foi Schleswig-Holstein, cujo controle era há muito tempo disputado com a Dinamarca. Em 1864 ele fez uma aliança temporária com a Áustria e então atacou e derrotou a Dinamarca. Dois anos depois provocou a Guerra das Sete Semanas com a Áustria; com a vitória a Prússia alcançou uma posição de proeminência no norte da Alemanha. A cartada final de Bismarck foi jogar com as inseguranças dos estados germânicos independentes do sul, que temiam o aventureirismo militar de Napoleão III. Para atraí-los, Bismarck incitou a França a desencadear a Guerra Franco-Prussiana de 1870-1, que terminou com a derrota francesa e selou a unificação alemã.

linha do tempo

1861	1863	1864	1866	1867
Declarado o Reino da Itália	Revolta de poloneses e lituanos contra o governo russo	A Prússia derrota a Dinamarca e toma Schleswig, enquanto a Áustria toma Holstein	A Prússia derrota a Áustria e anexa Hanover, Nassau e Hesse-Cassel; a Itália adquire Veneza da Áustria	Formação da Confederação Germânica dominada pela Prússia, criação da monarquia austro-húngara, dando mais autonomia para a última; revolta Feniana contra o domínio britânico na Irlanda

Diplomacia, guerra e *realpolitik* também marcaram o caminho da Alemanha para a unificação, idealizada por Otto von Bismarck, primeiro-ministro da Prússia. Ao contrário dos revolucionários de 1848, Bismarck era um militarista conservador, defensor da estratégia de "sangue e ferro", que arquitetou três guerras para colocar todos os estados germânicos sob o domínio da Prússia. Em 1871, o rei Guilherme da Prússia foi declarado kaiser do novo Império Alemão – que incluía a Alsácia e Lorena, ex-províncias francesas.

> **Á Itália está feita. Resta-nos fazer os italianos.**
>
> Massimo d'Azeglio, no primeiro encontro do parlamento da Itália unificada, 1861.

Assim, o nascimento de um poderoso Estado alemão – o mais populoso e um dos mais avançados da Europa – deu origem a três quartos de século de inimizade franco-germânica, que iria contribuir para a eclosão de duas guerras mundiais devastadoras. Mas a faísca que desencadeou a primeira dessas conflagrações cintilou bem longe da fronteira franco-germânica. Surgiu em junho de 1914, do outro lado da Europa, em Sarajevo.

A ideia condensada: o crescimento do nacionalismo contribuiu para a eclosão da Primeira Guerra Mundial

1870	1871	1878	1905	1908	1919
Guerra Franco-Prussiana; a Itália toma Roma do papa; formação do movimento pelo governo autônomo na Irlanda (*Home Rule*)	Proclamação do Império Alemão	Congresso de Berlim: Romênia, Sérvia e Montenegro conquistam a independência da Turquia; a Bulgária conquista sua autonomia	A Noruega conquista a independência da Suécia	A Áustria anexa a Bósnia-Herzegovina	Na Conferência de Paz de Paris, muitas nações são criadas ou revividas, incluindo a Polônia e a Tchecoslováquia; Alsácia e Lorena são devolvidas para a França

32 A escravidão

"Não sou um homem e irmão?" Esta pergunta, lema da Sociedade para a Abolição do Comércio de Escravos criada na Grã-Bretanha em 1787, resume a objeção moral fundamental e incontestável à escravidão. Os movimentos abolicionistas britânicos e americanos surgiram em grande parte com o renascimento evangélico do final do século XVIII, ao passo que em lugares como a França Revolucionária o abolicionismo surgiu em função dos sentimentos humanitários inerentes ao Iluminismo e seu conceito de direitos humanos fundamentais.

Os que se opunham à abolição consideravam conveniente negar a fraternidade do homem negro e argumentavam que, ao tornar-se propriedade de um homem branco, o escravo era exposto a valores civilizados que desconheceria se permanecesse na África. Os defensores da escravidão também argumentavam que – numa era em que o direito de propriedade era tido por muitos como superior a todos os outros direitos – a abolição não seria nada mais do que um roubo.

O comércio do Atlântico A escravidão como instituição existira por milhares de anos. As economias da Grécia, de Roma e de outras civilizações antigas dependiam do trabalho escravo, e a escravidão parece ter sido sancionada pela Bíblia. Na Europa medieval, a escravidão como tal era rara; é certo que existiam os servos, camponeses presos à terra de seu senhor, mas os servos tinham certos direitos que os distinguiam dos escravos. No início da era moderna, até mesmo a servidão havia desaparecido em boa parte da Europa Ocidental.

Os árabes e depois os otomanos possuíam e comercializavam escravos, muitos deles africanos; junto com marfim e ouro, os escravos eram um dos mais importantes artigos de exportação do continente. Os árabes tinham postos comerciais ao longo da costa leste da África, enquanto os escravos da África Ocidental eram enviados para o

linha do tempo

1440	Século XVI	1772	1780	1781
Os portugueses iniciam as expedições escravagistas à África	Aventureiros ingleses como Francis Drake se envolvem com o comércio de escravos do Atlântico	A escravidão é considerada ilegal na Inglaterra	A Pensilvânia aprova a lei pela "Abolição Gradual da Escravidão", seguida por outros estados do norte dos Estados Unidos	Obedecendo às ordens do comandante, a tripulação do navio Zong atira ao mar 183 escravos africanos doentes; o seguro não cobria mortes por doença, mas garantia a cobertura em casos de afogamento; o incidente deu ímpeto à causa abolicionista

norte pelas rotas das caravanas transaarianas. Corsários berberes do norte da África também invadiam as rotas de navegação e as costas da Europa em busca de escravos (ver p. 105).

O comércio europeu de escravos da África foi iniciado pelos portugueses no século XV e a demanda por trabalho escravo aumentou dramaticamente após a criação de lavouras de açúcar e tabaco no Novo Mundo. Isso deu origem ao notório e altamente lucrativo "comércio triangular" (ver p. 105), em que, no século XVIII, a Grã-Bretanha detinha o principal papel, condenando cerca de 3,5 milhões de africanos à escravidão no Caribe e nas colônias americanas do sul, como Georgia, Virgínia e Carolinas. Esse número equivalia à soma do total transportado por seus rivais europeus, os portugueses, franceses e holandeses. Os próprios africanos se envolveram nesse comércio – reinos como Benin e Ashanti floresceram com o fornecimento de escravos para os insaciáveis europeus. As condições em que os escravos eram transportados através do Atlântico eram estarrecedoras: amontoados em porões fétidos, muitos – às vezes um em cada cinco – sucumbiam às doenças. Seus corpos eram atirados ao mar para os tubarões.

> **"A abolição [da escravidão] seria não apenas roubo para uma inumerável classe de nossos súditos, mas também uma extrema crueldade com os selvagens africanos..."**
>
> James Boswell, 23 de setembro de 1777, como retratado por ele em *Vida de Samuel Johnson*.

A campanha da abolição Desde o início alguns europeus conseguiam ver a crueldade do que os africanos agora chamam de Maafa, palavra Swahili que significa "grande tragédia". "Que coração pode ser tão duro", perguntou um português que testemunhou a chegada de um contingente de cativos africanos em 1445, "que não seja tocado por um sentimento de profunda tristeza ao ver tal companhia? Alguns mantinham as cabeças baixas e os rostos banhados em lágrimas, olhando uns para os outros; outros seguiam gemendo..." Sua angústia só aumentava quando "era preciso separar pais de filhos, maridos de esposas, irmãos de irmãos...".

1787	1791	1794	1802	1807	1808	1831
Formação na Grã-Bretanha da Sociedade para a Abolição do Comércio de Escravos	Revolta de escravos na colônia francesa do Haiti	Convenção Nacional decide pela abolição da escravidão na França e em suas colônias	Napoleão impõe novamente a escravidão na França e em suas colônias	A Grã-Bretanha decide banir o comércio de escravos em seu império	Os Estados Unidos proíbem a importação de escravos, mas o comércio interno continua a existir	Rebelião comandada por Nat Turner, maior revolta de escravos na história dos Estados Unidos

Essas manifestações de repulsa eram raras até meados do século XVIII, quando o discurso iluminista de direitos e liberdades começou a encontrar ressonância no aguçamento da consciência cristã. Na Inglaterra, isso ocorreu com o movimento metodista e outros grupos evangélicos como a seita Clapham, enquanto na América havia o chamado Grande Despertar. Para esses evangélicos, a escravidão era uma abominação perante o Senhor.

Um fato crucial ocorreu em 1772 com o caso de James Somerset, escravo trazido de Massachusetts para Londres. Lord Mansfield, presidindo a Corte do Rei, decretou que a escravidão contrariava as leis da Inglaterra; por isso, Somerset e milhares de outros escravos foram emancipados na Inglaterra. A decisão foi baseada em argumentos legais e não humanitários e não era extensiva ao Império Britânico,

Toussaint L'Ouverture

Alguns escravos não se contentaram em ficar parados esperando que abolicionistas brancos agissem em seu nome. Muitos fugiram, às vezes criando comunidades independentes, mas poucos realmente pegaram em armas contra seus opressores. Uma exceção notável foi a insurreição de escravos ocorrida na colônia francesa do Haiti em 1791 e liderada por um escravo africano liberto, Toussaint L'Ouverture. Em 1794, após uma série de sucessos militares, ele fez as pazes com os franceses, que nesse ano aboliram a escravidão e nomearam Toussaint governador. Em 1801, contrariando a vontade de Napoleão, Toussaint invadiu Santo Domingo, colônia vizinha sob domínio dos espanhóis, e libertou os escravos, declarando-se governador geral de toda a ilha de Hispaniola. Em 1802 as forças de Napoleão invadiram a ilha. Toussaint depôs suas armas em troca da promessa de que a escravidão não seria reintroduzida. Mas Napoleão voltou atrás na palavra dada e mandou prender Toussaint, que morreu no ano seguinte no cativeiro. Apesar de ser uma figura ambivalente, para muitos Toussaint foi um mártir pela liberdade. "Teus amigos", escreveu Wordsworth em um poema em homenagem a Toussaint, "são júbilos, agonias, e amor, e a mente indomável do homem".

linha do tempo

1833	1848	1861	1861-5	1863
A escravidão é banida em todo o Império Britânico	A escravidão é abolida nas colônias francesas	Emancipação dos servos na Rússia	Guerra Civil Americana entre os estados do norte e os estados escravagistas do sul, que formaram os Estados Confederados	O Presidente Lincoln promulga a Proclamação de Emancipação, libertando os escravos nos Estados Confederados

mas serviu de estímulo para os abolicionistas.

Na Grã-Bretanha, o ativista mais proeminente foi William Wilberforce, membro do Parlamento e integrante da seita Clapham. Wilberforce decidiu que o primeiro objetivo deveria ser a abolição do comércio de escravos, em vez da escravidão propriamente dita; para isso, atuou incansavelmente no Parlamento, enquanto se formavam comitês em todo o país para divulgar a causa da abolição. No início, Wilberforce enfrentou forte oposição movida por interesses econômicos, mas com o declínio do comércio com as Índias Ocidentais essa resistência foi enfraquecendo e, em 1807, foi aprovada uma lei banindo a importação de escravos para qualquer colônia britânica. A Marinha Real recebeu a incumbência de fiscalizar o cumprimento da proibição, mas só em 1833 é que foi aprovada uma lei pondo fim à escravidão em todo o Império Britânico. A França fez o mesmo em 1848, mas a existência da escravidão nos estados do sul dos Estados Unidos continuou a ser uma ferida supurada que só foi lancetada com uma sangrenta guerra civil (p. 136).

> **"Derrubem as correntes da escravidão que rebaixa o coração; dê ao homem de todas as cores e de todas as regiões liberdade, que faz dele a imagem de seu Deus."**
>
> James Grainger, *The Sugar Cane*, 1764, Livro 4.

A ideia condensada: a abolição da escravidão foi um marco crucial para o avanço do humanitarismo

1865	1869	1876	1886	1888	1962	2003
A décima-terceira emenda à Constituição Americana acaba com a escravidão nos Estados Unidos	Portugal decide banir a escravidão de suas colônias africanas	A escravidão termina oficialmente no Império Otomano	A Espanha acaba com a escravidão em Cuba	O Brasil decide pela abolição da escravidão	A escravidão é banida na Arábia Saudita	A escravidão é criminalizada na Nigéria

33 A expansão dos Estados Unidos

Quando as colônias americanas declararam sua independência em 1776, o embrião dos Estados Unidos da América compreendia apenas as treze colônias ao longo da costa leste – uma pequena fração do continente da América do Norte. Em 1900, o país se estendia do Oceano Atlântico a leste, ao Caribe no sul e ao Oceano Pacífico a oeste.

Nessa época os Estados Unidos também já haviam se firmado como a potência dominante no hemisfério ocidental. Também haviam se transformado no gigante industrial que emergiria como principal superpotência do século XX.

A expansão territorial dos Estados Unidos deveu-se em parte à imigração massiva: entre 1820 e 1900 a população aumentou oito vezes, chegando a 76 milhões com ondas de imigrantes da Irlanda, Alemanha, Escandinávia, Itália e Europa Oriental. Também se deveu a fatores econômicos: a riqueza de recursos do Ocidente, com terra propícia para a criação de gado, ou ao cultivo de grãos e frutas, ao ouro, peles e madeira. Mas existiu também um poderoso elemento ideológico: a ideia do "excepcionalismo americano". A crença de que Deus inspirou os primeiros colonos – os peregrinos – a se estabelecerem na América, de que os Estados Unidos eram formados por "uma nação sob Deus" e de que fazia parte do plano de Deus que os Estados Unidos se estendessem de um oceano a outro. Em 1845, o diplomata e jornalista John L. O'Sullivan resumiu a ideia ao falar do "nosso destino manifesto de nos espalharmos pelo continente concedido pela Providência para o livre desenvolvimento de nossos milhões multiplicados anualmente". Como portadores da tocha da liberdade, os Estados Unidos não tinham apenas o direito, mas a obrigação sagrada de espalhar sua luz pela terra.

linha do tempo

1607	1620	1754-63	1763	1776	1783
A Companhia da Virgínia funda uma colônia em Jamestown, primeiro assentamento permanente na América do Norte	Os peregrinos fundam o primeiro assentamento inglês na Nova Inglaterra, em New Plymouth, Massachusetts	Guerra Franco-Indiana	Os britânicos proíbem novos assentamentos a oeste dos Apalaches	Declaração de Independência	O Tratado de Paris reconhece a independência dos Estados Unidos, com fronteiras estendidas

Ingerência colonial Quando os europeus chegaram pela primeira vez na América do Norte, o continente era habitado por uma grande diversidade de povos nativos americanos, com línguas e culturas variadas. Nas florestas do nordeste havia coletores-caçadores; na bacia do Mississipi, lavradores de milho; nas Grandes Planícies, caçadores de búfalos; na região semidesértica do sudoeste, os *pueblos*, enquanto no noroeste do Pacífico os povos aproveitavam a abundância de rios e mares.

No início os povos nativos saudaram cautelosamente os emissários europeus, de quem adquiriram armas e instrumentos de ferro. Mas o contato com os europeus também trouxe doenças para as quais os nativos não tinham imunidade. Com o crescimento da população de colonos, aumentou a fome por terra, o que levou à ingerência em territórios tribais, aos conflitos e desapropriações. Durante muitas décadas no século XVIII, os iroqueses do nordeste conseguiram resistir ao avanço europeu graças a uma combinação de guerra e diplomacia, explorando as rivalidades entre os britânicos e os franceses e depois a hostilidade entre os colonos e a pátria-mãe durante a luta pela independência.

> **"Muitas, senão a maioria, de nossas guerras com os indígenas tiveram origem em promessas quebradas e atos de injustiça de nossa parte."**
>
> Presidente Rutherford B. Hayes, Mensagem anual ao Congresso, 3 de dezembro de 1877.

"Para o oeste o curso do Império segue seu rumo" Esta frase do bispo e filósofo irlandês George Berkeley, cunhada em 1752, mostrou-se profética. Tendo adquirido o sentimento de nação, os Estados Unidos ficaram indignados com a proibição de assentamentos a oeste dos Apalaches imposta pelo britânicos e que foi anulada em 1763. Os britânicos haviam acertadamente calculado que qualquer avanço para o oeste levaria a mais guerras com os povos nativos e eles não queriam arcar com os custos. Derrubada essa barreira, os colonos atravessaram os Apalaches, reivindicando direitos sobre terras dos nativos e no final do século XVIII mais dois estados passaram a integrar a União: Kentucky e Tennessee.

1803	1811	1813-4	1819	1823	1830
Compra da Louisiana: os Estados Unidos adquirem o território francês a oeste do Mississipi	Aliança dos nativos americanos comandados pelo chefe Shawnee Tecumseh é derrotada pelas forças dos Estados Unidos em Tippecanoe Creek	A Guerra dos Creek termina com a cessão do território para os EUA	Os Estados Unidos adquirem da Espanha o leste e o oeste da Flórida	Doutrina Monroe: o Presidente James Monroe declara a intenção dos Estados Unidos de resistirem a qualquer tentativa das potências europeias de estabelecer colônias nas Américas	Lei de Remoção dos Índios permite a evicção das "cinco tribos civilizadas"

A sorte dos americanos nativos

A insaciável fome de terra do século XIX provocou a rápida deterioração da situação dos americanos nativos. As "Cinco nações civilizadas" do sudeste – os Creek, os Cherokee, os Seminole, os Chocktaw e os Chicasaw – haviam elaborado sua própria constituição baseada na Constituição dos EUA. Algumas eram inclusive proprietárias de grandes lavouras, com escravos negros. Mas na década de 1830 elas foram expulsas de suas terras pelo governo dos Estados Unidos e obrigadas a se mudar para o oeste do Mississipi. O avanço do homem branco foi incansável e os conflitos inevitáveis – assim como o resultado. Por volta de 1900 muitos americanos nativos foram confinados em reservas, distantes das terras de seus ancestrais, com sua rica herança cultural transformada em objeto de desprezo ou curiosidade turística.

O Tratado de Paris de 1783, pelo qual a Grã-Bretanha reconheceu a independência dos Estados Unidos, fixou a fronteira ocidental do novo país no Mississipi, além do qual estava o território francês da Louisiana – território muito maior do que o estado que atualmente carrega esse nome, estendendo-se do Canadá Britânico até o Caribe. O Tratado também estabeleceu os limites dos Estados Unidos no sul, no paralelo trigésimo-primeiro, fronteira do território espanhol da Flórida. Os Estados Unidos dobraram de tamanho quando em 1803 o presidente Thomas Jefferson comprou a Louisiana dos franceses por quinze milhões de dólares; por outro tratado, em 1819, os Estados Unidos adquiriram a Flórida da Espanha. O Texas, que em sua maior parte havia sido colonizado por anglo-americanos, travou uma guerra de independência do México em 1836, e em 1845 foi anexado pelos Estados Unidos como o vigésimo oitavo estado. Isso desencadeou uma guerra com o México. A vitória americana nessa guerra, em 1848, levou a mais anexações de territórios mexicanos – Califórnia e a maior parte dos atuais estados do Novo México, Arizona, Nevada, Utah, Colorado e Wyoming. Os Estados Unidos tinham várias dispu-

linha do tempo

1838	1845	1846	1846-8	1848	1861-5	1862
Trilha das lágrimas: quinze mil índios Cherokee foram forçados a migrar para Oklahoma; três mil morreram no caminho	Anexação do Texas. Cunhada a expressão "destino manifesto"	Os Estados Unidos adquirem o Território do Oregon da Grã-Bretanha	Guerra Mexicana; os Estados Unidos adquirem vastas áreas no oeste	Descoberta de ouro na Califórnia provoca a corrida do ouro	Guerra Civil Americana	A Lei de Propriedade Rural oferece terras aos novos colonizadores do oeste

tas de fronteiras com o Canadá Britânico, principalmente no noroeste do Pacífico, que foram finalmente resolvidas em 1846, quando os Estados Unidos adquiriram os territórios que hoje formam os estados de Washington, Oregon e Idaho. O Alasca foi comprado da Rússia em 1867 e o Havaí – que se tornou o quinquagésimo estado da União em 1959 – foi anexado em 1898.

O governo federal estimulou a migração para o oeste vendendo terras por preços muito baixos – ou até mesmo, após a Lei de Propriedade Rural (Homestead Act) de 1862, por nada. Os assentamentos e o comércio tinham o apoio de uma rede de canais ligando os grandes rios; mais tarde, viriam as ferrovias: a primeira linha transcontinental foi concluída em 1869. Nesse setor o governo também teve um papel fundamental, com empréstimos substanciais e concessões de terra para as companhias ferroviárias. Mas essa expansão para o oeste não ocorreu sem traumas. A questão da escravidão nesses novos territórios foi um dos fatores que contribuíram para a eclosão da Guerra Civil Americana (ver p. 140). E o tratamento pérfido e cruel dispensado aos nativos dessas terras foi uma das grandes tragédias do século XIX.

A ideia condensada: o crescimento espetacular dos Estados Unidos ocorreu às custas de seus habitantes nativos

1867	1869	1876	1889	1890	1898
Compra do Alasca da Rússia	Conclusão da primeira ferrovia transcontinental	Os índios Lakota e Cheyenne massacram a Sétima divisão de Cavalaria do General Custer na Batalha de Little big Horn	Corrida às terras de Oklahoma: o governo federal abre o território dos Cherokee aos novos colonos	Última resistência dos nativos americanos esmagada pelo massacre dos Sioux em Wounded Knee	Guerra Hispano-Americana: os Estados Unidos adquirem as Filipinas, Guam e Porto Rico; anexação do Havaí

34 A Guerra Civil Americana

Os fundadores dos Estados Unidos tinham consciência da ambivalência moral de sua posição: ao mesmo tempo que lutavam para libertar seus compatriotas brancos da tirania e da opressão, continuaram a manter escravos negros.

A escravidão nos Estados Unidos se restringiu em grande parte aos estados do sul, onde os escravos africanos trabalhavam nas grandes lavouras de tabaco e algodão, que sustentavam a economia desses estados. A economia dos estados do norte se baseava mais na indústria e na agricultura de pequena escala; foi no norte que surgiram os primeiros apelos – geralmente de inspiração religiosa – pela abolição da escravidão. Começando com a Pensilvânia em 1780, os estados do norte introduziram uma legislação para a abolição gradual da escravidão. Mas os pedidos para o banimento federal em toda a União foram contestados por aqueles que alegavam que a Constituição protegia o status da escravidão: a Quinta Emenda proibia a expropriação de propriedade sem indenização, enquanto a Décima Emenda reservava aos estados todos os poderes não especificamente delegados ao governo federal. Assim, cada estado teria o direito de determinar se a escravidão deveria ser permitida ou não em seu território. Até mesmo abolicionistas moderados achavam que o Congresso não tinha poder algum sobre essa questão.

A extensão da escravidão Mas os conflitos surgiram quando se colocou a questão da escravidão nos novos territórios. O algodão havia adquirido importância econômica muito maior desde 1793, quando Eli Whitney melhorou o descaroçador de algodão, equipamento para separar as sementes da fibra, e aumentaram as pressões para estender as lavouras de algodão baseadas no trabalho escravo

linha do tempo

1791	1803	1820	1850	1854
A Décima Emenda à Constituição parece consagrar o direito dos estados, em vez do governo federal, de determinar a questão da escravidão	Compra da Louisiana	Missouri é admitido nos Estados Unidos como estado escravista enquanto o Maine é admitido como estado livre	Compromisso de 1850: extensão da escravidão nos novos territórios é limitada, mas a escravidão é protegida onde existe	Lei do Escravo Fugitivo: os estados do norte são obrigados a devolver os escravos fugitivos aos seus donos; Lei do Kansas-Nebraska: os novos territórios poderão decidir se permitirão a escravidão; seguem-se atos de violência; formação do Partido Republicano

até os novos territórios do sudoeste. O resultado disso foi o Compromisso do Missouri de 1820, pelo qual novos estados escravocratas ao norte do trigésimo sexto grau de latitude não seriam admitidos na União, com exceção do Missouri. As tensões entre abolicionistas e defensores da escravidão aumentou depois que os Estados Unidos adquiriram grandes extensões de terra no oeste após a Guerra contra o México (1846-8). O Compromisso de 1850 buscou acalmar a situação, restringindo a escravidão nos novos territórios ao mesmo tempo que a protegia nos estados em que já existia.

Mas o Compromisso de 1850 foi anulado pela Lei Kansas-Nebraska de 1854, que deu aos habitantes desses novos territórios poderes para decidir se permitiriam ou não a escravidão. O resultado foi o aumento da violência entre as forças pró-escravidão e os abolicionistas radicais, como John Brown, que em 1859 reuniu simpatizantes e tomou o arsenal federal de Harpers Ferry, onde hoje fica a Virgínia Ocidental, em uma tentativa abortada de iniciar um levante geral de escravos no sul.

> **"Onde houver escravidão, não pode haver Liberdade; e onde há Liberdade, não pode haver escravidão."**
>
> **Charles Sumner**, senador, 5 de novembro de 1864.

A União dividida John Brown foi enforcado, mas sua ação deu aos abolicionistas um mártir e ao mesmo tempo aprofundou o medo sulista das consequências da emancipação. Esses temores aumentaram ainda mais quando, em 1860, o candidato republicano à presidência, Abraham Lincoln, ganhou as eleições. O novo Partido Republicano era mais simpático à causa da abolição do que qualquer outro, mas essa não era a grande prioridade de Lincoln, que apesar de apoiar a emancipação, insistiu que a Constituição protegia a escravidão onde ela existia e declarou publicamente que "não era de modo algum a favor de propiciar a igualdade política e social das raças branca e preta".

Apesar dessas declarações, antes mesmo de Lincoln assumir a presidência os estados do sul iniciaram a secessão da União, formando os Estados Confederados da América com Jefferson Davis como seu presidente.

1861
FEVEREIRO Formação da Confederação **ABRIL** As forças confederadas atacam o Forte Sumter; Arkansas, Carolina do Norte, Tennessee e Virgínia se unem à Confederação **JULHO** Vitória Confederada em Bull Run

1862
FEVEREIRO As forças da União tomam o Forte Donnelson e o Forte Henry no Tennessee **ABRIL** O general Grant derrota uma contraofensiva Confederada em Shiloh **MAIO** Batalha naval entre os couraçados Monitor e Virgínia; a Marinha dos Estados Unidos toma a base naval de Norfolk, Virgínia **SETEMBRO** Avanço dos confederados no norte barrado em Antietam **DEZEMBRO** Derrota da União em Fredericksburg

Em abril de 1861, as forças confederadas abriram fogo contra o Forte Sumter, na Carolina do Sul. Lincoln convocou 75 mil voluntários para esmagar a rebelião. Assim teve início o período de quatro anos de uma guerra civil que custaria a vida de mais de 600 mil homens.

A "guerra entre os estados" Apesar das vantagens econômicas e humanas do norte industrializado, Lincoln foi prejudicado pela inépcia de seus generais no confronto com o talento dos comandantes rebeldes, como Robert E. Lee e Thomas "Stonewall" Jackson. Inicialmente, Lincoln silenciou sobre a questão da escravidão, temendo indispor-se com os estados escravocratas – como Maryland e Missouri – que haviam permanecido com a União. Mas a pressão dos republicanos radicais levou-o a elaborar a Proclamação de Emancipação, que entrou em vigor em 1º de janeiro de 1863. A escravidão foi abolida nos estados confederados (mas não nos estados

Após a Guerra Civil

Andrew Johnson, sucessor de Lincoln, procurou seguir sua política de reconciliação com o Sul, supervisionando a rápida reintegração desses estados à União. Isso despertou a ira dos republicanos radicais no Congresso, que esperavam ver uma "Reconstrução" de alto a baixo da sociedade e da política sulistas e quase conseguiram o impeachment de Johnson, que acabou sendo relegado ao segundo plano.

Os radicais então assumiram o controle da "Reconstrução", colocando os ex-estados confederados sob o controle do exército e organizando eleições em que os escravos libertos podiam votar, mas das quais as principais lideranças confederadas foram impedidas de participar. Isso resultou na instalação de governos republicanos radicais e na oposição violenta de grupos conservadores e racistas, como a Ku Klux Klan. Com o tempo, o norte deu as costas para o sul e os democratas sulistas reassumiram o poder gradualmente, introduzindo as chamadas leis de Jim Crow, que negavam aos negros seus direitos civis, inclusive o de votar. Esses direitos só foram restaurados após muitas lutas nos anos 1950 e 1960, puxadas por lideranças como Martin Luther King, entre outros.

linha do tempo

1863
JANEIRO Proclamação de Emancipação **MAIO** A União é derrotada em Chancellorsville
JULHO Vitória decisiva da União em Gettysburg; o general Grant captura Vicksburg, Mississipi, dividindo os confederados no meio

1864
SETEMBRO Forças da União iniciam a política da terra arrasada no Vale do Shenandoah e tomam Atlanta, Georgia
NOVEMBRO-DEZEMBRO A Georgia é devastada pelas forças da União na Marcha para o Mar **NOVEMBRO** Lincoln é reeleito

1865
ABRIL Os confederados se rendem; assassinato de Lincoln, sucedido pelo vice-presidente Andrew Johnson

escravocratas que haviam permanecido na União); todos os escravos libertos que estivessem em condições integrariam as forças da União. Assim, Lincoln revestiu essa abolição parcial com a capa da "necessidade militar"; pela primeira vez, os negros do norte foram admitidos nas Forças Armadas, embora em regimentos segregados comandados por oficiais brancos.

> **"Se eu pudesse salvar a União sem libertar um único escravo, eu salvaria; e se eu pudesse salvá-la libertando todos os escravos, eu salvaria..."**
> **Presidente Abraham Lincoln,**
> 22 de agosto de 1862.

Nesse ano ocorreu uma virada nos acontecimentos a favor do norte. Em julho, o general Meade impediu uma tentativa do general Lee de invadir a Pensilvânia em Gettysburg e as forças da União sob o comando do general Ulysses S. Grant conseguiram tomar Vicksburg, Mississipi. No ano seguinte Grant foi nomeado comandante em chefe e iniciou uma campanha de guerra total contra o sul, cujos recursos acabaram por se exaurir. No dia 9 de abril de 1895, o exército de Lee se rendeu a Grant em Appomattox.

Lincoln havia sido reeleito no outono anterior e ao assumir seu segundo mandato, em 4 de março de 1865, havia prometido a reconciliação com os estados do sul, então à beira da derrota. No dia 15 de abril, Lincoln foi assassinado por um simpatizante sulista. A Décima terceira Emenda à Constituição, abolindo a escravidão em toda a União, entrou em vigor no dia 18 de dezembro de 1865.

A ideia condensada: a guerra civil acabou com a escravidão nos Estados Unidos

1866	1867	1868	1870	1872
Leis concedendo direitos civis aos escravos libertos são aprovadas apesar do veto do presidente Johnson	Leis de Reconstrução colocam os ex--estados confederados sob governo militar	A Décima Quarta Emenda à Constituição concede igualdade de direitos a brancos e negros perante a lei e proíbe ex-oficiais confederados de ocuparem cargos federais e estaduais	A Décima Quinta Emenda garante o direito de voto aos homens afro--americanos	Lei da Anistia restaura o direito de votar e ocupar cargos públicos a ex-oficiais confederados

35 A ascensão do socialismo

A Revolução Industrial criou uma nova classe governante formada pela burguesia industrial capitalista. Também criou uma classe trabalhadora urbana que trabalhava em condições frequentemente perigosas em troca de uma remuneração miserável e que era obrigada a viver em condições de precariedade e de extrema insegurança.

Houve algumas respostas à opressão e ao empobrecimento sofridos pela classe trabalhadora. Filantropos das classes mais abastadas defenderam mudanças na legislação para melhorar as condições de trabalho. Muitos trabalhadores tentaram se unir para formar sindicatos, promover manifestações por melhores salários e condições de trabalho. As tentativas de limitar o poder do novo movimento trabalhista, ou de esmagá-lo completamente, fizeram com que muitos partissem para a ação política, fosse através do processo democrático ou pela revolução violenta.

O sindicalismo Os sindicatos têm sua origem nas corporações de ofício medievais, sociedades que regulamentavam a entrada – e estrutura – nos diferentes ofícios artesanais. Com o advento da Revolução Industrial muitos artesãos, sem condições de competir com as firmas maiores, foram obrigados a abrir mão de sua independência e trabalhar nas fábricas. Quando tentaram se reunir para lutar por melhores salários e condições de trabalho, encontraram forte oposição entre seus empregadores. Os governos, alarmados com as sangrentas sublevações da Revolução Francesa, interpretaram qualquer atividade desse tipo por parte da classe trabalhadora não apenas como uma ameaça ao direito de propriedade, mas também à segurança do reino. Por isso, os sindicatos foram banidos – na Grã-Bretanha, por exemplo, pelas *Combination Acts* de 1799 e 1800, e na França pelo Código Napoleônico

linha do tempo

1799-1800	1802	1804	1821	1824-5	1838
Combination Acts proíbem os sindicatos no Reino Unido	Primeira *Factory Act* do Reino Unido	Sindicatos banidos na França pelo Código Napoleônico	Saint Simon expõe sua visão do socialismo em *Le Système industriel*	Revogação das *Combination Acts* no Reino Unido, permitindo sindicatos em certos ofícios, mas as greves continuam ilegais	A "Carta do Povo" pede uma reforma parlamentar na Grã-Bretanha, incluindo o sufrágio masculino universal

Penal e Civil, que limitou os direitos humanos universais declarados pelos revolucionários franceses.

Gradualmente, ao longo do século XIX, a legislação contrária ao sindicalismo afrouxou em alguns países, e a formação de sindicatos de ofício foi acompanhada pela criação de novos sindicatos que organizaram trabalhadores não especializados. Mas em lugares como a Rússia os sindicalistas tiveram que agir na clandestinidade, enquanto nos Estados Unidos os patrões usaram o peso da lei, apoiados por capangas armados e até soldados, para reprimir greves.

> **"Uma combinação política das classes mais baixas, enquanto tais e para seus próprios objetivos é um mal de primeira grandeza."**
> Walter Bagehot,
> *The English Constitution*, 1867.

Socialismo democrático x socialismo revolucionário Enquanto os sindicatos lutavam para defender os interesses de seus membros, muitos sindicalistas começaram a pensar que somente uma transformação completa da sociedade traria justiça e igualdade. Essas ideias se baseavam no socialismo, palavra cunhada pelo teórico francês Henri de Saint Simon (1760-1825), que vislumbrava um estado industrial livre da pobreza e no qual a ciência substituiria a religião. Também exerceu grande influência o filantropo britânico Robert Owen (1771-1825), que concebeu uma comunidade industrial modelo em New Lanark, Escócia, com moradias de qualidade e o primeiro jardim de infância da Grã-Bretanha; também ajudou a criar várias cooperativas autossustentáveis, como a New Harmony, Indiana, nos Estados Unidos, em 1825.

Uma questão fundamental para a visão socialista era que a sociedade e a economia deveriam ser ordenadas não tanto para que os indivíduos fossem livres para seguir seu próprio caminho, mas para o bem comum. Enquanto o liberal acreditava que cada ser humano tinha dentro de si mesmo o poder para melhorar sua sorte, o socialista acreditava que a sorte de cada indivíduo é determinada em grande parte por seu ambiente e que o Estado deve intervir para garantir, no mínimo, igualdade de oportunidade e padrões de vida razoáveis, oferecendo educação, saúde, salário mínimo, pensões, seguro-desemprego etc.

1844	1848	1848-9	1864	1868
Fundação do cooperativismo com a abertura da primeira cooperativa em Rochdale, Inglaterra	Marx e Engels lançam o *Manifesto Comunista*	Os socialistas participam de revoluções liberais e nacionalistas em toda a Europa, que acabam fracassando	Formação da Primeira Internacional, associação de organizações trabalhistas e socialistas, que teve Marx como um de seus líderes	Formação do Congresso de Sindicatos no Reino Unido; trabalhadores franceses obtêm direito limitado para se sindicalizarem

Melhorando as condições de trabalho

Enquanto o liberalismo econômico – com suas palavras de ordem de livre empresa e livre comércio – se expandia entre a burguesia comercial e industrial, qualquer tentativa de regulamentar os negócios era considerada por muitos como interferência autoritária do governo. Em alguns países, no entanto, foi introduzida uma legislação para acabar com os piores abusos. Na Grã-Bretanha, por exemplo, a Factory Act de 1802 tornou ilegal o trabalho de crianças menores de 14 anos por mais de oito horas diárias. Seguiram-se outras leis relativas à jornada de trabalho, saúde e segurança na Inglaterra e depois em outros países (a jornada máxima de doze horas por dia foi introduzida na França em 1848) como resultado da luta dos sindicatos. Em compensação, nos Estados Unidos houve uma grande resistência ideológica a esse tipo de legislação, resumida em 1905 por um juiz da Suprema Corte que afirmou que "limitar as horas que um homem adulto e inteligente pode trabalhar para ganhar seu sustento" era "simples intromissão" nos direitos individuais. Houve exceções: Henry Ford, o fabricante de automóveis, reduziu voluntariamente o número de horas trabalhadas em suas fábricas, argumentando que se os trabalhadores não tivessem um tempo para o lazer não comprariam seus produtos.

Socialistas mais radicais, seguindo as ideias de Karl Marx (1818-83) e Friedrich Engels (1820-95), fundadores do comunismo moderno, acreditavam que a justiça social só poderia ser alcançada quando todos os meios de produção – indústria, terra, estradas, ferrovias – fossem propriedade coletiva. Marx e Engels, que publicaram seu *Manifesto Comunista* em 1848, sustentavam que a história é determinada por forças econômicas e pela luta de classes. A Revolução Industrial testemunhara a derrubada do feudalismo e o poder da aristocracia rural. Por sua vez, previram eles, a nova burguesia capitalista que havia alcançado o poder seria violentamente derrubada pelo proletariado urbano oprimido que introduziria o socialismo como um estágio antes de o Estado "definhar" e ser substituído pelo comunismo. A sociedade ideal, em que todos viveriam em harmonia, seria baseada na pre-

linha do tempo

1871	1878	1884	1886	1889
Revolucionários anarquistas e socialistas comandam a Comuna de Paris, que é brutalmente esmagada depois de dois meses; sindicatos legalizados no Reino Unido	Partido Social Democrata alemão é banido	Atividade sindical é declarada ilegal na França	Fundação da Federação Americana do Trabalho, não socialista; única federação sindicalista americana a sobreviver à Primeira Guerra Mundial	Formação da Segunda Internacional de partidos social-democratas, que se divide em facções favoráveis e contrárias à Guerra de 1914

missa: "De cada qual segundo sua capacidade, a cada qual segundo suas necessidades".

A forma como os movimentos socialistas se desenvolveram nos diversos países dependeu, em grande medida, da atitude dos governos. Em lugares como a Grã-Bretanha, onde a atividade sindical passou a ser cada vez mais tolerada e onde o voto havia sido estendido à maioria da população masculina no final do século XIX, os partidos socialistas – como o Partido Trabalhista Britânico – conseguiram ter representação parlamentar. Mas em países mais repressores, como a Rússia czarista e a Alemanha imperial, a abordagem marxista foi a única opção.

Embora a ideologia comunista tenha sido abandonada na Rússia e em outros lugares, os princípios do socialismo democrático ainda exercem alguma influência no mundo atual. Até mesmo em países com governos de centro-direita, o Estado é uma presença forte na economia e na sociedade – em tudo, da manutenção das estradas à administração do sistema educacional –, algo até certo ponto inimaginável dois séculos atrás.

A ideia condensada: as ideias do socialismo transformaram até mesmo as sociedades capitalistas

1890	1900	1905	1917	1918-9	1919	1924
Retirada a proibição ao Partido Social Democrata alemão	Formação do Comitê de Representação do Trabalho no Reino Unido (renomeado Partido Trabalhista em 1906)	Revolução abortada na Rússia	Revolução Bolchevique na Rússia	Insurreições comunistas abortadas na Alemanha	Formação da Terceira Internacional (Comintern) de partidos comunistas	Primeiro governo trabalhista no Reino Unido

36 Os direitos das mulheres

Na primeira convenção pelos direitos das mulheres realizada nos Estados Unidos, em Seneca Falls, Nova York, em julho de 1848, Elizabeth Cady Stanton fez uma Emenda à Constituição Americana que há muito deveria ter sido feita. "Consideramos estas verdades evidentes por si mesmas", ela bradou, "que todos os homens e mulheres são iguais".

Três quartos de século se passariam até que as mulheres conquistassem o direito de votar na América e na Grã-Bretanha, e ainda falta muito para que a luta pelo princípio da igualdade de direitos tenha sucesso em todo o mundo.

Manifestações ocasionais pelos direitos das mulheres se fizeram ouvir ao longo da história, mas o movimento feminista moderno surgiu no final do século XVIII. Em 1789, na esteira da Revolução Francesa, a Assembleia Nacional promulgou a "Declaração dos Direitos do Homem e do Cidadão", recusando-se a estender os direitos civis e políticos às mulheres. Em resposta a isso, em 1791, a escritora Olympe de Gouges publicou uma "Declaração dos Direitos da Mulher e da Cidadã". No ano seguinte, na Inglaterra, Mary Wollstonecraft publicou *Reivindicação dos Direitos da Mulher*, livro que defendia uma educação melhor para as meninas para que pudessem realizar todo o seu potencial como seres humanos.

A luta pelo sufrágio feminino Na época de Mary Wollstonecraft e de Olympe de Gouges, as moças das classes mais favorecidas aprendiam pouca coisa além de ler, escrever, costurar, desenhar e cantar, e as mulheres eram consideradas simples adornos, fornecedoras de herdeiros, bens de pais e maridos, a quem tinham de se submeter em tudo. As mulheres solteiras podiam ter propriedades e administrar seus próprios negócios, mas na Grã-Bretanha, por exemplo,

linha do tempo

1791	1792	1848	1865	1869
Olympe de Gouges publica uma "Declaração dos Direitos da Mulher e da Cidadã"	Mary Wollstonecraft publica *Reivindicação dos Direitos da Mulher*	A campanha pelo sufrágio feminino nos Estados Unidos começa na Convenção de Seneca Falls	Elizabeth Garrett Anderson torna-se a primeira mulher no Reino Unido a qualificar-se como médica	Formação da *National Woman Suffrage Association* nos Estados Unidos; John Stuart Mill publica *A Sujeição das Mulheres*; lançamento do jornal francês *Les Droit des Femmes*

assim que casassem, suas propriedades passavam a ser do marido. Existiam restrições semelhantes em outros países. Na França, o Código Napoleônico de 1804, que influenciou o código civil de muitos países europeus, enfatizava os direitos de maridos e pais em detrimento dos direitos das mulheres.

Como consequência dessa dominação masculina enraizada em quase todas as esferas da sociedade, as mulheres foram impedidas de exercer profissões, de cursar o ensino superior e de votar ou exercer cargos políticos. Para as feministas, havia um primeiro passo muito importante a ser dado. Susan B. Anthony, companheira de longa data de Stanton no movimento americano pelos direitos das mulheres, o resumiu ao escrever: "Jamais haverá igualdade total enquanto as próprias mulheres não ajudarem a fazer as leis e a elegerem os legisladores". As mulheres precisavam ter o direito de votar para que houvesse algum outro tipo de mudança e, em 1869, Anthony e Stanton fundaram a *National Woman Suffrage Association*. Elas estavam especialmente indignadas com o fato de a Décima-quinta Emenda à Constituição ter declarado: "O direito de voto dos cidadãos dos Estados Unidos não poderá ser negado ou cerceado... por motivo de raça, cor ou de prévia condição de servidão". Não havia qualquer menção a gênero. Naquela época menos esclarecida, uma das simpatizantes de Anthony e Stanton reclamou que a Emenda concedia o direito de voto a "Patrick, Sambo, Hans e Ung Tung", mas o negava às mulheres cultas da classe média.

> **"Se as mulheres forem educadas para a dependência... e submissão, certa ou errada, ao poder, onde iremos parar?"**
>
> Mary Wollstonecraft, *Reivindicação dos Direitos da Mulher*, 1792.

Mais ou menos nessa mesma época a campanha pelo sufrágio feminino seguia seu curso na Grã-Bretanha. Em 1866, o filósofo John Stuart Mill, membro do Parlamento pelo Partido Liberal, apresentou uma petição exigindo a concessão do direito de voto às mulheres; no ano seguinte foi formada a *National Society for Women's Suffrage*, depois substituída pela *National Union of Women's Suffrage Societies*, liderada por Millicent Fawcett. Essas sufragistas militavam pacificamente, ao

1878	1882	1890	1893	1897	1900
A Universidade de Londres começa a conceder diplomas às mulheres, sendo a primeira a fazer isso no Reino Unido	Lei do Parlamento do Reino Unido concede às mulheres casadas todos os direitos sobre suas propriedades	Formada nos Estados Unidos a *National American Woman Suffrage Association*, que se alia a outras causas progressistas	A Nova Zelândia se torna o primeiro país do mundo a conceder o direito de voto às mulheres em eleições nacionais	Formação da *National Union of Women's Suffrage Societies* no Reino Unido	Na França, as mulheres conquistam o direito de exercer a advocacia

contrário das "sufragetes" lideradas por Emmeline Pankhurst, que fundou a *Women's Social and Political Union* em 1903. Para Pankhurst, "o argumento da vidraça quebrada é o mais valioso da política moderna". As sufragetes – atirando pedras nas janelas, acorrentando-se a grades, fazendo greve de fome quando eram presas – afugentaram muita gente, mas conseguiram enorme publicidade para a causa.

O primeiro país a garantir o direito de voto para as mulheres foi a Nova Zelândia, em 1893. Depois vieram a Austrália, em 1902; a Alemanha e a Grã-Bretanha, em 1918; os Estados Unidos, em 1920. A França e a Itália esperaram até 1945; a Suíça, até 1971; e Omã, até 2003. Quando a Arábia Saudita realizou eleições pela primeira vez, em 2005, as mulheres não puderam votar.

As mulheres e a guerra

As mulheres das classes trabalhadoras sempre exerceram atividades nos campos e nos serviços domésticos, e a partir do final do século XVIII também passaram a trabalhar nas fábricas. As mulheres solteiras de classe média podiam trabalhar como professoras, mas foi só no final do século XIX que algumas mulheres começaram a ter acesso à educação de nível superior e a profissões em áreas como Medicina. Durante a Primeira Guerra Mundial, e também na Segunda, milhões de mulheres foram recrutadas na Grã--Bretanha e nos Estados Unidos para trabalharem em setores tradicionalmente reservados aos homens, como Engenharia pesada e até nas Forças Armadas. Na Segunda Guerra Mundial, os nazistas se recusaram a adotar essa política, declarando que o papel da mulher devia ser limitado a *Kinder, Küche und Kirche* (crianças, cozinha e igreja); essa política dificultou a produtividade industrial, comprometendo significativamente o esforço de guerra alemão. Na Grã-Bretanha e nos Estados Unidos, após a guerra as mulheres foram estimuladas a ceder suas funções para os homens que retornavam. Ocorreu então um *baby boom* e milhões de mulheres se viram mais uma vez presas às atividades domésticas. Parecia o retorno do antigo *status quo* – mas para muitas mulheres a guerra havia oferecido um vislumbre de liberdade e poder.

linha do tempo

1903	1904	1918	1920	1928	1949	1960
Formação da *Women's Social and Political Union* – as sufragetes britânicas	Nos EUA, Alice Paul funda o sufragista *National Women's Party*	As mulheres conquistam o direito de votar na Grã-Bretanha (acima de trinta) e na Alemanha	As mulheres conquistam o direito de votar nos Estados Unidos e no Canadá	Todas as mulheres acima de 21 anos conquistam o direito de votar na Grã-Bretanha	Simone de Beauvoir publica *O Segundo Sexo*	No Sri Lanka, Sirimavo Bandaranaike torna-se a primeira mulher do mundo a ocupar o cargo de primeira-ministra

Rumo à igualdade plena   Em 1949, a intelectual francesa Simone de Beauvoir publicou *O Segundo Sexo*, no qual afirmou: "Não se nasce mulher; torna-se uma" – em outras palavras, muito do que as pessoas imaginam que seja "feminilidade" é na verdade uma construção cultural em vez de um fato biológico. O livro de Beauvoir não causou grande impacto, até que a segunda grande onda do feminismo começasse a se formar na década de 1960 a partir da publicação do livro de Betty Friedan *Mística Feminina* (1963). Em sintonia com a política da juventude radical da época, as novas feministas fizeram campanha sob a bandeira do "movimento de liberação feminina". As novas feministas promoveram agitações não apenas pela igualdade de pagamento e de oportunidades de trabalho, mas também pelo acesso ao planejamento familiar e creches, contra a violência e exploração masculinas e todas as formas de discriminação baseadas no gênero. Algumas foram além, defendendo um realinhamento total das relações entre homens e mulheres. Houve quem defendesse a separação total do mundo masculino, adotando o lesbianismo como gesto político.

> **"A falsa divisão da natureza humana em 'feminino' e 'masculino' é o início da hierarquia."**
>
> **Gloria Steinem**, no *Observer*, 15 de maio de 1994.

Embora as mulheres tenham conquistado vitórias como o *Equal Pay Act* de 1970 no Reino Unido, os ganhos médios das mulheres no mundo ocidental ainda estão muito abaixo dos ganhos masculinos. E apesar de ter aumentado a representação das mulheres na política, em governos e conselhos, no mercado profissional e nas forças armadas elas ainda são minoria em posições de poder e influência. E fora do mundo ocidental, bilhões de mulheres continuam a ser tratadas como cidadãos de segunda classe, lutando pelos direitos humanos mais básicos.

A ideia condensada: muitas vitórias conquistadas, muitas ainda por conquistar

1963	1968	1970	1972	1973	1975
Betty Friedan publica *Mística Feminina*	O aborto é legalizado no Reino Unido	Germaine Greer publica *A mulher Eunuco*; aprovada a *Equal Pay Act* no Reino Unido	O Congresso Americano aprova a Emenda dos Direitos Iguais, que nunca foi ratificada	No julgamento do caso Roe x Wade a Suprema Corte legaliza o aborto nos Estados Unidos	A *Sex Discrimination Act* cria a Comissão de Oportunidades Iguais no Reino Unido; Margaret Thatcher torna-se a primeira mulher a liderar um grande partido político na Grã-Bretanha

37 Primeira Guerra Mundial

A Primeira Guerra Mundial – "a Grande Guerra" como ficou conhecida na época – foi um cataclismo que rasgou o coração da Europa, destruindo uma geração de jovens e plantando as sementes de conflitos futuros. Durante quatro anos os combatentes travaram uma guerra de atrito, incapazes de resolver o impasse, sem vontade de negociar a paz, mas dispostos a desperdiçar vidas humanas em escala industrial.

O motivo exato para o início da guerra tem sido tema de debate entre historiadores. Alguns apontam para as rivalidades imperiais e industriais, alguns para as contradições do sistema capitalista, outros para o sistema de alianças militares polarizadas, outros para um capítulo de acidentes e consequências imprevistas. É bem provável que tenha ocorrido uma combinação de tudo isso.

O caminho para a guerra Em 1914, as grandes potências da Europa haviam se agrupado em dois campos armados. De um lado estavam a Alemanha, a Áustria-Hungria e a Itália; do outro, a França e a Rússia. Ambos os grupos haviam feito "acordos" informais com a Grã-Bretanha, que, tendo sido a potência dominante no século XIX, cada vez mais encarava a Alemanha como sua grande rival industrial, imperial e militar. Desde 1903 as duas estavam envolvidas em uma corrida naval armamentista.

Em 1871, depois de ter derrotado a França, a recém-unificada Alemanha anexara os territórios da Alsácia e Lorena. O que a Alemanha mais temia era ser cercada por potências hostis. Nesse momento ela tinha a França a oeste, ansiosa para recuperar as províncias perdidas; a leste estava a aliada da França, a Rússia. Desde meados do século XIX a

linha do tempo

1879	1882	1894	1899	1902	1904	1907	1908
Formação da Dupla Aliança entre a Alemanha e a Áustria-Hungria	A Itália se junta à Dupla Aliança formando a Tríplice Aliança	A França faz aliança com a Rússia	Engenheiros alemães ajudam os turcos a construir ferrovias e oficiais alemães treinam o exército turco	Britânicos fazem aliança com o Japão	Grã-Bretanha e França firmam o Entendimento Cordial (*Entente Cordiale*)	Grã-Bretanha firma acordo informal com a Rússia	A Áustria anexa a Bósnia-Herzegovina

Rússia reivindicava a liderança de todos os povos eslavos da Europa Oriental, especialmente da volátil Península dos Bálcãs. Aí a Rússia bateu de frente com uma aliada da Alemanha, a Áustria, que controlava a Eslovênia e a Croácia, e que em 1908 anexou a Bósnia-Herzegovina. A Rússia também estava preocupada com o apoio material e militar que a Alemanha estava dando à Turquia, sua tradicional inimiga nos Bálcãs.

Foi nos Bálcãs que a fagulha pegou fogo. No dia 28 de junho de 1914 o arquiduque Francisco Fernando, herdeiro do trono austro-húngaro, foi assassinado por um nacionalista sérvio em Sarajevo, capital da Bósnia. A Áustria culpou a Sérvia, principal aliada da Rússia nos Bálcãs, e fez um ultimato ameaçador. A Sérvia apelou para a Rússia, que, após a declaração de guerra da Áustria contra a Sérvia em 28 de julho, começou a mobilizar seu vasto exército. A mobilização russa foi o estopim para que a Alemanha acionasse seu Plano Schlieffen, estratégia para evitar o combate em duas frentes de guerra. Esse plano previa um rápido ataque surpresa contra a França através da Bélgica, que era neutra, antes que a Rússia conseguisse completar sua mobilização. Assim, de acordo com o Plano Schlieffen, no dia 1º de agosto, a Alemanha declarou guerra à Rússia e, no dia 3 de agosto, declarou guerra à França. No dia seguinte as tropas alemãs entraram na Bélgica, levando a Grã-Bretanha – que havia garantido a neutralidade belga – a declarar guerra contra a Alemanha.

> **"Se houver outra guerra na Europa, surgirá de alguma coisa estúpida nos Bálcãs."**
>
> Otto von Bismarck, chanceler da Alemanha até 1890.

Conflito global Todos os participantes esperavam que a guerra acabasse até o Natal. Mas não foi o que aconteceu. A luta na frente ocidental inicialmente se desenvolveu sem problemas e na frente oriental continuaria assim. Mas depois que franceses e britânicos pararam o avanço alemão no rio Marne, em Paris, em setembro, os dois lados começaram a cavar trincheiras e em outubro se enfrentaram em lados opostos de trincheiras que se estendiam do mar do Norte à fronteira da Suíça, sem que nenhum dos lados conseguisse avançar. Com o

1911
A Alemanha envia uma canhoneira para Agadir, na fracassada tentativa de deter a ocupação francesa no Marrocos

1914
JUNHO Assassinato do herdeiro do trono austro-húngaro em Sarajevo **JULHO** A Áustria declara guerra à Sérvia **AGOSTO** Alemanha, Rússia, França, Grã-Bretanha e Japão entram na guerra; os alemães brecam a invasão russa da Prússia Oriental em Tannenberg **SETEMBRO** O avanço alemão em Paris detido no rio Marne **OUTUBRO** A Turquia se junta aos Impérios Centrais

1915
JANEIRO Pela primeira vez é usado um gás venenoso em larga escala **ABRIL** Aliados pousam em Gallipoli; a Itália se junta aos Aliados **MAIO** Submarino alemão afunda o *Lusitania*, navio com cidadãos americanos a bordo **OUTUBRO** Bulgária declara guerra à Sérvia

exército russo agora totalmente mobilizado, os alemães tiveram que enfrentar seu pior pesadelo: uma guerra em duas frentes.

É claro que o conflito envolveu muitas frentes, justificando a condição de "guerra mundial". Na frente ocidental, os alemães tiveram que enfrentar os exércitos de Bélgica, França, Grã-Bretanha e seu império, e, no final, Estados Unidos. Na frente oriental, os russos lutaram contra os Alemães, no norte e os austríacos, na Galícia e nos Cárpatos. Nos Bálcãs, a Sérvia (com apoio limitado da França e da Grã-Bretanha) lutou contra a Áustria e, a partir de 1915, contra a Bulgária. A Itália, que resistiu em 1914, juntou-se aos Aliados (Grã-Bretanha, França, Rússia etc.) em 1915, com a promessa secreta de receber territórios da Áustria, abrindo assim outra frente de batalha. A Turquia se juntou às potências centrais (Alemanha e Áustria) em outubro de 1914; a tentativa dos Aliados de tirá-la da guerra invadindo a Península de Gallipoli em 1915 foi um fracasso. Também ocorreram batalhas no Oriente Médio, no Cáucaso e na África. Dois dos palcos de

Impasse e carnificina

Durante quatro anos os lados opostos se enfrentaram na frente ocidental. Os generais sonhavam com o grande avanço, quando sua artilharia abriria um buraco nas defesas inimigas, pelo qual passaria a infantaria – e até a cavalaria. As tentativas para fazer esse avanço, em ofensivas que duravam semanas ou meses, quase sempre terminavam em fracasso ou na melhor das hipóteses em avanços de dois ou três quilômetros, à custa de centenas ou milhares de feridos. Só no primeiro dia da Batalha do Somme, o exército britânico perdeu vinte mil homens.

A tecnologia militar daquela época favorecia quem estava na defesa, podendo abrigar-se dos ataques de artilharia nas trincheiras ou casamatas, e então abrir fogo com metralhadoras contra os inimigos que ficavam presos no lodo e no arame farpado. Perto do fim da guerra, novas táticas e armas – como tanques e aviões – começaram a pôr um ponto final no impasse. Mas a carnificina atingira uma escala inimaginável: cerca de 9,8 milhões de homens – talvez doze milhões – morreram lutando, mais mortes em batalha do que em qualquer conflito anterior ou posterior.

linha do tempo

1916
JANEIRO Os Aliados se retiram de Gallipoli
FEVEREIRO-DEZEMBRO A Batalha de Verdun custa meio milhão de vidas a franceses e alemães
MAIO Batalha da Jutlândia no mar do Norte
JULHO-NOVEMBRO Ofensiva anglo-francesa no rio Somme com mais de um milhão de baixas
AGOSTO Romênia se junta aos Aliados

1917
MARÇO Revolução na Rússia força a abdicação do Czar
ABRIL Estados Unidos declaram guerra à Alemanha; motins no Exército Francês **JULHO** Os árabes tomam Aqaba dos turcos; grande ofensiva britânica em Ypres **OUTUBRO** Exército italiano esmagado pela ofensiva austro-alemã em Caporetto **NOVEMBRO** Revolução Bolchevique na Rússia
DEZEMBRO Os britânicos tomam Jerusalém dos turcos

guerra mais importantes foram o Oceano Atlântico e o mar do Norte, onde a Grã--Bretanha usou sua superioridade naval para bloquear a Alemanha; por sua vez, a Alemanha empreendeu uma campanha bem-sucedida com seus submarinos contra os navios dos Aliados.

> **"É mais fácil fazer a guerra do que fazer a paz."**
>
> Georges Clemenceau, primeiro-ministro francês, julho de 1919.

A extensão dos ataques dos submarinos alemães a navios neutros foi fundamental para que os Estados Unidos entrassem na guerra em 1917. Os americanos eram avessos ao envolvimento em disputas estrangeiras, mas, quando se juntaram aos Aliados, sua imensa capacidade industrial e suas reservas humanas tornaram a vitória Aliada praticamente inevitável. Isso ocorreu em 11 de novembro de 1918, quando foi assinado um armistício. A Rússia, após a Revolução Bolchevique de 1917, havia feito um acordo de paz em separado com a Alemanha. Mas em 1918, com suas reservas exauridas, sua população passando fome e motins nas forças armadas, a Alemanha estava à beira do colapso.

Os vitoriosos não foram magnânimos. Os termos do Tratado de Versalhes impostos à Alemanha em 1919 foram punitivos e geraram ressentimentos que promoveriam o surgimento do nazismo. Longe de ser "a guerra que acabaria com todas as guerras", como muitos esperavam, a Primeira Guerra Mundial provou ser a penas o primeiro ato de um conflito global que seria retomado vinte anos depois, à custa de muito mais vidas.

A ideia condensada: uma guerra desnecessária que alcançou uma escala sem precedentes

1918

JANEIRO O presidente americano anuncia os Catorze Pontos do programa de paz **MARÇO** Tratado de Brest-Litovsk: os Bolcheviques tiram a Rússia da guerra; a Alemanha inicia as ofensivas de primavera na Frente Ocidental **AGOSTO** Os Aliados iniciam contraofensivas na frente ocidental **OUTUBRO** Forças árabes e britânicas ocupam Damasco; motim naval alemão **NOVEMBRO** Revolução em Berlim; armistício em todas as frentes

1919

JANEIRO Abertura da Conferência de Paz de Paris **JUNHO** A Alemanha assina o Tratado de Versalhes

38 Lênin e Stálin

Karl Marx havia previsto que a Revolução que anunciaria a vitória do comunismo começaria em sua Alemanha natal. Com seu grande proletariado industrial, a Alemanha preenchia as condições que ele considerava necessárias para o próximo estágio da luta de classes – a derrubada da burguesia.

Marx jamais acreditaria que a primeira revolução comunista bem-sucedida ocorreria na Rússia, uma terra atrasada que estava apenas começando a emergir de séculos de feudalismo.

O que Marx não previu foi a facilidade com que as classes trabalhadoras poderiam ser seduzidas pelo nacionalismo. Quando a guerra irrompeu em 1914, milhões de homens deixaram para trás a solidariedade dos trabalhadores e se apresentaram como voluntários para a carnificina. Na Rússia, o regime czarista tratou a guerra com grande inépcia, provocando sofrimento em uma escala inimaginável. Foi essa situação que o revolucionário comunista Vladimir Ilitch Lênin explorou ao voltar do exílio em 1917.

O caminho para a revolução Enquanto muitos Estados europeus caminhavam no sentido da democracia no século XIX, a Rússia Imperial continuava a ser uma autocracia: "Todos os países têm sua Constituição", gracejou um russo. "A nossa é o absolutismo moderado pelo assassinato". A repressão gerou uma oposição radical, como a Revolta Dezembrista de 1825 e o assassinato do czar Alexandre II em 1881. Alexandre havia tentado introduzir um mínimo de modernização, como a emancipação dos servos em 1861, por exemplo, mas seus sucessores, Alexandre III e Nicolau II, deram as costas para as reformas, considerando-se pais do povo com sanção divina.

Nicolau II tentou afirmar o poder russo no Extremo Oriente, empreitada que levou a uma derrota humilhante na Guerra Russo-Japonesa de 1904-5. A derrota e o descontentamento geral levaram à Revolução de

linha do tempo

1902	1903	1904-5	1905	1914	1915
Lênin publica *Que Fazer?*, enfatizando o papel da elite partidária na revolução	Os social-democratas russos se dividem entre bolcheviques, sob o comando de Lênin, e mencheviques; Stálin se junta aos bolcheviques	Guerra Russo-Japonesa	Após o fracasso da Revolução de 1905, Lênin segue para o exílio no exterior	Primeira Guerra Mundial	Nicolau II assume o comando das Forças Armadas russas

1905, marcada pelo massacre de manifestantes pacíficos, rebeliões, motins e uma greve geral. O czar concordou com a formação da duma, ou parlamento, e então, tendo trazido os moderados para o seu lado, esmagou a revolta. Algumas reformas foram realizadas, mas Nicolau continuou indiferente às terríveis condições em que o emergente proletariado urbano vivia e trabalhava.

A vida dos trabalhadores e camponeses piorou imensamente com a Primeira Guerra Mundial. Nicolau assumiu o comando das Forças Armadas e a Rússia sofreu um revés atrás do outro; a condução do governo havia ficado nas mãos igualmente incapazes da imperatriz Alexandra e de seu círculo de direita. Em 1917, as baixas militares passavam dos oito milhões, mais um milhão de desertores. Os camponeses pararam de enviar seus produtos para as cidades, provocando escassez de alimentos.

> **"Em um país como esse era muito fácil iniciar uma revolução, tão fácil quanto levantar uma pena."**
>
> **V. I. Lênin**, em discurso no Sétimo Congresso do Partido Bolchevique, 7 de março de 1918.

No dia 8 de março de 1917 (fevereiro segundo o antigo calendário russo), a revolução eclodiu em Petrogrado (São Petersburgo). Soldados e trabalhadores formaram um soviete (conselho); logo surgiram outros sovietes. O czar ordenou que a guarnição de Petrogrado reprimisse a revolta, mas eles se amotinaram, e em 15 de março Nicolau abdicou. Formou-se um governo provisório moderado, mas os sovietes representavam um poder alternativo muito forte.

O golpe bolchevique No dia 16 de abril Lênin chegou a Petrogrado vindo de seu exílio na Suíça. Lênin era o líder da facção bolchevique (maioria) do Partido Operário Social-Democrata Russo, que havia se dividido em 1903. Os bolcheviques acreditavam que um pequeno grupo de revolucionários profissionais poderia e deveria liderar a revolução até a conclusão bem-sucedida. A facção menchevique (minoria), por sua vez, acreditava que era preciso construir um partido com representação massiva para que a revolução pudesse ocorrer.

Assim que chegou a Petrogrado, Lênin exigiu a transferência do poder do governo provisório para os sovietes. O fracasso do governo

1917	1918	1919	1920	1921
MARÇO Revolução em Petrogrado; formação dos sovietes; o czar abdica em favor de um governo provisório **ABRIL** Lênin volta do exílio **NOVEMBRO** Os bolcheviques tomam o poder	Início da Guerra Civil Russa **MARÇO** Tratado de Brest-Litovsk: os bolcheviques fazem as pazes com a Alemanha **JUNHO** Introdução do "comunismo de guerra" **JULHO** O czar e sua família são mortos pelos bolcheviques	O Exército Vermelho retoma a Ucrânia	O Exército Vermelho retoma a maior parte da Sibéria; fim da Guerra Civil	Motim dos marinheiros em Kronstadt; introdução da Nova Política Econômica

provisório para pôr um fim no envolvimento da Rússia na guerra, para implementar a reforma agrária e acabar com a escassez de alimentos aumentou o descontentamento. Os bolcheviques conquistaram a maioria no soviete de Petrogrado e, em novembro (outubro no antigo calendário russo), fizeram a revolução e tomaram o poder.

A criação da União Soviética O novo governo selou a paz com a Alemanha, assinando um tratado de paz em março de 1918. Os bolcheviques foram então confrontados com uma guerra civil, em que o Exército Vermelho, comandado por Leon Trotsky, combateu os brancos antibolcheviques. Apesar das intervenções militares de várias potências ocidentais pró-Brancos, o Exército Vermelho sagrou-se vitorioso em 1920; em 1922, depois de reconquistar muitas regiões não russas do velho Império Russo que haviam declarado sua independência, os bolcheviques proclamaram a União das Repúblicas Socialistas Soviéticas.

Do terror vermelho ao grande expurgo

Em 1918 Lênin colocou a Tcheka (polícia secreta) contra seus opositores políticos em um processo conhecido como Terror Vermelho. As prisões, as execuções e o confinamento dos supostos inimigos em um "Gulag" (campos de trabalho), onde muitos mais morreram em condições terríveis, se expandiram com Stálin. Durante a coletivização da agricultura toda a classe dos "kulaks" (camponeses ricos) foi eliminada, com milhões de mortes; outros milhões morreram por causa da fome na Ucrânia e no Cazaquistão em 1932-4. Stálin então voltou sua atenção para os inimigos reais ou suspeitos entre as nacionalidades minoritárias, o exército e o próprio Partido Comunista – incluindo muitos veteranos da Revolução Bolchevique de 1917, que foram torturados até admitirem publicamente sua "culpa" em uma série de julgamentos no Grande Expurgo de 1936-8. Dezenas de milhões foram assassinados, exilados ou enviados para os campos de trabalho, enquanto Stálin construía um culto de sua personalidade e mantinha o poder com mãos de ferro.

linha do tempo

1922	1924	1927	1928	1932-3
Formação da União das Repúblicas Socialistas Soviéticas, compreendendo boa parte do velho Império Russo; Lênin fica incapacitado devido a uma série de derrames; Stálin torna-se secretário geral do Partido Comunista	Morte de Lênin	Trotsky é exilado, abrindo caminho para que Stálin se tornasse o líder supremo	Stálin ordena o confisco de terras dos camponeses; início dos planos quinquenais para melhorar a economia	Fome na Ucrânia

Na sequência da Revolução Bolchevique, Lênin ordenou a dissolução das antigas propriedades e a redistribuição das terras entre os camponeses. Mas as exigências da guerra civil obrigaram-no a introduzir o "comunismo de guerra" em junho de 1918, com o estado nacionalizando a indústria, apropriando-se dos negócios privados e requisitando alimentos dos camponeses. A produtividade entrou em colapso e houve séria escassez de alimentos, o que gerou grande descontentamento e protestos, como o motim de 1921 na base naval de Kronstadt. Em resposta, Lênin introduziu a Nova Política Econômica (NEP) que restaurou minimamente a iniciativa privada e fez concessões aos camponeses e ao consumo. Com a recuperação da economia, o mesmo ocorreu com o poder do Partido Comunista (como eram conhecidos agora os bolcheviques).

> **"Uma morte é uma tragédia; um milhão de mortes, uma estatística."**
>
> Comentário atribuído a Joseph Stálin.

A morte de Lênin em 1924 levou a uma luta pelo poder, principalmente entre Trotsky e Stálin, que se mostrou mais cruel. Em 1927, Trotsky – que desejava expandir a Revolução por toda a Europa – foi expulso do partido e enviado ao exílio. Stálin embarcou na política do "socialismo em um país", abandonando a NEP e introduzindo uma série de planos quinquenais, que envolveram uma aceleração maciça da industrialização e retomada de terras dos camponeses, que foram obrigados a trabalhar em fazendas coletivas. Nesse processo, vários milhões pereceram enquanto Stálin se firmava como ditador absoluto, posição que manteve até sua morte, em 1953.

A ideia condensada: a Rússia trocou uma tirania por outra

1936-8	1939	1940	1941	1944-5	1945	1953
Milhões morrem no Grande Expurgo	Stálin assina o Pacto de Não Agressão com Hitler; o Exército Vermelho ocupa a Polônia Oriental	Trotsky é assassinado no México, provavelmente por ordem de Stálin; a União Soviética anexa os Estados Bálticos	Invasão nazista da União Soviética	O Exército Vermelho varre os países da Europa Oriental, que se tornam satélites soviéticos	Início da Guerra Fria	Morte de Stálin

39 A sombra do fascismo

A Primeira Guerra Mundial deixou os países da Europa exaustos, empobrecidos e amargurados – terreno fértil para o extremismo político. Muitos soldados retornaram com o sentimento de que haviam sido abandonados pelos políticos, mas também de que haviam desonrado os milhões de camaradas mortos. Todo o esforço de guerra havia sido em vão, e com a volta da paz os políticos não ofereciam segurança nem esperança. A democracia havia falhado. Para restaurar o orgulho nacional era preciso um líder forte, carismático, que pudesse dobrar a sociedade à sua vontade.

Foi esse estado de espírito que permitiu o surgimento do fascismo, forma extremada de nacionalismo militarista que fincou raízes em vários países europeus nas décadas de 1920 e 1930, principalmente na Itália e na Alemanha. O fascismo não é uma ideologia internacional coerente como o marxismo, mas tende a assumir características locais – os nazistas alemães, por exemplo, eram muito mais antissemitas do que os partidários de Mussolini na Itália. Mas, de modo geral, os fascistas apoiavam o autoritarismo violento, compartilhavam ódio pelos estrangeiros, minorias étnicas, socialistas, comunistas, liberais e democratas e ansiavam pela conquista militar.

A ascensão de Mussolini e de Hitler Após a tomada do poder pelos bolcheviques na Rússia, em 1917, o medo da revolução comunista colocou muitas pessoas da classe média europeia nos braços da extrema-direita. Na Itália, o partido de extrema-direita que mais se destacava era o *Fasci di Combattimiento* – os fascistas – que tomaram o nome da palavra latina *fasces*, um feixe de varas amarradas em torno de um machado, carregado pelos magistrados da Roma Antiga como símbolo de sua autoridade. Em 1922, sob a liderança de Benito Mussolini, jorna-

linha do tempo

1918	1919	1920	1922	1923	1925
NOVEMBRO Fim da Primeira Guerra Mundial	**JANEIRO** Revolta Espartaquista (comunista) na Alemanha esmagada pela milícia direitista *Freikorps* **JUNHO** Tratado de Versalhes	Fracassa a tentativa de golpe da extrema-direita, o *Kapp-Putsch*, na Alemanha	Marcha sobre Roma, dos fascistas; Mussolini torna-se primeiro-ministro da Itália	Fracassa o Putsch da Cervejaria, em Munique	Hitler publica *Mein Kampf*

lista e brilhante orador, 25 mil camisas-pretas fascistas fizeram a famosa Marcha sobre Roma, em que o rei Victor Emanuel II foi convencido a pedir a Mussolini que formasse um governo. Mussolini então estabeleceu uma ditadura de partido único e se proclamou Il Duce (o líder).

Na Alemanha, durante o caos que se seguiu ao final da Primeira Grande Guerra, tanto grupos de esquerda quanto de extrema-direita tentaram tomar o poder sem sucesso.

> **"As grandes massas de uma nação... caem mais prontamente vítimas de uma grande mentira do que de pequenas mentiras."**
>
> Adolf Hitler, *Mein Kampf*, 1925.

Em 1923, um dos partidos de extrema-direita, o Partido Nacional Socialista dos Trabalhadores Alemães – nazistas –, tentou derrubar o governo da Baviera com o chamado Putsch da Cervejaria, em Munique. Por causa disso, o líder dos nazistas, um ex-cabo chamado Adolf Hitler, passou algum tempo na prisão, onde escreveu *Mein Kampf* (Minha Luta), em que afirmou a superioridade da "raça ariana", de cabelos loiros e olhos azuis, dos países germânicos e nórdicos em relação aos africanos, eslavos, ciganos, judeus e outros *Untermenschen* ("sub-humanos"). Hitler declarou que o destino da raça alemã era criar um *Lebensraum* ("hábitat") nas ricas terras cultiváveis da Rússia Ocidental. Além disso, Hitler tocou no ressentimento compartilhado por muitos alemães em relação à severidade do Tratado de Versalhes e propagou o mito popular de que o exército alemão, longe de ser derrotado em 1918, havia sido "apunhalado pelas costas" pelos políticos democratas.

Com o início da Grande Depressão – cuja responsabilidade Hitler atribuiu aos banqueiros judeus – a popularidade dos nazistas cresceu. Nas eleições de 1932 eles se tornaram o maior partido no Reichstag (parlamento alemão) e, em janeiro de 1933, Hitler tornou-se chanceler (primeiro-ministro). Quando o Reichstag foi incendiado em fevereiro, os nazistas colocaram a culpa nos comunistas e passaram a prender os políticos da oposição. Em agosto de 1934, a Alemanha havia se tornado uma ditadura de partido único, e Hitler passou a ser conhecido simplesmente como o *Führer* ("líder"). O Partido Nazista controlava todos os aspectos da vida alemã e fazia cumprir sua vonta-

1926	1929	1930	1931	1932	1933
Mussolini torna-se ditador	Quebra da Bolsa de Nova York leva à Grande Depressão	Crises política e econômica levam o presidente Hindenburg a governar por decreto na Alemanha	Exército japonês ocupa a Manchúria	Os nazistas se tornam o maior partido no Reichstag	Formação da Falange, partido fascista espanhol **JANEIRO** Hitler é nomeado chanceler **FEVEREIRO** Incêndio no Reichstag **MARÇO** Lei Habilitante permite que Hitler governe por decreto; judeus são expulsos do serviço público; lojas e empresas de judeus são boicotadas **OUTUBRO** A Alemanha sai da Liga das Nações

de através da Gestapo (polícia secreta) e da SS, entidade paramilitar. Além de eliminar seus inimigos políticos, os nazistas intensificaram a perseguição aos judeus no país.

Sonhos de um império Enquanto Hitler anunciava o advento de um novo Reich Alemão que duraria mil anos, Mussolini procurava construir um império à altura do antigo Império Romano e, em 1935, ordenou que seu exército invadisse o reino independente da Abissínia (Etiópia), na África. Uma das medidas do Tratado de Versalhes havia sido a criação da Liga das Nações, um organismo internacional que deveria evitar agressões futuras de um Estado contra outro, e assim dar fim a todas as guerras. No entanto, a Liga não havia feito nada além de expressar sua desaprovação quando o Japão ocupou a Manchúria em 1931 e, quando a Itália invadiu a Abissínia, não fez nada além de impor sanções econômicas ineficazes.

A Alemanha seguiu o Japão, retirando-se da Liga em 1933. No ano seguinte Hitler desafiou o Tratado de Versalhes reintroduzindo o recrutamento e começou um programam massivo de rearmamento. Graças a isso, mais do que qualquer coisa, o país retomou a condição de emprego pleno durante a Grande Depressão. Em 1936, Hitler ordenou que o exército ocupasse a Renânia e formou uma aliança com Mussolini conhecida como Eixo Roma-Berlim.

Hitler então volta sua atenção para a expansão das fronteiras do Reich Alemão. O Tratado de Versalhes havia deixado muitas etnias germânicas

O Tratado de Versalhes

Após a derrota na Primeira Guerra Mundial, a Alemanha foi obrigada a assinar o punitivo Tratado de Versalhes, pelo qual foi forçada a admitir que havia iniciado a guerra. A Alemanha perdeu todas as suas possessões ultramarinas e muitos territórios na Europa, incluindo a Alsácia e a Lorena para a França, além de um corredor que dava à Polônia acesso ao mar Báltico, dividindo a Alemanha em duas. A Renânia foi ocupada por tropas aliadas. O recrutamento foi proibido e as Forças Armadas alemãs limitadas a cem mil homens, sem tanques, aviões ou grandes navios de guerra. Por fim, a Alemanha foi obrigada a pagar grandes somas como reparação à França e à Grã-Bretanha.

linha do tempo

1934
MAIO Golpe fascista na Bulgária **JUNHO** O líder paramilitar Ernst Röhm, rival de Hitler no Partido Nazista, é assassinado junto com 150 de seus seguidores na Noite das Facas Longas **AGOSTO** Após a morte de Hindenburg, Hitler torna-se o Führer, com poderes de chanceler e de presidente

1935
JANEIRO O povo do Sarre vota pela reunificação com a Alemanha **MARÇO** Hitler reintroduz o recrutamento **SETEMBRO** As Leis de Nuremberg tiram os direitos civis dos judeus alemães **OUTUBRO** Itália invade a Abissínia

1936
MARÇO Tropas alemãs reocupam a Renânia **JULHO** Início da Guerra Civil Espanhola entre os nacionalistas de extrema-direita (com apoio militar da Alemanha e da Itália) e os republica de esquerda e democratas **OUTUBRO** Formaç do Eixo Roma-Berlim **NOVEMBRO** Alemanha e Japão formam o Pacto Anti-Comintern; a Itá se junta ao pacto em 1937

como minorias em outros Estados, e Hitler explorou a situação. A Anschluss (união) com a Áustria havia sido proibida pelo Tratado de Versalhes, mas havia muitos simpatizantes dos nazistas na Áustria e, quando as tropas alemãs entraram no país em março de 1938, foram bem recebidas. A Grã-Bretanha e a França protestaram, mas, para evitar outra guerra, nada fizeram – política posteriormente chamada de "apaziguamento".

> **"Acredito que é a paz para a nossa época."**
>
> Neville Chamberlain, sobre o Acordo de Munique, 30 de setembro de 1938.

Depois disso, Hitler buscou o apoio dos grupos étnicos alemães na região dos Sudetos na Tchecoslováquia, que exigiam a integração ao Reich. Com o aprofundamento da crise, os primeiros-ministros da Grã-Bretanha e da França, Neville Chamberlain e Edouard Daladier, se reuniram com Hitler e Mussolini em Munique para encontrar uma solução pacífica. No dia 30 de setembro de 1938, eles assinaram o Acordo de Munique, que – sem consultar a Tchecoslováquia – transferiu a região dos Sudetos para a Alemanha.

Quando Hitler ocupou o restante da Tchecoslováquia em março de 1939, Chamberlain se deu conta de que o apaziguamento não era a resposta e, quando Hitler começou a exigir de volta o Corredor Polonês e a cidade livre de Danzig (Gdansk), a Grã-Bretanha e a França declararam que enviariam ajuda militar se as fronteiras da Polônia fossem ameaçadas. No dia 1º de setembro de 1939, tendo assinado um Pacto de Não Agressão com a União Soviética, Hitler apostou que era um blefe e invadiu a Polônia. Dois dias depois, França e Grã-Bretanha declaram guerra.

A ideia condensada: o descontentamento com o resultado da Primeira Guerra Mundial abriu o caminho para a Segunda

1937
JULHO O Japão invade a China

1938
MARÇO Tropas alemãs ocupam a Áustria, que se torna parte do Reich Alemão **SETEMBRO** Em Munique, França e Grã-Bretanha concordam com a anexação dos Sudetos Tchecos pela Alemanha **NOVEMBRO** Kristallnacht (Noite dos Cristais): lojas, casas e sinagogas judias são destruídas em toda a Alemanha

1939
MARÇO Forças alemãs invadem o restante da Tchecoslováquia; França e Grã-Bretanha declaram que defenderão a Polônia **ABRIL** Vitória dos nacionalistas na Guerra Civil Espanhola; a Itália invade a Albânia **AGOSTO** Pacto Nazi-Soviético de Não Agressão **SETEMBRO** Hitler invade a Polônia, iniciando a Segunda Guerra Mundial

40 A Grande Depressão

"Em nenhuma outra nação os frutos da realização estão mais seguros", disse o presidente Herbert Hoover aos seus compatriotas americanos em seu discurso de posse, no dia 4 de março de 1929. "Não tenho nenhum receio do futuro do nosso país. Ele brilha com esperança."

Seu otimismo era compartilhado por todo o país: nunca o mercado de ações estivera tão valorizado, com as pessoas especulando entusiasticamente o sucesso contínuo do sistema capitalista. Sete meses após o discurso de diplomação de Hoover ocorreu o desastre. No dia 24 de outubro de 1929, a "Quinta-feira Negra", o mercado de ações de Wall Street quebrou. Só nesse dia, treze milhões de ações trocaram de mãos, pois os especuladores perceberam que o valor real de seus investimentos não tinha relação com as somas inflacionadas que haviam pago por eles. Em poucos dias, trinta bilhões de dólares tinham sumido do valor das ações.

Essa não foi a primeira bolha especulativa a estourar, mas as repercussões do crash de Wall Street foram mais duradouras e mais amplas do que qualquer coisa que o mundo já vira. Enquanto os bancos nos Estados Unidos entravam em pânico e pediam de volta as grandes somas dos empréstimos que haviam feito aos países europeus, em especial à Alemanha, o *crash* desencadeou a Grande Depressão, colapso econômico mundial com grandes níveis de desemprego que se estenderam por uma década.

O caminho para o colapso econômico A Grande Depressão – também chamada de Crise de 1929 – não foi provocada apenas pelo *crash* de Wall Street. Os custos da Primeira Guerra Mundial haviam feito com que os países em guerra acumulassem dívidas enormes – principalmente com os bancos americanos – e canalizou a produção industrial para os armamentos, além de fazer disparar a demanda por

linha do tempo

1919	1920	1921	1922	1923	1924
O Tratado de Versalhes obriga a Alemanha a pagar reparações após a derrota na Primeira Guerra Mundial	Breve período de crescimento pós-guerra	O número de desempregados no Reino Unido sobe para 2,5 milhões; os Estados Unidos impõem tarifas sobre as importações de produtos agrícolas	Início da hiperinflação na Alemanha; os fascistas de Mussolini chegam ao poder na Itália	**JANEIRO** Tropas francesas e belgas ocupam o Vale do Ruhr quando a Alemanha deixa de pagar uma das prestações da reparação de guerra **NOVEMBRO** O valor do marco alemão despenca para 4,2 trilhões em relação ao dólar	**JANEIRO-OUTUB** Primeiro governo trabalhista da Grã-Bretanha **SETEM** O Plano Dawes fa um reescaloname da reparação de guerra alemã

produtos agrícolas. Com a paz, a indústria passou por um breve período de rápido crescimento, mas logo descobriu que o mercado para produtos manufaturados era limitado. Da mesma forma, com a queda na demanda por produtos agrícolas – de trigo a algodão e borracha – os agricultores tiveram que enfrentar a queda dos preços. Nos Estados Unidos, muitos foram obrigados a hipotecar suas lavouras nos bancos, enquanto os países que dependiam da exportação de produtos agrícolas foram obrigados a contrair grandes empréstimos.

Além de fazer empréstimos para agricultores americanos e estados estrangeiros, os bancos dos Estados Unidos haviam emprestado dinheiro para os especuladores do mercado de ações. No entanto, quando a bolsa quebrou, muitos especuladores ficaram sem um centavo e os bancos – os que não foram à falência – fizeram um corte severo no crédito. Milhares de agricultores perderam suas propriedades quando os bancos executaram as hipotecas; inúmeras famílias, principalmente do meio-oeste, foram obrigadas a deixar suas terras e pegar a estrada em busca de trabalho. Os bancos também cobraram os empréstimos feitos no exterior, o que reduziu ainda mais a demanda pelas exportações americanas, pois poucos tinham condições de continuar comprando. Em 1930, os Estados Unidos introduziram tarifas de importação para proteger a indústria e a agricultura americanas, medida descrita por um historiador como "virtual declaração de guerra econômica contra o resto do mundo". Outros países reagiram introduzindo suas próprias medidas protecionistas. Houve uma falha geral para reconhecer a natureza global da crise e, em vez de agirem de forma conjunta, as principais potências mundiais se esconderam cada uma em seu canto.

> **"Brother, can you spare a dime? [Irmão, você tem um trocado?]"**
>
> Canção de 1932, letra de Yip Harburg, que virou símbolo da Grande Depressão nos Estados Unidos.

Do *laissez-faire* ao *New Deal* O presidente Hoover acreditava que a crise fosse um fenômeno passageiro. Porém, à medida que os índices de desemprego subiam, atingindo um em cada quatro americanos e um em cada três em outros países, até mesmo Hoover teve que admitir que o problema existia – mas ele não acreditava que

1925	1926	1929	1930
O presidente americano Calvin Coolidge se opõe à redução da dívida de guerra britânica e francesa	Fracassa a greve geral na Grã-Bretanha	**MARÇO** Herbert Hoover torna-se presidente dos Estados Unidos **MAIO** O Partido Trabalhista forma um governo de minoria na Grã-Bretanha **JUNHO** Plano Young reprograma os pagamentos das reparações de guerra da Alemanha; oposição dos nazistas **OUTUBRO** Crash de Wall Street	**JUNHO** O presidente Hoover assina a lei que institui a tarifa Smoot-Hawley, levando a guerras comerciais internacionais **SETEMBRO** Com o desemprego na Alemanha chegando a três milhões, os nazistas conquistam 107 assentos no Reichstag

O efeito das reparações

Em 1919 o economista britânico J.M. Keynes alertara para as consequências desastrosas do Tratado de Versalhes (ver p. 157). A Alemanha havia sido uma das maiores economias do mundo, mas as exigências impostas pelo tratado para o pagamento de reparações comprometeram seu retorno a uma economia saudável; assim, um mercado importante foi negado aos exportadores de outros países. Em 1923 a Alemanha estava sofrendo com uma hiperinflação – a ponto de ser preciso um carrinho de mão para transportar todo o dinheiro necessário para comprar um pão.

Apesar de a economia alemã ter se recuperado até certo ponto, ajudada por um reescalonamento das reparações e por um empréstimo significativo de bancos americanos em 1924, o *crash* de Wall Street trouxe mais dificuldades financeiras, e em 1930 um novo reescalonamento foi feito, junto com um novo empréstimo. Mas isso não fez diferença: com o colapso dos bancos alemães e o aumento do desemprego, em 1932 a comunidade internacional acabou concordando com o cancelamento de todas as reparações. No entanto, o estrago estava feito: nas eleições daquele ano, os nazistas se tornaram o maior partido do Reichstag. Em 1919 Keynes havia previsto alguma coisa assim. "Quem pode dizer o quanto é suportável?", ele escrevera, "ou em que direção os homens procurarão finalmente escapar dos seus infortúnios?"

fosse responsabilidade do governo federal. Na eleição presidencial de 1932, Hoover foi derrotado por Franklin Delano Roosevelt, que prometeu um *New Deal* (Novo Acordo) para o povo americano. Roosevelt implementou as ideias do economista britânico John Maynard Keynes, que sustentava que a tradicional abordagem do *laissez-faire* capitalista de limitar os gastos governamentais e o mínimo envolvimento governamental na economia só perpetuava as crises econômicas. Roosevelt passou a submeter os bancos, os preços e a produção a um rígido controle governamental, ofereceu empréstimos federais para evitar falências e execução de hipotecas, e iniciou um programa de investimento maciço em obras públicas, pelo qual o governo deu emprego a milhões de pessoas, que por sua vez injeta-

linha do tempo

1931
AGOSTO Governo trabalhista na Grã-Bretanha cai por causa dos cortes nos gastos públicos; é substituído por um governo nacionalista dominado pelos conservadores **SETEMBRO** Grã--Bretanha abandona o padrão ouro **DEZEMBRO** Desemprego nos Estados Unidos chega a oito milhões

1932
Desemprego na Alemanha passa dos seis milhões; a Grã-Bretanha introduz a "preferência imperial", abandonando o livre comércio em favor das importações do Império Britânico **JUNHO** França e Grã-Bretanha param de pagar débitos de guerra aos Estados Unidos **JULHO** Os nazistas se tornam o maior partido do Reichstag **NOVEMBRO** F.D. Roosevelt é eleito presidente dos Estados Unidos, prometendo o *New Deal*

1933
MARÇO Hitler assume poderes ditatoriais na Alemanha **ABRIL** Os Estados Unidos abandonam o padrão ouro **JUNHO-JULHO** Fracassa a Conferência Econômica Internacional em Londres

> **"Apesar de não estar escrito na Constituição, ainda assim é obrigação inerente do governo federal evitar que seus cidadãos morram de fome."**
>
> Presidente F. D. Roosevelt, citado em *America in Midpassage*, 1939.

ram grandes somas na economia. Em 1934 o desemprego começou a cair e a situação econômica foi melhorando gradualmente.

Outros governos, como o governo nacionalista dominado pelos conservadores na Grã-Bretanha, preferiram se concentrar no corte de gastos governamentais e no aumento das tarifas protecionistas. As indústrias pesadas tradicionais, como a construção naval, foram abandonadas à própria sorte, liderando as taxas de desemprego com até 70% no nordeste e produzindo as "marchas de famintos" até Londres, como a Cruzada de Jarrow em 1936.

Na Alemanha, os efeitos da Depressão foram particularmente agudos e ajudaram a ascensão de Hitler ao poder em 1933. Os nazistas responsabilizaram os bancos judeus internacionais pelo sofrimento do povo alemão e prometeram restaurar o orgulho nacional. Isso eles conseguiram, reduzindo o desemprego de inúmeras formas – principalmente pela reintrodução do recrutamento e um maciço programa de rearmamento, enquanto Hitler preparava o país para outra guerra. Ao longo da década de 1930 as tensões internacionais foram aumentando e outros países, como a Grã-Bretanha, colocaram em prática programas de rearmamento; essas injeções de dinheiro governamental serviram para estimular a economia e reduzir o desemprego. Mas somente com a eclosão da Segunda Guerra Mundial é que a Grande Depressão chegou ao fim.

A ideia condensada: a pior crise econômica do século XX

1934	1935	1936	1939
ndustriais americanos começam a rganizar a oposição às políticas do *New Deal* **FEVEREIRO** Revoltas de rabalhadores na Áustria reprimidas elo governo de direita **MAIO** Erosão o solo transforma boa parte do meio-oeste em uma *Dust Bowl* (Tigela de Pó)	A Suprema Corte americana decide que algumas leis do *New Deal* são inconstitucionais	Governos de esquerda (Frente Popular) eleitos na França e na Espanha. Cruzada de Jarrow na Grã-Bretanha; J. M. Keynes publica *A Teoria Geral do Emprego, do Juro e da Moeda* **SETEMBRO** A França abandona o padrão ouro **NOVEMBRO** Roosevelt é reeleito	Início da Segunda Guerra Mundial

41 Segunda Guerra Mundial: Europa

No final da década de 1930 o mundo estava se preparando para outra guerra. No Extremo Oriente, um Japão cada vez mais militarizado vinha executando uma política agressiva de expansão territorial desde a ocupação da Manchúria em 1931. O mundo assistiu sem fazer nada. Em 1935, Mussolini, ditador italiano, ordenou que suas tropas invadissem a Abissínia. E, mais uma vez, o mundo não fez nada.

Em 1937, o Japão entrou em guerra aberta contra a China. A comunidade internacional não mexeu um dedo. Em 1938, Hitler anexou a Áustria e, na Conferência de Munique, França e Grã-Bretanha concordaram com a anexação da área dos Sudetos, na Tchecoslováquia. Hitler partiu então para a ocupação do país inteiro e começou a ameaçar a Polônia, exigindo a devolução do ex-território alemão perdido após a Primeira Guerra Mundial.

França e Grã-Bretanha finalmente acordaram para o perigo e declararam que iriam ao socorro da Polônia, se esta fosse invadida. Mas Hitler estava mais preocupado com a União Soviética e, para evitar a possibilidade de uma guerra em duas frentes, no dia 23 de agosto de 1939 chocou o mudo firmando um Pacto de Não Agressão com Stálin, seu maior inimigo ideológico. No dia 1º de setembro, tanques alemães entraram na Polônia. Dois dias depois, França e Grã-Bretanha declaram guerra.

Dias negros Estando do outro lado da Europa, havia pouca coisa que a Grã-Bretanha ou a França pudessem fazer para ajudar os poloneses. Durante um período tenso de aproximadamente seis meses transcorreu o que ficou conhecido como "Guerra de Mentira",

linha do tempo

1931	1935	1936	1937	1938
Exército japonês ocupa a Manchúria	Itália invade a Abissínia	**OUTUBRO** Formação do Eixo Roma-Berlim **NOVEMBRO** Japão e Alemanha firmam o Pacto Anti-Comintern, visando à União Soviética; Itália se junta ao Pacto em 1937	Japão inicia invasão total da China	**MARÇO** Anexação da Áustria pela Alemanha **SETEMBRO** Em Munique, Grã-Bretanha e França concordam com a anexação dos Sudetos, da Tchecoslováquia

encerrada abruptamente em abril de 1940 quando Hitler ocupou a Dinamarca e invadiu a Noruega. Em maio ele lançou sua *Blitzkrieg* (guerra-relâmpago, em alemão) sobre os Países Baixos e a França, usando tanques rápidos e infantaria motorizada, para abrir buracos nas defesas inimigas, e aviões para dar apoio ao ataque e aterrorizar a população civil com bombardeios aéreos. Tanto o exército francês quanto o britânico foram pegos de surpresa, sendo obrigados a fazer uma retirada precipitada.

> **"Qual é a nossa política? [...] fazer a guerra contra uma tirania monstruosa, nunca superada no sombrio, lamentável catálogo dos crimes humanos."**
>
> **Winston Churchill**, em seu primeiro discurso como primeiro-ministro na Câmara dos Comuns, em 13 de maio de 1940.

O primeiro-ministro Britânico Neville Chamberlain, que tinha procurado acalmar Hitler em 1938 cedendo às suas demandas territoriais, renunciou. Ele foi substituído pela figura vigorosa e desafiadora de Winston Churchill, que disse ao povo britânico: "Não tenho nada a oferecer além de sangue, trabalho, lágrimas e suor". Depois que a Força Expedicionária Britânica, cercada em Dunquerque, foi evacuada no final de maio, e a França assinou um armistício com a Alemanha, a Grã-Bretanha ficou sozinha na guerra contra Hitler. "Jamais nos renderemos", disse Churchill para os britânicos.

Do outro lado do Atlântico, o presidente F. D. Roosevelt, apesar de simpático à causa dos britânicos, era coagido por um forte sentimento isolacionista nos Estados Unidos que o impedia de entrar na guerra ao lado da Grã-Bretanha. Mas forneceu grande ajuda material através de comboios que cruzavam o Atlântico, sofrendo ataques constantes dos submarinos alemães, pois o objetivo de Hitler era subjugar os britânicos pela fome. No verão de 1940, ele planejou uma invasão pelo Canal da Mancha e o primeiro passo seria destruir os campos de pouso militares da Grã-Bretanha. Seu objetivo foi frustrado pela *Royal Air Force*, que, durante a Batalha da Grã-Bretanha, derrubou tantos bombardeiros alemães que Hitler passou a fazer ataques aéreos – *Blitz* – sobre as cidades britânicas durante a noite, matando dezenas de milhares de civis.

1939

MARÇO Forças alemãs ocupam o restante da Tchecoslováquia **ABRIL** A Itália invade a Albânia **AGOSTO** Pacto de Não Agressão Nazi-Soviético **SETEMBRO** Hitler invade a Polônia **NOVEMBRO** A União Soviética ataca a Finlândia

1940

ABRIL Forças alemãs ocupam a Dinamarca e invadem a Noruega **MAIO** A Alemanha invade os Países Baixos e a França **JUNHO** O governo francês assina um armistício com a Alemanha e passa a colaborar com os invasores; a Itália entra na guerra **JULHO-AGOSTO** Batalha da Grã-Bretanha **SETEMBRO** Início dos ataques aéreos a Londres; os italianos invadem o Egito a partir da Líbia **OUTUBRO** Hungria e Romênia se juntam ao Eixo

A virada da maré A guerra mudou para outras frentes. Em setembro de 1940, a Itália atacou os britânicos no Egito e depois receberam o reforço do Afrika Korps alemão. Os dois lados combateram com avanços e recuos pelos desertos do norte da África até a vitória decisiva das tropas britânicas em 1942, na Segunda Batalha de El Alamein. Nessa época, os Estados Unidos haviam entrado na guerra e pousado no noroeste da África; em julho de 1943 os Aliados invadiram a Sicília. A Itália concordou com um armistício, mas as tropas alemãs ocuparam o país e resistiram ao avanço Aliado.

Todos esses combates eram espetáculos secundários comparados à escala maciça das operações na frente oriental. Em junho de 1941, Hitler abandonou seu Pacto de Não Agressão com Stálin e iniciou uma invasão maciça da União Soviética. O Exército Vermelho, enfraquecido pelos expurgos feitos por Stálin no final da década de 1930, cambaleou. Os Alemães trataram os russos não apenas como inimigos ideológicos, por causa de seu sistema comunista, mas também como *Untermenschen* (sub-humanos) por causa da suposta inferioridade da "raça" eslava a que pertenciam. Por isso, o sofrimento do povo soviético assim como das Forças Armadas soviéticas alcançou uma escala terrível: houve cerca de vinte

Decifrando o código da Enigma

Muito antes da guerra, os alemães haviam desenvolvido um sofisticado aparelho de criptografia, a máquina Enigma, que encriptografava comunicações militares altamente secretas em códigos que só podiam ser decifrados com o uso de outra máquina Enigma. Em 1939, os britânicos desenvolveram um projeto igualmente secreto em Bletchley Park, onde centenas de matemáticos e linguistas depois de muito trabalho encontraram uma forma de decifrar os sinais de rádio da Enigma – e no processo criaram um dos primeiros computadores do mundo. As informações obtidas dessa forma tiveram papel fundamental em inúmeras campanhas decisivas – talvez a mais importante na Batalha do Atlântico, pois em 1943 os Aliados sabiam exatamente onde os submarinos alemães iriam atacar. Essas informações tiveram valor incalculável para proteger o grande fluxo de homens e materiais no Atlântico enquanto se organizava o Dia D.

linha do tempo

1941
MARÇO O Senado Americano aprova a Lei *Lend-Lease* para fornecer ajuda à Grã-Bretanha; os italianos invadem a Grécia; a Bulgária se junta ao Eixo **ABRIL** Os alemães invadem a Iugoslávia e a Grécia **JUNHO** A Alemanha invade a União Soviética **DEZEMBRO** Os Estados Unidos entram na guerra após o ataque japonês a Pearl Harbor

1942
MAIO Bombardeios aéreos em Colônia **NOVEMBRO** Os Aliados derrotam os exércitos do Eixo em El Alamein, Egito; os Aliados pousam no noroeste da África; o Exército Vermelho cerca os alemães em Stalingrado

1943
FEVEREIRO Os alemães se rendem em Stalingrado **MAIO** As forças do Eixo se rendem no norte da África **JULHO** Invasão Aliada da Sicília; queda de Mussolini; o Exército Vermelho derrota os alemães em Kursk, na maior batalha de tanques da História **SETEMBRO** Invasão Aliada da Itália, que concorda com um armistício

milhões de mortos durante a guerra. Mas Hitler, como Napoleão antes dele, havia subestimado o tamanho, o clima e os recursos da Rússia. Enquanto Stálin acelerava a produção industrial atrás dos Urais, fabricando tanques e aviões em números sem precedentes, os alemães sofriam com o inverno russo e enfraqueciam com o distanciamento das linhas de suprimento. Stálin não hesitou em sacrificar batalhão após batalhão de infantaria, enviados para a batalha com metralhadoras da NKVD (polícia secreta) às suas costas. A virada decisiva na frente oriental ocorreu em Stalingrado, no Volga, onde no inverno de 1942-3 um exército alemão inteiro foi cercado e obrigado a se render. Os soviéticos partiram então para a ofensiva, avançando a oeste em direção à Europa Oriental.

> **"Eu pergunto a vocês: vocês querem a guerra total? Vocês querem, se necessário, mais total e mais radical do que sequer conseguimos imaginá-la hoje?"**
>
> **Joseph Goebbels**, ministro da Propaganda Nazista, em discurso após a rendição da Alemanha em Stalingrado, fevereiro de 1943.

Stálin há muito havia exigido que seus Aliados ocidentais abrissem uma segunda frente. Isso acabou acontecendo quando as forças americanas, britânicas e da *Commonwealth* desembarcaram nas praias da Normandia no Dia D, 6 de junho de 1944. Enquanto os Aliados ocidentais avançavam pela França e Países Baixos, chegando a cruzar o Reno e entrar na própria Alemanha, do outro lado do continente o Exército Vermelho se aproximava de Berlim. Hitler cometeu suicídio no dia 30 de abril de 1945 e no dia 7 de maio todas as forças alemãs se renderam incondicionalmente aos Aliados. Ninguém sabe exatamente qual foi a extensão do custo em vidas humanas gerado pelo conflito em todo o mundo: estimativas sugerem que mais de cinquenta milhões de pessoas morreram como consequência direta ou indireta da guerra.

A ideia condensada: a guerra mais sangrenta da História

1944
MARÇO A Alemanha ocupa a Hungria **MAIO** Os Aliados ocupam Monte Cassino, posição defensiva estratégica na Itália **JUNHO** Os Aliados entram em Roma; desembarques do Dia D **AGOSTO** Os Aliados desembarcam no sul da França; Paris é libertada **SETEMBRO** Operação aérea dos Aliados não consegue garantir uma ponte estratégica em Arnhem, nos Países Baixos **DEZEMBRO** Batalha das Ardenas, contraofensiva alemã

1945
FEVEREIRO O Exército Vermelho toma Budapeste **MARÇO** Os Aliados cruzam o Reno **ABRIL** Execução de Mussolini por *partisans* italianos; o Exército Vermelho ataca Berlim; suicídio de Hitler **MAIO** Rendição incondicional de todas as forças alemãs

42 Segunda Guerra Mundial: Ásia e Pacífico

Em poucas décadas no final do século XIX, o Japão passou de Estado medieval isolado a potência industrial moderna. Mimetizando as grandes potências ocidentais, o país também desenvolveu ambições imperiais, tirando Taiwan e Coreia da China, na guerra de 1894-5, e colocando um ponto final na expansão russa no Extremo Oriente, na guerra de 1904-5.

Durante a década de 1920, o Japão – dispondo de poucas terras e recursos para sua população crescente – enfrentou grandes dificuldades econômicas e muitas pessoas, especialmente no exército, imaginaram que apenas um governo militar forte e a expansão territorial poderiam resolver os problemas do país. Seu nacionalismo xenofóbico e militarista girava em torno do Imperador, figura simbólica, mas que era venerada como um deus.

Alguns membros do exército decidiram encontrar uma solução. O Japão havia adquirido o direito de posicionar tropas para proteger sua Companhia da Ferrovia do Sul da Manchúria e quando, em setembro de 1931, um trecho da ferrovia foi explodido perto da cidade de Mukden (atual Shenyang), o exército culpou os chineses e usou o incidente como desculpa para ocupar toda a Manchúria. A Liga das Nações condenou a ocupação, mas o Japão simplesmente deixou a Liga.

Ambições japonesas   Os militaristas foram aumentando seu controle sobre o governo do Japão, que repudiou as limitações internacionais ao seu poderio naval e se via, junto com a Alemanha e a Itália, como um dos países mais injustiçados do mundo. O Japão se aliou à

linha do tempo

1931	1932	1933	1934	1936	1937
O exército japonês ocupa a Manchúria	Os japoneses instalaram um governo fantoche na Manchúria, com Puyi, último imperador Qing, como regente, mudando seu nome para Manchukuo	O Japão sai da Liga das Nações	O Japão renuncia aos tratados internacionais que limitavam sua marinha	Alemanha e Japão firmam o Pacto Anti-Comintern	**JULHO** Japão invade a China **DEZEMBRO** Massacre de Nanquim, capital chinesa

Alemanha e à Itália e em 1937 atacou a China, ocupando quase toda a costa. Após a tomada da capital deu-se o Massacre de Nanquim, no qual morreram cerca de trezentas mil pessoas. Mas os nacionalistas chineses continuaram resistindo.

> **"Nossa situação nacional chegou a um impasse... O único caminho que nos resta é o desenvolvimento da Manchúria e da Mongólia."**
>
> **Tenente-coronel Ishiwara Kanji,** um dos oficiais do exército envolvidos na anexação da Manchúria em 1931.

Os Estados Unidos – que também tinham seus interesses e territórios no Pacífico (incluindo Havaí, Guam e Filipinas) – ficaram alarmados com o expansionismo dos japoneses e tentaram limitar seu acesso a matérias-primas estratégicas, como carvão, minério de ferro e petróleo. O Japão, por sua vez, especialmente após o início da guerra na Europa, em 1939, estava de olho nas colônias britânicas, francesas e holandesas no sul e sudeste da Ásia, que pretendia absorver em uma "Esfera de Coprosperidade da Grande Ásia Oriental". Esse projeto foi encoberto pela ideia de libertação dos povos asiáticos do mando colonial, mas, na verdade, a intenção era trocar a dominação europeia pela japonesa, adquirir matérias-primas estratégicas (como a borracha da Malásia e o petróleo birmanês) e, ao mesmo tempo, criar mercados para os produtos manufaturados japoneses.

O Japão exigiu que todo o fornecimento de suprimentos para os nacionalistas chineses através da Indochina Francesa e das colônias britânicas de Burma e Hong Kong cessasse. Para reforçar a exigência, em julho de 1941 tropas japonesas ocuparam a Indochina Francesa, o que levou o governo americano a congelar todos os ativos japoneses nos Estados Unidos. O príncipe Konoe, primeiro-ministro do Japão, tentou fazer um acordo, mas quando o governo americano insistiu para que o Japão se retirasse da China e também da aliança com a Alemanha e a Itália, Konoe renunciou e foi substituído em outubro de 1941 pelo general Hideki Tojo. Tojo, apesar de continuar negociando com os Estados Unidos, na verdade planejava a guerra sem quartel. No dia 7 de dezembro de 1941, enquanto ocorriam as conversações em

1938
OUTUBRO O Japão toma Guandong (Cantão). **NOVEMBRO** Os japoneses anunciam seu plano para uma "Esfera de Coprosperidade da Grande Ásia Oriental"

1940
MARÇO Os japoneses instalam um governo fantoche em Nanquim **SETEMBRO** O Japão assina o Pacto Tripartite com Alemanha e Itália, criando o Eixo Roma-Berlim-Tóquio

1941
JULHO Ocupação japonesa da Indochina Francesa; Estados Unidos congelam ativos japoneses **AGOSTO** Grã-Bretanha e Países Baixos impõem embargos ao comércio japonês **DEZEMBRO** Os japoneses atacam Pearl Harbor; Estados Unidos declaram guerra; Japão ataca Malásia, Guam, Filipinas, Ilha Wake, Burma, Bornéu e Hong Kong

Washington, a base naval americana de Pearl Harbor, no Havaí, foi atacada por aviões japoneses. No dia seguinte, ao pedir no Congresso a declaração de guerra, o Presidente Franklin D. Roosevelt disse que aquela era "uma data que viverá na infâmia". Mas, ao pôr um fim no isolacionismo dos Estados Unidos e considerando seus imensos recursos, o ataque garantiu que a guerra, no que dizia respeito ao Japão e à Alemanha, estava perdida.

A estrada para a perdição No mesmo dia do ataque a Pearl Harbor, as forças japonesas atacaram outras bases americanas e britânicas na Ásia Oriental e no Pacífico. Seguiu-se então uma das mais espetaculares campanhas ofensivas da História e, em meados de 1942, o Japão havia ocupado quase todas as ilhas do Pacífico Ocidental, além das Filipinas, norte da Nova Guiné, Índias Orientais Holandesas (atual Indonésia), Hong Kong, Tailândia, Malásia, Cingapura e Burma, e estava ameaçando a própria Índia, joia da coroa imperial britânica. A ofensiva foi acompanhada por atos de grande brutalidade; os japoneses tratavam como espécies inferiores todas as raças que encontravam, e os soldados que se rendiam em vez de lutarem até a

A bomba atômica

Em 1939, o grande físico Albert Einstein, que por ser judeu havia sido obrigado a fugir da Alemanha nazista e seguir para os Estados Unidos, escreveu ao presidente F. D. Roosevelt para alertá-lo sobre a possibilidade de os alemães estarem trabalhando na produção de armas nucleares. Assim, Roosevelt autorizou o Projeto Manhattan, que, trabalhando sob sigilo absoluto, reuniu uma equipe com os melhores físicos e engenheiros para desenvolver uma bomba atômica.

O primeiro artefato foi testado no deserto do Novo México em 16 de julho de 1945, levando o diretor do projeto, Robert J. Oppenheimer, a citar um verso de um antigo poema Hindu, o Bhagavad Gita: "Transformei-me na Morte, a destruidora de mundos". Foi o início da Era Nuclear. Como lembrou Oppenheimer dois anos após o bombardeio atômico a Hiroshima e de Nagasaki: "Os físicos conheceram o pecado; esse é um conhecimento que não podem perder".

linha do tempo

1942

JANEIRO Invasão japonesa das Índias Orientais Holandesas, Nova Guiné e Ilhas Salomão **FEVEREIRO** Rendição de Cingapura, base naval mais importante da Grã-Bretanha no Extremo Oriente **MAIO** A Batalha do mar de Coral evita o planejado desembarque dos japoneses em Port Moresby, Nova Guiné **JUNHO** Vitória da marinha americana na decisiva Batalha de Midway; os japoneses concluem a conquista das Filipinas **AGOSTO-DEZEMBRO** Início da contraofensiva Aliada em Guadalcanal (Ilhas Salomão), Nova Guiné e Burma

1943

FEVEREIRO Fim da resistência japonesa em Guadalcanal **AGOSTO** Forças americanas desembarcam nas Ilhas Ellice (Tuvalu) **NOVEMBRO** Desembarque dos americanos em Bougainville; forças americanas ocupam as Ilhas Gilbert

morte eram considerados covardes desprezíveis para serem usados como escravos e submetidos a fome, espancamento e execução sumária.

O ponto de virada no avanço japonês ocorreu em junho de 1942, na Batalha de Midway, em que os japoneses perderam quatro porta-aviões e 248 aviões. Seria a virada decisiva na Guerra do Pacífico. Os japoneses não tinham os recursos para substituir essas perdas e, apesar de ainda terem anos de luta renhida pela frente, a partir desse ponto foram obrigados a fazer uma retirada desesperada. Em meados de 1944, os americanos haviam retomado ilhas próximas o bastante do Japão para servirem de base para seus bombardeiros iniciarem a devastação das cidades japonesas. Porém, quanto mais os americanos se aproximavam do Japão, mais dura a sua resistência. Confrontados com a recusa do Japão em se render e diante da perspectiva de enormes baixas caso tentassem a invasão do país, os americanos decidiram empregar uma arma horrenda. No dia 6 de agosto eles jogaram uma bomba atômica na cidade de Hiroshima, matando instantaneamente 78 mil pessoas. Uma segunda bomba foi jogada sobre Nagasaki, três dias depois. No dia 15 de agosto, o imperador Hiroito falou pela primeira vez ao seu povo pelo rádio, anunciando a rendição incondicional de todas as forças imperiais japonesas aos Aliados.

> **"Temo que tenhamos apenas despertado um gigante adormecido, e sua reação será terrível."**
>
> Fala atribuída ao almirante Yamamoto, comandante da frota japonesa que atacou Pearl Harbor.

A ideia condensada: o Japão extrapolou ao atacar os Estados Unidos

1944

FEVEREIRO As forças americanas completam a captura das Ilhas Marshall **JUNHO** Aliados rechaçam a tentativa de invasão japonesa da Índia em Kohima e Imphal; a frota japonesa é derrotada na Batalha do mar das Filipinas **SETEMBRO** Início dos contra-ataques Aliados em Burma **OUTUBRO** Vitória naval americana na Batalha de Leyte

1945

FEVEREIRO As forças americanas encontram feroz resistência em Iwo Jima; início do bombardeio de Tóquio **ABRIL** Os japoneses usam táticas kamikaze contra as forças americanas na invasão de Okinawa; fim da resistência japonesa em Okinawa e em boa parte das Filipinas **AGOSTO** Bombas atômicas lançadas em Hiroshima e Nagasaki; a União Soviética declara guerra ao Japão; o Japão aceita os termos da rendição

43 O Holocausto

Em poucos anos, entre 1939 e 1945, cerca de seis milhões de judeus – dois terços da população judia da Europa – foram sistematicamente assassinados pelos nazistas. A magnitude do horror contido nesta simples afirmação é quase impossível de entender.

Também não é fácil entender a motivação dos perpetradores, que levaram o mais odioso e distorcido dos delírios humanos – a crença na superioridade de uma raça – à sua conclusão lógica. Não foi o primeiro nem o último exemplo de genocídio, mas ocorreu em uma escala que a humanidade ainda não superou.

A palavra "holocausto", usada pela primeira vez neste contexto por historiadores da década de 1950, vem do grego *holókaustos* (todo + queimado) e foi aplicada no Antigo Testamento aos sacrifícios de animais em que a vítima era inteiramente consumida pelo fogo – alusão à queima dos corpos dos judeus assassinados nos crematórios dos campos de extermínio. Para os judeus, essa tentativa de aniquilação do judaísmo europeu é simplesmente a *Shoá*, palavra em hebraico para "catástrofe".

As raízes do antissemitismo As comunidades judaicas se estabeleceram em torno do Mediterrâneo na época dos romanos e daí se espalharam pela Europa. Nas terras governadas por muçulmanos, como a Espanha medieval, em geral foram tolerados; mas a Igreja cristã tendia a considerar os judeus como "assassinos de Cristo", levando a episódios intermitentes de perseguições – como o massacre de judeus durante o fervor religioso da primeira Cruzada e, depois, no período da Peste Negra, que muitos diziam ter sido causada pelo envenenamento de poços de água por judeus. Com sua própria religião e cultura, os judeus, como outros grupos ao longo da História, eram infundadamente suspeitos de todo tipo de abominação – como o sacrifício de crianças cristãs – e se tornaram um conveniente bode expiatório quando as coi-

linha do tempo

1933	1935	1937	1938
Os nazistas chegam ao poder na Alemanha; os judeus são expulsos do serviço público e suas lojas e empresas são boicotadas	Leis de Nuremberg privam os judeus alemães de seus direitos civis; Heinrich Himmler, chefe da SS, inicia um programa de reprodução para gerar a "raça ariana dominante"	**JULHO** Abertura do campo de concentração de Buchenwald; os judeus alemães são forçados a usar faixas amarelas com a Estrela de Davi **DEZEMBRO** Os judeus da Romênia são proibidos de exercer suas profissões e de adquirir terras	**NOVEMBRO** *Kristallnacht* (Noite dos Cristais): sinagogas, lojas e casas de judeus são destruídas em toda a Alemanha como vingança pelo assassinato de um diplomata alemão em Paris por um judeu alemão-polonês

sas davam errado. Alguns países, como a Inglaterra no final do século XIII e a Espanha em 1492, expulsaram suas comunidades judaicas inteiras. Somente depois de quatrocentos anos os judeus puderam voltar à Inglaterra.

Na Europa Ocidental as comunidades judaicas tendiam a ser prósperas, de classe média e relativamente assimiladas – um número significativo até se converteu ao cristianismo. Muitos trabalhavam com bancos e comércio – frequentemente porque eram barrados nas categorias profissionais, no serviço público e no exército – e seu sucesso financeiro costumava inspirar inveja, ou coisa pior.

> ### Outras vítimas dos nazistas
>
> Os judeus não foram as únicas vítimas da doutrina nazista de "higiene social": quase 400 mil ciganos também foram mortos, junto com eslavos, homossexuais e pessoas com deficiência física ou mental. Também foram alvos de extermínio testemunhas de Jeová, comunistas, socialistas e todos os que fossem considerados inimigos do Estado. Além disso, mais de três milhões de prisioneiros de guerra soviéticos morreram no cativeiro devido às condições deploráveis em que eram mantidos. Ao todo, os nazistas mataram aproximadamente 14 milhões de pessoas tidas por eles como Untermenschen ("sub-humanas").

Em direção à "solução final" No final do século XIX surgiu uma perversão da teoria de Darwin da evolução pela seleção natural sustentando que, para garantir o futuro da raça humana, só os espécimes mais aptos, tanto em termos físicos quanto mentais, deveriam ter permissão para procriar. Essa pseudociência, chamada eugenia, identificou todos aqueles que deveriam ser impedidos de ter filhos – doentes mentais, criminosos, alcoólatras, aqueles com capacidade intelectual limitada, aqueles nascidos com defeitos físicos etc. Paralelamente à eugenia, surgiu uma nova forma de racismo, identificando algumas "raças" como "superiores" a outras, usando técnicas pseudo-científicas, como as medidas dos crânios, e defendendo a manutenção da "pureza" das "raças superiores", evitando casamentos mistos. Nesse caldeirão, os nazistas jogaram uma forte dose do

1939
SETEMBRO Hitler invade a Polônia, iniciando a Segunda Guerra Mundial

1940
Os nazistas iniciam os massacres de judeus na Polônia, também confinando-os em guetos
JULHO O governo colaboracionista de Vichy, na França, introduz medidas antijudaicas

1941
JUNHO Invasão nazista da União Soviética seguida pelo massacre em massa das populações judaicas; a Hungria se alia formalmente à Alemanha nazista, mas se recusa a entregar sua população judaica de 800 mil pessoas **SETEMBRO** Em dois dias, tropas da SS matam 33.771 judeus ucranianos em Babi Yar, uma ravina em Kiev

antissemitismo tradicional para tirar a determinação de encontrar "uma solução final para a questão judaica".

> **"Nós alemães precisamos finalmente aprender a não considerar os judeus... como gente igual a nós."**
> Heinrich Himmler, líder da SS, 5 de março de 1936.

Depois que Hitler chegou ao poder em 1933, os judeus foram expulsos do serviço público, e suas lojas e negócios foram boicotados. Dois anos depois, as Leis de Nuremberg privaram os judeus de sua cidadania alemã e proibiram que se casassem com "arianos" (como os nazistas descreviam os alemães loiros de olhos azuis e a "raça" nórdica). No dia 9 de novembro de 1938, na *Kristallnacht* (Noite dos Cristais), foram atacadas as sinagogas, as casas e as lojas de judeus em toda a Alemanha, com a morte de quase cem judeus. Muitos judeus ricos já haviam fugido da Alemanha, mas muitos ficaram e tornou-se cada vez mais difícil encontrar um país que aceitasse os potenciais refugiados.

A Segunda Guerra Mundial deu aos nazistas a oportunidade de realizar suas políticas genocidas não apenas na Alemanha, mas em todos os países que conquistaram. Enquanto varria a Polônia em 1939 e a Rússia em 1941, o exército alemão era acompanhado por *Einsatzgruppen* (forças-tarefa) da SS, cujo trabalho era eliminar comissários políticos soviéticos e "reinstalar" a população judia. "Reinstalação" era um eufemismo para extermínio e, no início de 1942, os *Einsatzgruppen* haviam matado mais de meio milhão de judeus, principalmente com tiros. Mas as coisas estavam indo muito devagar para as lideranças nazistas e, em janeiro de 1942, um grupo de oficiais se reuniu no subúrbio de Wannsee em Berlim para discutir a "solução final".

O resultado foi um sistema implacavelmente eficiente para a industrialização dos assassinatos. Foram construídos grandes campos na Polônia, em lugares como Auschwitz e Treblinka. Em comboios atrás de comboios, os judeus da Europa ocupada pelos nazistas eram transportados em caminhões de gado até os campos. Ao desembarcarem, médicos identificavam os mais aptos, que eram aproveitados como

linha do tempo

1942	1943	1944
JANEIRO Na Conferência de Wannsee, oficiais nazistas determinam "a solução final da questão judia" **JULHO** Autoridades francesas reúnem 30 mil judeus parisienses para deportação para os campos de concentração	**ABRIL-MAIO** Rebelião no gueto judeu de Varsóvia; 60 mil são mortos durante a repressão **OUTUBRO** A SS tenta reunir judeus na Dinamarca, mas é impedida por civis e pelas autoridades dinamarquesas	**MARÇO** Tropas alemãs ocupam a Hungria e começam as deportações da população judaica

mão de obra escrava. Outros eram submetidos a experiências médicas brutais. A maioria – homens, mulheres, crianças, bebês – era conduzida como gado, despida e levada para o que eles acreditavam ser banhos de chuveiro. Mas as portas eram trancadas e do teto não caíam jatos de água mas de Zyklon B, um gás letal contendo cianeto de hidrogênio. As vítimas levavam até vinte minutos para morrer. Um médico da SS, depois de ter testemunhado seu primeiro gaseamento, registrou em seu diário que "Comparado a isso, o inferno de Dante parece comédia". Depois que todos estavam mortos, os corpos eram levados para os crematórios, que logo começavam a expelir fumaça dia e noite.

Mesmo com o Exército Vermelho avançando em direção à Alemanha, os nazistas desviaram recursos preciosos para manter a taxa de extermínio, chegando a evacuar os prisioneiros dos campos em terríveis "marchas da morte". Foi loucura em uma escala inimaginável, mas os homens e mulheres envolvidos na execução da "solução final" não eram monstros desumanos e, sim, homens e mulheres comuns que haviam sido tão doutrinados que acreditavam estar fazendo seu trabalho de maneira eficiente e de acordo com a vontade do *Führer*. A percepção da escuridão que se instalara no coração da Europa – Alemanha, terra de Schiller, Goethe e Beethoven – provocou uma profunda mudança na visão que o continente tinha de si mesmo. Na verdade, a humanidade como um todo jamais poderia voltar a olhar para si mesma da mesma maneira.

> **"Eu era o acusador, Deus o acusado. Meus olhos estavam abertos e eu estava só – terrivelmente só em um mundo sem Deus e sem homens."**
>
> Elie Wiesel, *A Noite*, 1958, relato de suas experiências em Auschwitz e Buchenwald.

A ideia condensada: genocídio em uma escala sem precedentes

1945	1945-1946	1961
JANEIRO Tropas soviéticas libertam Auschwitz, onde havia apenas três mil prisioneiros vivos; cerca de um milhão haviam morrido **ABRIL** Forças americanas libertam Dachau, campo de concentração perto de Munique	Julgamentos de Nuremberg: os líderes nazistas são julgados por crimes de guerra e crimes contra a humanidade; doze de vinte e dois são condenados à morte	Agentes de Israel sequestram Adolf Eichman, que havia sido acusado de implementar a "solução final" e que havia fugido para a Argentina após a guerra; Eichman é julgado em Jerusalém e executado em 1962; a perseguição a outros criminosos de guerra nazistas prossegue no século XXI

44 A Guerra Fria

As questões mundiais na segunda metade do século XX foram dominadas por um longo período de hostilidade armada entre os Estados Unidos – capitalista – e a União das Repúblicas Socialistas Soviéticas – comunista – e seus respectivos aliados. Esse período de grande tensão foi chamado de Guerra Fria – termo usado pela primeira vez em 1947 –, pois nunca eclodiu em um conflito mundial "quente".

Os Estados Unidos e a União Soviética (URSS) emergiram da Segunda Guerra Mundial como duas superpotências mundiais e, apesar de nunca terem entrado em conflito direto, essas duas inimigas ideológicas realizaram uma série de guerras por procuração contra os aliados da outra e reuniram um enorme arsenal de armas atômicas que colocou em risco o próprio futuro da humanidade.

A Cortina de Ferro A antipatia entre o ocidente capitalista e a União Soviética comunista remonta à Revolução Bolchevique de 1917 na Rússia. Mas quando Hitler invadiu a União Soviética, em 1941, vigorou o princípio do "inimigo do meu inimigo é meu amigo" e Reino Unido, Estados Unidos e União Soviética se uniram na guerra contra a Alemanha nazista. Quando a vitória Aliada se tornava cada vez mais certa, o presidente americano Franklin D. Roosevelt, o primeiro-ministro britânico Winston Churchill e o líder soviético Joseph Stálin se encontraram em Yalta, em 1945, e concordaram que aquelas regiões da Europa Oriental que haviam sido libertadas dos nazistas pelo Exército Vermelho deveriam permanecer sob a influência soviética. Em questão de três anos havia governos comunistas pró-soviéticos instalados na Alemanha Oriental e também na Polônia, Hungria, Tchecoslováquia, Bulgária, Romênia, Iugoslávia e Albânia. Uma "Cortina de Ferro" havia descido sobre a Europa.

Nessa época, os Aliados do período da guerra haviam caído há muito tempo. Mesmo antes do término da Segunda Guerra Mundial, comunistas e não comunistas começaram a se enfrentar na Grécia, estes últi-

linha do tempo

1945	1946	1947	1948	1949
FEVEREIRO Conferência de Yalta **MAIO** A Alemanha é dividida em quatro zonas de ocupação Aliada, com os soviéticos na zona oriental	**SETEMBRO** Guerra civil na Grécia entre comunistas e partidários da realeza	**MARÇO** Doutrina Truman **JUNHO** Os Estados Unidos anunciam o Plano Marshall, um pacote de ajuda que visava evitar revoluções comunistas na Europa Ocidental **OUTUBRO** Início da "caça às bruxas" anticomunista nos Estados Unidos	**JUNHO** Soviéticos bloqueiam setores americanos, britânicos e franceses de Berlim **JUNHO** Iugoslávia se separa do bloco soviético	**ABRIL** Estados Unidos Canadá e aliados europeus criam a Organização do Tratado do Atlântico Norte (OTAN) **OUTUBRO** Os comunistas tomam o poder na China

mos com o apoio da Grã-Bretanha. Pouco depois, o governo turco teve que enfrentar uma rebelião comunista; em 1947 o presidente Truman anunciou a "Doutrina Truman", em que os Estados Unidos se comprometiam a conter o avanço do comunismo no mundo.

Enquanto o ocidente temia o avanço do comunismo, os soviéticos temiam a ameaça de um ataque iminente. Do seu ponto de vista, eles haviam levado os benefícios de seu sistema a povos ignorantes ao mesmo tempo que criavam uma zona de proteção entre a União Soviética e a potencialmente ressurgente Alemanha, cujos conflitos durante a guerra haviam custado a morte de pelo menos 20 milhões de cidadãos soviéticos. Mas para muitos dos Estados da Europa Oriental submetidos à dominação soviética, o sentimento era de que apenas haviam passado de uma tirania – da ocupação alemã – à outra. Quando governos reformadores da Hungria, em 1956, e da Tchecoslováquia, em 1968, buscaram uma linha mais independente, suas ambições foram cruelmente massacradas pelos tanques soviéticos. Até o fim da Guerra Fria, apenas a Iugoslávia, a Albânia e a Romênia haviam conseguido romper o vínculo com Moscou.

> ## O impasse nuclear
>
> No final da Segunda Guerra Mundial os Estados Unidos eram o único país a possuir a bomba atômica. Mas em 1949 a União Soviética fez explodir seu primeiro artefato atômico e, então, teve início uma corrida por armas nucleares. Os Estados Unidos testaram sua primeira bomba de hidrogênio – uma arma muito mais poderosa – em 1952, e não muito tempo depois a União Soviética também havia produzido sua própria bomba de hidrogênio. Com o desenvolvimento dos mísseis balísticos intercontinentais, lançados da terra ou de submarinos, ambos os lados ficaram em condições de se destruírem mutuamente, independentemente de quem atacasse primeiro. Esse princípio da "Destruição Mútua Assegurada" (em inglês, MAD – *Mutually Assured Destruction*) estava por trás da teoria da intimidação, segundo a qual a posse de armas nucleares por ambos os lados era a garantia que elas jamais seriam usadas. Era uma estratégia altamente arriscada.

O conflito além da Europa   Enquanto na Europa dois campos armados se encaravam furiosamente através da Cortina de Ferro, no resto do mundo a polarização ideológica resultou em conflitos armados. Em 1949, depois de anos de guerra civil, os comunistas tomaram o

50	1955	1956	1961	1962	1963
NHO erra da eia (até 3)	**MAIO** Estados da Europa Oriental se juntam à União Soviética no Pacto de Varsóvia, uma aliança militar	**NOVEMBRO** Forças soviéticas esmagam insurreição húngara	**ABRIL** Fracassada invasão de Cuba com apoio dos Estados Unidos na Baía dos Porcos **AGOSTO** Construção do Muro de Berlim	**OUTUBRO** Crise dos mísseis de Cuba	**AGOSTO** Estados Unidos, União Soviética e Reino Unido assinam o Tratado de Proibição de Testes Nucleares

> **"No momento atual da história mundial quase todas as nações precisam escolher entre modos de vida alternativos. Com muita frequência, essa escolha não é feita livremente..."**
>
> Presidente Harry S. Truman, texto da Doutrina Truman, 12 de março de 1947.

poder na China, e no ano seguinte a guerra explodiu na Coreia. Após a libertação do Japão em 1945, a Coreia havia se dividido em duas – Coreia do Norte, comunista, e Coreia do Sul, capitalista –, mas em 1950 a Coreia do Norte atacou a Coreia do Sul em uma tentativa de reunificação do país. Sob a égide das Nações Unidas, os Estados Unidos, a Grã-Bretanha e os seus aliados intervieram para expulsar os invasores. A força da ONU conseguiu seu objetivo e então avançou para o norte até a fronteira com a China. A China tinha avisado que não toleraria essa movimentação. "Se os lábios se forem", disseram os chineses na época, referindo-se aos seus aliados norte-coreanos, "os dentes sentirão o frio". Milhões de soldados chineses ocuparam a fronteira, forçando o recuo das forças da ONU. Após dois anos de impasse, os dois lados assinaram um armistício, embora tecnicamente a Coreia do Norte e a Coreia do Sul continuassem em guerra.

A Guerra da Coreia foi um episódio relativamente curto na comparação com a Guerra do Vietnã (ver p. 188), país que também havia sido dividido entre norte capitalista e sul comunista. Um grande número de soldados americanos e um enorme volume de recursos foram empregados devido à crença de que, se o Vietnã do Sul se tornasse comunista, todos os países vizinhos no sudeste asiático seguiriam o mesmo caminho, no chamado "efeito dominó". Do ponto de vista comunista, a guerra visava libertar o sudeste asiático do imperialismo ocidental.

Perto de casa, os americanos se mostravam particularmente sensíveis a qualquer sugestão de penetração soviética na América Latina, tradicionalmente considerada sua própria esfera de influência. Isso levou os Estados Unidos a apoiarem inúmeros governos militares de direita na região, e até mesmo a apoiar a derrubada de governos socialistas eleitos democraticamente, como ocorreu no Chile em 1973. Mas os Estados Unidos foram incapazes de derrubar o regime esquer-

linha do tempo

1965	1968	1969	1973
Escalada do envolvimento americano na Guerra do Vietnã	**AGOSTO** Pacto de Varsóvia força a derrubada do governo comunista liberalizante na Tchecoslováquia	**NOVEMBRO** Inícios das Conversações sobre Limites para Armas Estratégicas (SALT - *Strategic Arms Limitation Talks*) entre Estados Unidos e União Soviética	**MARÇO** Últimas tropas americanas deixam o Vietnã. **SETEMBRO** CIA apoia golpe militar no Chile

dista de Fidel Castro em Cuba, apesar do apoio a uma malsucedida invasão de exilados anticastristas em 1961 e dos embargos comerciais. Em 1962, a União Soviética colocou mísseis na ilha e o presidente Kennedy ameaçou usar armas nucleares caso não fossem removidos. Enquanto o mundo segurava a respiração, os soviéticos recuaram.

> **"De Stettin no Báltico a Trieste no Adriático uma cortina de ferro caiu sobre a Europa."**
> Winston Churchill, discurso em Fulton, Missouri, 5 de março de 1946.

Atitudes temerárias como essa foram raras, e ambos os lados, percebendo que a guerra nuclear total certamente levaria à extinção da raça humana, procuraram formas de chegar a uma "coexistência pacífica". Durante a década de 1970, os Estados Unidos agiram no sentido de isolar a União Soviética iniciando um processo de aproximação com a China comunista, que havia se afastado do bloco soviético no final dos anos 1950. Isso fez com que os soviéticos procurassem melhorar suas relações com os Estados Unidos e os dois lados concordaram em limitar o tamanho de seus arsenais nucleares – embora continuassem a apoiar guerras em lugares tão diferentes quanto Angola, Nicarágua e Afeganistão. No entanto, no fim das contas, a União Soviética percebeu que não poderia competir com os recursos imensamente superiores e a economia extremamente bem-sucedida dos Estados Unidos. Consequentemente, os soviéticos não só abriram mão de seu império na Europa Oriental como a própria União Soviética deixou de existir (ver p. 196).

A ideia condensada: período em que a humanidade chegou muito perto da própria destruição

1975	1979	1985	1989	1989-91
Os comunistas tomam o poder no Camboja, Vietnã do Sul e Laos	**JUNHO** Estados Unidos e União Soviética assinam o Tratado para a Limitação de Armas Estratégicas **DEZEMBRO** Forças soviéticas invadem o Afeganistão	**MARÇO** Mikhail Gorbachev torna-se o líder soviético e inicia um processo de liberalização e reforma econômica	**FEVEREIRO** As forças soviéticas se retiram do Afeganistão	Colapso dos regimes comunistas na Europa Oriental e na União Soviética

45 O fim do Imperialismo

No final da Segunda Guerra Mundial praticamente toda a África e boa parte do sul e sudeste da Ásia eram governados por potências europeias, que também possuíam muitos territórios no Caribe e nos Oceanos Índico e Pacífico. Em um período de três décadas, a grande maioria dos povos coloniais havia conquistado sua independência, às vezes pacificamente, outras vezes por meio de guerras de libertação. No final do século XX, quase não havia vestígios do velho Imperialismo. Foi um desmantelamento relativamente rápido de um sonho imperialista que havia levado séculos para se realizar.

Inúmeros fatores contribuíram para essa transformação. Um dos mais importantes foi a formação de elites com educação ocidental, treinadas para ajudar o poder colonial na administração e no desenvolvimento locais. Essas elites absorveram valores ocidentais de liberdade, igualdade e democracia, que, por sua vez, levaram às demandas pela autodeterminação nacional – demandas que obtiveram o apoio crescente da opinião liberal e socialista dos países colonizadores. Um fator mais imediato foi a Segunda Guerra Mundial, que deixou muitos países europeus à beira da falência e sem condições de manter o alto custo de um império. A guerra também deu mais confiança aos povos coloniais, que viram como o Japão varreu os todo-poderosos europeus do sudeste da Ásia e de boa parte do Pacífico.

Abrindo o caminho No início do século XX, a Grã-Bretanha concedeu independência às suas colônias de "colonização branca": Canadá, Austrália, Nova Zelândia e África do Sul. Esses precedentes estimularam o crescimento do nacionalismo na Índia, de longe a mais populosa – e também a mais desenvolvida – das colônias não

linha do tempo – Datas da Independência

1945-9	1950-4	1955-9
1946 Filipinas (Estados Unidos); Jordânia (Grã-Bretanha); Síria (França) **1947** Índia, Paquistão (Grã-Bretanha); **1948** Burma, Ceilão (Grã-Bretanha, Mianmar e Sri Lanka **1949** Indonésia (ex-Índias Orientais Holandesas)	**1951** Líbia (Grã-Bretanha e França; entre 1911-42, colônia italiana) **1954** Laos, Camboja, Vietnã (ex-Indochina Francesa; dividido até 1975)	**1956** Marrocos, Tunísia (França); Sudão (Grã-Bretanha e Egito) **1957** Malásia, Gana (Grã-Bretanha) **1958** Guiné (França)

brancas da Grã-Bretanha. O Congresso Nacional indiano havia sido formado em 1885 e, a partir da década de 1920, sob a liderança de Mahatma Gandhi e de Jawaharlal Nehru, tornou-se cada vez mais militante, bem organizado e muito descontente com as pequenas doses de autonomia concedidas pelos britânicos. Ao mesmo tempo, enquanto o Congresso pressionava pela independência, a Liga Muçulmana exigia a criação de um estado muçulmano separado – o Paquistão. Gandhi e seus seguidores puseram em prática uma política de desobediência civil não violenta, que culminou na campanha "Deixem a Índia" em 1942. A Grã-Bretanha decidiu então pela prisão da maioria da liderança do Congresso pelo resto da Segunda Guerra Mundial.

O governo trabalhista eleito na Grã-Bretanha no final da guerra, em 1945, era mais simpático ao nacionalismo indiano do que seus predecessores. Também enfrentou uma crise financeira pós-guerra que tornava imperativo livrar-se da carga imperial o mais rápido possível. O resultado foi que a independência foi concedida em 1947, quando o subcontinente foi apressadamente dividido em Índia Hindu e Paquistão Muçulmano.

> **"No momento em que o escravo decide que não será mais escravo, seus grilhões se rompem... A liberdade e a escravidão são estados mentais."**
>
> Mahatma Gandhi, *A não violência na paz e na guerra*, 1949.

Apesar de a independência ter sido conquistada sem violência, terríveis atrocidades ocorreram logo em seguida: a divisão levou a movimentos maciços de refugiados em ambas as direções, durante os quais centenas de milhares morreram em massacres sectários.

Processos de transição De modo geral, a saída da Grã-Bretanha de seu império foi pacífica. Mas houve exceções. Na década de 1950, por exemplo, as forças britânicas entraram em choque com o movimento Mau Mau pró-independência no Quênia. Aos olhos dos britânicos, os Mau Mau eram terroristas, mas para muitos quenianos eles eram combatentes pela liberdade – dicotomia observada ao longo de todo o processo de descolonização.

360	1961-4	1965-9
auritânia, Senegal, Mali, Costa do arfim, Alto Volta (Burkina Faso), go, Daomé (Benin), Níger, Chade, pública Centro-Africana, Camarões, bão, República do Congo, adagascar (França); Chipre, Nigéria rã-Bretanha); Somália (Grã-retanha e Itália); Congo (Bélgica)	**1961** Serra Leoa, Tanganica (Grã-Bretanha; em 1964 uniu-se a Zanzibar para formar a Tanzânia) **1962** Argélia (França); Uganda, Jamaica, Trinidad e Tobago (Grã-Bretanha); Ruanda, Burundi (Bélgica); Samoa Ocidental (Nova Zelândia) **1963** Sarawak, Sabá, Cingapura, Quênia, Zanzibar (Grã-Bretanha) **1964** Maláui, Zâmbia, Malta (Grã-Bretanha)	**1965** Gâmbia, Maldivas (Grã-Bretanha) **1966** Botswana, Lesoto, Barbados, Guiana (Grã-Bretanha) **1967** Iêmen do Sul (Grã-Bretanha; une-se ao Iêmen do Norte em 1990) **1968** Suazilândia, Maurício (Grã-Bretanha); Guiné Equatorial (Espanha); Nauru (Austrália)

A luta pela independência da Argélia

As situações mais difíceis de administrar surgiram nas colônias onde havia se estabelecido um número muito grande de europeus. Isso aconteceu no Zimbábue (ex--Rodésia) e na África do Sul, onde as minorias brancas continuaram agarradas ao poder enquanto outros países africanos eram governados pela maioria negra.

Um dos mais amargos desses conflitos foi a luta pela independência da Argélia. A região costeira havia sido amplamente povoada pelos franceses e, por lei, fazia parte da França. Uma campanha pela independência foi lançada pelos muçulmanos nativos em 1954 e em pouco tempo teve início uma guerra marcada por atrocidades de ambos os lados. Na França, as divergências em relação à guerra provocaram a queda da Quarta República. O exército e os colonos franceses acreditavam que o novo presidente, Charles de Gaulle, agisse com firmeza contra os insurgentes, mas de Gaulle percebeu que a maioria dos eleitores franceses era contrária à guerra, por isso anunciou seu apoio à autodeterminação dos argelinos. Membros do exército e civis extremistas formaram a *Organisation de l'armée secrète* (OAS), que montou uma campanha terrorista para tentar impedir o processo. No entanto, apesar das tentativas de golpe militar e assassinatos, de Gaulle conseguiu negociar o fim das hostilidades, e a independência foi concedida em 1962.

A França, outra potência colonial europeia, tinha um histórico igualmente atribulado. Apesar de a maior parte de seu extenso império africano ter conquistado a independência pacificamente até 1960, após o fim da Segunda Guerra Mundial a França resistira violentamente aos movimentos e à independência na Indochina, que havia sido ocupada pelos japoneses durante a guerra. No Vietnã, o movimento comunista *Viet Minh* havia declarado independência após a derrota do Japão, mas foi obrigado a recuar quando os franceses voltaram para reclamar seu direito de governar. Depois de anos de luta, o *Viet Minh* garantiu a vitória – e a independência – em 1954, mas a subsequente divisão do Vietnã lançou as sementes da Guerra do Vietnã (ver p. 188). A guerra francesa na Indochina dividiu as opiniões

linha do tempo

1970-4
1970 Fiji, Tonga (Grã-Bretanha) **1971** Bahrein, Catar, Emirados Árabes Unidos (Grã-Bretanha) **1973** Bahamas (Grã--Bretanha) **1974** Guiné-Bissau (Portugal); Granada (Grã-Bretanha)

1975-9
1975 Papua-Nova Guiné (Austrália); Timor-Leste, Moçambique, Angola, Cabo Verde, São Tomé e Príncipe (Portugal); Comores (França); Suriname (Países Baixos) **1976** Ilhas Seychelles (Grã--Bretanha); Saara Ocidental (Espanha) **1977** Djibouti (França) **1978** Dominica, Ilhas Salomão, Tuvalu (Grã-Bretanha) **1979** Kiribati, Santa Lúcia, São Vicente, Granadinas (Grã-Bretanha)

na França; a luta pela independência na Argélia iria aprofundar ainda mais essa divisão.

Entre as outras potências europeias, os holandeses inicialmente lutaram para recuperar o controle das Índias Orientais após a derrota do Japão, mas em 1949 a colônia conquistou a independência como Indonésia. A Bélgica concedeu a independência ao Congo rapidamente, em 1960, mas antes havia limitado severamente a atividade política dos congoleses, que por isso estavam mal preparados para governar por si mesmos. O resultado foi que o país mergulhou em uma sangrenta guerra civil. Portugal se agarrou com unhas e dentes às suas colônias na África, combatendo os movimentos pela independência até 1974, quando a própria ditadura de direita que governava o país foi derrubada.

> **"O vento da mudança está soprando neste continente."**
>
> **Harold Macmillan**, primeiro-ministro britânico, discurso proferido em Cape Town, África do Sul, 3 de fevereiro de 1960.

Em 1945 havia cerca de setenta estados independentes e soberanos. Trinta anos depois, em 1975, esse número havia subido para mais de cento e setenta. Nas décadas seguintes, a maioria das colônias europeias que ainda restavam no Caribe e nos Oceanos Índico e Pacífico também se tornou independente. Embora todos esses países agora sejam tecnicamente soberanos, muitos ainda são dominados, tanto política quanto economicamente, pelo ocidente, ou por superpotências emergentes, como a China. Algumas pessoas sustentam que a Era do Imperialismo ainda não acabou completamente.

A ideia condensada: uma transformação do mapa mundial

Década de 1980
1980 Zimbábue (Grã-Bretanha); Vanuatu (Grã-Bretanha e França) **1981** Antígua e Barbuda, Belize (Grã-Bretanha) **1983** São Cristóvão e Neves (Grã-Bretanha) **1984** Brunei (Grã-Bretanha) **1986** Ilhas Marshall, Micronésia (Estados Unidos).

Década de 1990
1990 Namíbia (África do Sul); **1994** Palau (Estados Unidos); **1997** Hong Kong (Grã-Bretanha; para a China); **1999** Macau (Portugal; para a China)

46 A Guerra do Vietnã

A Guerra do Vietnã foi a guerra que os Estados Unidos perderam. O envolvimento americano no sudeste asiático durou mais de uma década e, no processo, dividiu a nação e deixou um legado de amargura. Aproximadamente dois milhões de americanos – a maioria formada por brancos pobres ou afro-americanos recrutados – participaram dos combates. Os aviões de guerra americanos lançaram mais do que o dobro de bombas lançadas na Segunda Guerra Mundial.

O conflito no Vietnã foi o episódio "mais quente" da estratégia americana da Guerra Fria para conter o comunismo internacional, que os Estados Unidos consideravam uma ameaça ao *american way of life*, estilo de vida baseado no forte individualismo, na democracia e no capitalismo sem restrições. Mas, com o número de mortes de jovens aumentando em escala crescente, o povo americano começou a sentir claramente que estava pagando um preço muito alto.

A luta anticolonial Os ideais nacionalistas que germinaram nas colônias europeias na primeira metade do século XX, de modo geral, estavam alinhados com os ideais anti-imperialistas do socialismo e do comunismo. Um jovem que captou essa ideia enquanto morava na França foi Ho Chi Minh, que fez parte de um grupo que apresentou uma petição ao presidente Woodrow Wilson na Conferência de Paz de Paris, em 1919, para que reconhecesse os direitos do povo vietnamita – na época sob o mando dos franceses – à autodeterminação. Eles foram ignorados. Em 1930 Ho Chi Minh acabou encontrando o Partido Comunista do Vietnã.

A ocupação japonesa do Vietnã durante a Segunda Guerra Mundial deu a Ho Chi Minh a oportunidade de reforçar a posição de seu

linha do tempo

1941	1945	1946	1954
JULHO As forças japonesas ocupam a Indochina Francesa; posteriormente, os Estados Unidos apoiam a resistência ao nacionalista-comunista *Viet Minh*	**SETEMBRO** Ho Chi Minh, líder do *Viet Minh*, declara a independência do Vietnã	**NOVEMBRO** Início dos conflitos entre o *Viet Minh* e as forças coloniais francesas, apoiadas pelos Estados Unidos	**MAIO** O *Viet Minh* derrota os franceses em Dien Bien Phu **JULHO** Conferência de Genebra: divisão do Vietnã independente em norte comunista e sul não comunista dependendo de eleições gerais **AGOSTO** O presidente Eisenhower assume o compromisso de defender o Vietnã do S...

movimento de guerrilha, o *Viet Minh*, e após a derrota dos japoneses em 1945 ele declarou a independência do país. Mas os franceses tinham outros planos e voltaram com força. A guerra que se seguiu terminou com a vitória do *Viet Minh* em 1954 e nesse mesmo ano a independência da Indochina Francesa (Vietnã, Camboja e Laos) foi reconhecida pela Conferência de Genebra. O Vietnã foi dividido ao longo do décimo sétimo paralelo de latitude, com Ho Chi Minh chefiando um regime comunista no Norte, enquanto um governo não comunista era formado no Sul. Eleições nacionais foram marcadas para 1956.

> **"Poderíamos asfaltar todo o país e colocar faixas de estacionamento e ainda voltar para casa no Natal."**
>
> **Ronald Reagan,** entrevista ao *Fresno Bee*, 10 de outubro de 1965, referindo-se ao Vietnã.

Quando ficou evidente que o *Viet Minh* venceria as eleições, o sul – sob o governo despótico de Ngo Dinh Diem, apoiado pelos Estados Unidos – se recusou a cooperar. No final da década de 1950, um grupo guerrilheiro comunista, o *Viet Cong*, atuava no Vietnã do Sul com o apoio do Norte por rotas de suprimento secretas através do Laos e do Camboja. Os Estados Unidos enviaram conselheiros militares para assessorar o exército do Vietnã do Sul e, em 1963, eles orquestraram a derrubada do extremamente impopular Diem. Mas a administração do presidente Lyndon B. Johnson chegou à conclusão de que somente o envio de forças americanas regulares poderia deter a maré. Se o Vietnã do Sul caísse nas mãos dos comunistas, acreditavam os estrategistas americanos, todo o sudeste asiático cairia em seguida.

O pântano O pretexto adequado surgiu em agosto de 1964, quando os norte-vietnamitas atacaram um navio da marinha americana no Golfo de Tonkin. O presidente Johnson obteve então a aprovação do Congresso para aumentar o envolvimento militar americano. "Vamos bombardeá-los até fazê-los voltar à Idade da Pedra", disse Curtis E. LeMay, chefe do Estado-Maior da força aérea americana, quando os aviões americanos receberam ordens para atingir alvos no Vietnã do Norte. As primeiras forças terrestres foram mobilizadas no sul em 1965 e, no final de 1969, o número de soldados americanos mobilizados no Vietnã havia subido para mais de meio milhão.

1955	1959	1960	1961	1963
FEVEREIRO Eisenhower envia assessores militares americanos para treinar o exército sul-vietnamita **OUTUBRO** Ngo Dinh Diem declara a República independente do Vietnã do Sul; os Estados Unidos apoiam sua recusa em realizar um plebiscito ou a reunificação	O Vietnã do Norte e o *Viet Cong* (guerrilhas Sul-Vietnamitas) iniciam campanhas militares para reunificar o país	**OUTUBRO** O *Viet Cong* cria a Frente Nacional para a Libertação para atrair não comunistas para sua causa	**MAIO** O presidente Kennedy envia 400 soldados das forças especiais para o Vietnã	**NOVEMBRO** Os Estados Unidos apoiam o golpe para derrubar Diem

Enquanto as forças americanas realizavam missões de busca e destruição no campo – alienando os camponeses vietnamitas no processo –, os vietcongues simplesmente recuavam para seus esconderijos em túneis subterrâneos. Os generais americanos, no entanto, estavam sempre declarando sua confiança na vitória que estava próxima. Por isso, quando o exército norte-vietnamita e os vietcongues lançaram uma grande ofensiva durante o Têt, feriado de Ano-Novo, no início de 1968, foi um grande choque para o público americano. A mídia americana tinha acesso mais ou menos irrestrito aos combates e, com a guerra sendo mostrada na TV americana todas as noites começou a haver uma mudança no comportamento. Até o veterano âncora da CBS, Walter Cronkite, concluiu em fevereiro de 1968 que "estamos atolados em um impasse" e que a única saída era começar as negociações com o norte. "Se eu perdi, Walter", comentou o presidente Johnson, "perdi o Cidadão Médio Americano." Apesar do fracasso, a ofensiva Têt mostrou que o discurso dos generais americanos sobre uma vitória iminente era pura ilusão. Enquanto ativistas contrários à guerra tomavam as ruas das cidades americanas, Johnson anunciou que não se candidataria à reeleição.

O "espetáculo de circo" no Camboja

O príncipe Sihanouk, governante do vizinho Camboja, havia mantido a neutralidade de seu país nos primeiros anos da Guerra do Vietnã. Em 1970 ele foi derrubado por um general do exército pró-Estados Unidos, mas isso, junto com os ataques americanos no país, só serviu para aumentar o apoio à guerrilha comunista cambojana, representada pelo Khmer Vermelho. O Khmer Vermelho tomou a capital cambojana, Phnom Penh, em 1975, e, sob o comando de Pol Pot, tentou implementar uma transformação completa da sociedade, forçando os moradores da cidade a trabalhar no campo e matando todos aqueles que fossem considerados contrarrevolucionários. Cerca de 2,5 milhões de cambojanos podem ter morrido de fome ou sido executados pelos esquadrões da morte de Pol Pot. Esse reinado do terror só chegou ao fim quando o exército vietnamita invadiu o país no final de 1978 e forçou o Khmer Vermelho a se embrenhar novamente na floresta.

linha do tempo

1964
AGOSTO Ataque a navio americano no Golfo de Tonkin leva o Congresso a aprovar resolução autorizando o aumento do envolvimento americano no Vietnã

1965
FEVEREIRO Os Estados Unidos bombardeiam alvos norte-vietnamitas e envolvem forças terrestres regulares no conflito

1968
JANEIRO Ofensiva Têt, seguida pelo aumento dos protestos nos Estados Unidos contra a Guerra do Vietnã **MARÇO** Pelo menos 350 moradores desarmados são massacrados por soldados americanos em My Lai **MAIO** Início das conversações para a paz em Paris **OUTUBRO** Fim dos bombardeios americanos no Vietnã do Norte

1969
O presidente Nixon ordena bombardeios secretos em alvos no Camboja

> **"Desde o começo eu sabia que se deixasse a mulher que eu realmente amava – a Grande Sociedade – para combater aquela vagabunda que era a Guerra... perderia tudo em casa. Todas a minhas esperanças, meus sonhos..."**
>
> Lyndon B. Johnson, *The New York Times Magazine*, 2 de novembro de 1980. A "Grande Sociedade" era o ambicioso programa de Johnson de direitos civis e reformas antipobreza.

O candidato vitorioso na eleição presidencial de 1968, Richard Nixon, venceu principalmente devido à promessa de acabar com a Guerra do Vietnã. Embora as conversações pela paz tivessem começado em Paris, seu avanço era dolorosamente lento e, enquanto os combates – e os protestos – continuavam, Nixon anunciou uma estratégia de "vietnamização", pela qual o exército do Vietnã do Sul assumiria as operações ao passo que as forças americanas eram retiradas. Ao mesmo tempo, Nixon intensificou os bombardeios no norte e também ordenou, ilegalmente, ataques aéreos e incursões terrestres no Laos e no Camboja para destruir as linhas de suprimento comunistas.

As conversações pela paz em Paris resultaram em um cessar-fogo em 1973, permitindo a completa retirada dos americanos. Quando as forças norte-vietnamitas retomaram sua ofensiva em 1975, o exército sul-vietnamita perdeu completamente a vontade de resistir. No final de abril, os norte-vietnamitas haviam tomado a capital do sul, Saigon, e pouco depois o Vietnã foi reunificado. O Laos e o Camboja também caíram nas mãos dos comunistas. A guerra havia custado a vida de 58 mil americanos – e milhões de vietnamitas.

A ideia condensada: o maior fracasso da política exterior americana durante a Guerra Fria

1970	1972	1973	1975	1976
ABRIL Forças terrestres americanas penetram no Camboja, levando ao aumento das demonstrações contra a guerra **DEZEMBRO** O Congresso revoga a Resolução do Golfo de Tonkin	**MARÇO** Os norte-vietnamitas lançam grande ofensiva, frustrada pelo poderio aéreo americano. **DEZEMBRO** Nixon ordena "Bombardeios de Natal" sobre Hanói	**JANEIRO** Assinado acordo de paz **MARÇO** Últimas tropas americanas deixam o Vietnã	**ABRIL** Os norte-vietnamitas tomam Saigon, concluindo a tomada do Vietnã do Sul; o Khmer Vermelho toma o poder no Camboja **NOVEMBRO** O Pathet Lao toma o poder no Laos	**JULHO** Reunificação do Vietnã do Norte e do Sul

47 O conflito árabe-israelense

A disputa entre o Estado de Israel, os palestinos e outros povos árabes é um dos conflitos mais complexos e duradouros da história moderna. É também um conflito de grande impacto além do Oriente Médio, seja no preço do petróleo, seja no crescimento do terrorismo mundial.

O assentamento dos judeus na Palestina – então parte do Império Turco Otomano – começou nos primeiros anos do século XX. Os colonos se inspiraram nos ideais do sionismo, movimento fundado no final do século XIX por Theodor Herzl, que acreditava que o povo judeu – espalhado pelo mundo durante milênios – deveria criar um Estado judaico em sua pátria bíblica.

A criação de Israel Um grande impulso para a causa sionista foi dado em 1917, quando o ministro do exterior da Grã-Bretanha, A. J. Balfour, declarou que seu governo era "favorável à criação na Palestina de um lar nacional para o povo judeu". O objetivo de Balfour era conseguir o apoio da população judaica britânica para a causa da Grã-Bretanha na Primeira Guerra Mundial, então em andamento. Após a derrota da Turquia, em 1918, o velho Império Otomano foi dividido e a Palestina tornou-se um mandato da Liga das Nações, administrado pela Grã-Bretanha.

Os assentamentos judeus na Palestina aumentaram na década de 1920, levando a confrontos violentos com os povos árabes que já viviam ali. Estes últimos não estavam apenas preocupados com a possibilidade de perder sua terra, mas também influenciados pelo novo espírito do nacionalismo árabe. Na Primeira Guerra Mundial, os árabes haviam ajudado os Aliados organizando uma revolta contra os

linha do tempo

1897	1917	1920	1945	1947	1948
Primeiro Congresso Sionista	Declaração de Balfour	A Grã-Bretanha assume o controle da Palestina	A guerrilha sionista Irgun inicia ataques aos britânicos na Palestina	A ONU vota pela divisão da Palestina, apoiada pelos judeus, mas criticada pela Liga Árabe	**ABRIL** Extremistas judeus da Irgun e do Lehi massacram 254 árabes palestinos em Deir Yassin **MAIO** Proclamação do Estado de Israel, seguida da Primeira Guerra Árabe-Israelense

turcos e esperavam conseguir a independência como recompensa. Em vez disso, a maior parte do Império Otomano foi dividida entre britânicos e franceses.

A violência continuou na década de 1930, e os planos para a divisão da Palestina entre árabes e judeus foram engavetados com a eclosão da Segunda Guerra Mundial. A experiência do Holocausto levou muitos judeus europeus sobreviventes a procurar refúgio na Palestina, mas os britânicos mantiveram sua política anterior à guerra de restringir a imigração. Na Palestina, guerrilhas sionistas como a Irgun e o Lehi (Stern Gang) realizaram uma campanha violenta contra as forças britânicas, levando a Grã-Bretanha a anunciar em 1947 que entregaria seu mandato à Organização das Nações Unidas, sucessora da Liga das Nações. A ONU votou pela divisão da Palestina entre árabes e judeus, mas isso apenas serviu para intensificar os conflitos entre as duas partes. No dia 14 de maio de 1948, um dia antes do término do mandato da Grã-Bretanha, os judeus da Palestina proclamaram a criação do Estado de Israel.

> **"Devemos viver pelo menos como homens livres em nosso próprio solo, e morrer pacificamente em nossas casas."**
>
> Theodor Herzl, fundador do sionismo, em seu livro *O Estado judeu*, de 1896.

As guerras árabes-israelenses Os vizinhos árabes de Israel – Egito, Jordânia, Síria e Líbano – atacaram imediatamente o Estado recém-nascido. A luta foi feroz, mas, após o cessar-fogo negociado em 1949, Israel possuía um território maior do que aquele que havia sido alocado pela ONU – cerca de 80% da área da Palestina. A criação de Israel teve um terrível custo humano: a violência de extremistas judeus contra árabes civis obrigou quinhentos mil árabes palestinos a fugirem do país em um episódio que ficou conhecido como *nakba* ("catástrofe", em árabe), deixando apenas duzentos mil para trás. Esses refugiados se abrigaram em acampamentos em Gaza e na Cisjordânia, com a esperança de logo poderem retornar. Sua causa se tornou a causa do pan-arabismo, movimento que foi ficando cada vez mais forte na região, principalmente após a Segunda Guerra Árabe-Israelense – a Crise de Suez de 1956.

1949	1956	1967	1970	1973
Armistícios entre Israel e seus vizinhos árabes	JULHO O Egito nacionaliza o Canal de Suez OUTUBRO-DEZEMBRO Segunda Guerra Árabe-Israelense (Crise de Suez)	JUNHO Terceira Guerra Árabe-Israelense (Guerra dos Seis Dias) NOVEMBRO O Conselho de Segurança da ONU pede a retirada de Israel dos territórios ocupados	SETEMBRO O exército da Jordânia expulsa a OLP, que se muda para o Líbano	OUTUBRO Quarta Guerra Árabe-Israelense (Guerra do Yom Kippur); produtores de petróleo árabes quadruplicam o preço do petróleo

A Terceira Guerra Árabe-Israelense ocorreu em junho de 1967. Preocupado com a movimentação das tropas egípcias no Sinai, e sua exigência para a retirada das forças da ONU instaladas ali desde a Crise de Suez, Israel preparou um ataque preventivo contra seus vizinhos. Em seis dias, as forças israelenses capturaram o Sinai do Egito, as Colinas de Golã da Síria e a Cisjordânia da Jordânia. Israel decidiu manter esses territórios alegando que proporcionavam fronteiras mais defensáveis, mas isso serviu apenas para gerar mais refugiados árabes e mais amargura.

A Quarta Guerra Árabe-Israelense ocorreu em 1973, durante o feriado judeu do Yom Kippur, quando o Egito e a Síria lançaram um ataque contra Israel em duas frentes. Seguiram-se combates ferozes e os Estados Unidos elevaram o estado de alerta nuclear por acreditar que a União Soviética iria enviar forças de apoio para a Síria e o Egito. Mas um cessar-fogo foi negociado, deixando Israel com os "territórios ocupados". Para punir o ocidente pelo apoio a Israel, as nações árabes produtoras de petróleo impuseram um grande aumento nos preços, levando a uma severa recessão econômica mundial. Os Estados Unidos, percebendo o quanto o mundo havia chegado à beira do desastre, pressionou Egito e Israel a fazerem um acordo de paz, o que resultou no Acordo de Camp David em 1978, pelo qual Israel devolveu o Sinai ao Egito e o Egito reconheceu o direito de existência de Israel.

> **A Crise de Suez**
>
> Em julho de 1956, o presidente Nasser, do Egito, fervoroso nacionalista árabe, nacionalizou o Canal de Suez, controlado pela França e Grã-Bretanha. Esses países fizeram então um acordo secreto com Israel que, a pretexto de acabar com os ataques na fronteira, invadiria o Sinai; França e Grã--Bretanha então interviriam no conflito principalmente para proteger o Canal.
> A campanha começou em outubro e foi condenada amplamente pela comunidade internacional. Os Estados Unidos ficaram particularmente indignados, pressionando a Grã-Bretanha financeiramente e fazendo com que a ONU exigisse a retirada imediata das forças anglo-francesas, o que ocorreu em dezembro. Foi o fim das pretensões britânicas ao poder imperial – e um triunfo para Nasser, que se tornaria um herói no mundo árabe.

linha do tempo

1975
Guerra civil no Líbano entre milícias cristãs apoiadas por Israel de um lado e milícias muçulmanas libanesas e a OLP do outro

1976
Intervenção da Síria no Líbano

1978
MARÇO-JUNHO Intervenção de Israel no Líbano
SETEMBRO Acordo de Camp David

1982
ABRIL Exército de Israel inicia campanha contra a OLP no Líbano SETEMBRO Milícias cristãs libanesas aliadas de Israel massacram centenas de civis palestinos nos campos de refugiados de Sabra e Chatila

1987
DEZEMBRO Início da intifada palestina nos territórios ocupados

Isso não representou de maneira alguma o fim do conflito. Em 1982, Israel invadiu o Líbano para esmagar a Organização para a Libertação da Palestina (OLP) que continuava a organizar ataques contra Israel. A cumplicidade de Israel no massacre de civis palestinos no Líbano não ajudou a aliviar a hostilidade árabe, como não ajudou sua política de construção de assentamentos judeus nos territórios ocupados, desafiando a ONU.

"Israel engoliu uma serpente."
Ditado palestino, em referência à ocupação israelense de Gaza e Cisjordânia.

Enquanto os palestinos se rebelavam com uma intifada (revolta) nos territórios ocupados, o líder da OLP, Yasser Arafat, começou a procurar uma solução diplomática – apesar da oposição de grupos palestinos islâmicos extremistas, como o Hamas e o Hezbollah, apoiados pela Síria e pelo Irã. A opinião política moderada em Israel também era favorável à negociação e, em 1993, o primeiro-ministro israelense, Yitzhak Rabin, chegou a um acordo com Arafat pela autonomia palestina nos territórios ocupados e uma retirada gradual de Israel. Em Israel houve forte oposição a esse acordo, e Rabin foi assassinado por um extremista judeu.

Desde então, o avanço para uma paz duradoura na região foi frustrado por inúmeros fatores. Israel não se retirou da Cisjordânia e continua a construir assentamentos na região, enquanto o Hamas e o Hezbollah continuam a organizar ataques contra civis em Israel – o que costuma provocar reações militares ferozes de Israel. Tudo isso ajuda a aumentar o ódio contra Israel – e contra os Estados Unidos, visto como principal patrocinador de Israel – no Oriente Médio, servindo de combustível para as ambições assassinas de grupos como a al-Qaeda.

A ideia condensada: uma grande ameaça à segurança e à paz internacionais

1993	1995	2000	2005	2007	2008	2009
SETEMBRO Acordo de Paz entre israelenses e palestinos; a violência continua	NOVEMBRO Assassinato de Yitzhak Rabin	OUTUBRO Retomada da intifada	SETEMBRO Forças israelenses se retiram de Gaza	O Hamas assume o controle de Gaza; Israel institui o bloqueio do território	DEZEMBRO Israel lança ataques aéreos contra Gaza em retaliação por ataques de foguetes no sul de Israel	JANEIRO Forças terrestres israelenses entram em Gaza, retirando-se após três semanas de combates intensos

48 A queda do comunismo

No final dos anos 1980 – súbita e inesperadamente – regimes comunistas linha-dura da Europa Oriental, há muito considerados imutáveis e insubstituíveis, começaram a cair como um castelo de cartas, sem que um tiro precisasse ser disparado. Até mesmo a União Soviética, única governante desse império de Estados fantoches, viu-se incapaz ou sequer disposta a se manter como único estado soberano e se desintegrou em uma colcha de retalhos formada por novos países.

Essas transformações monumentais ocorreram devido a uma combinação de pressões externas e de apetite interno por mudança. A invasão soviética do Afeganistão em 1979 foi acompanhada de uma intensificação da Guerra Fria, principalmente depois que Ronald Reagan chegou à Casa Branca em 1981. Com aparência amigável, Reagan era um guerreiro obstinado da Guerra Fria, que definia a União Soviética como "império do mal". Ele estava determinado a pressionar os soviéticos, principalmente por uma escalada da corrida armamentista; ele sabia que os Estados Unidos, com sua superioridade econômica e tecnológica, poderiam vencer. Mísseis de cruzeiro foram posicionados na Europa Ocidental, ao mesmo tempo que era anunciado um ambicioso e dispendioso sistema de defesa antimísseis baseado no espaço – a Iniciativa Estratégica de Defesa, que ficou conhecida como "Guerra nas Estrelas".

Enquanto isso, a economia soviética rangia devido à tensão, incapaz de competir em termos de gastos com defesa ou em qualquer outra esfera. A gerontocracia moribunda que mantivera a União Soviética estagnada durante décadas foi substituída por um jovem dinâmico, Mikhail Gorbachev, que em 1985 se tornou secretário geral do Partido Comunista Soviético. Gorbachev instituiu duas novas políticas: a

linha do tempo

1985
MARÇO Mikhail Gorbachev torna-se líder soviético e inicia um processo de liberalização e de reformas econômicas

1988
MAIO Liderança comunista linha-dura na Hungria é substituída por reformadores
JUNHO Intervenção de forças soviéticas para reprimir violência étnica na Armênia, no Azerbaijão e no enclave armênio de Nagorno-Karabakh NOVEMBRO Partidos políticos legalizados na Hungria

1989
JUNHO Eleições livres na Polônia AGOSTO Na Polônia o Solidariedade forma uma coalizão com os comunista milhares de refugiados da Alemanha Oriental começa a chegar ao ocidente através da Hungria e da Tchecoslováquia SETEMBRO Os comunistas são derrotados nas eleições livres da Hungria; início das manifestações de massa na Alemanha Oriental

glasnost ("abertura"), que permitiu maior liberdade de expressão, e a *perestroika* ("reconstrução"), que envolvia uma revisão radical do sistema político e econômico. As fábricas e fazendas coletivas passaram a ter muito mais autonomia e até certo grau de iniciativa privada foi permitida. Em 1989, foram realizadas eleições livres com vários partidos para a formação de um novo Parlamento, o Congresso dos Deputados do Povo e, em fevereiro de 1990, o Partido Comunista renunciou ao seu monopólio no poder.

Reviravoltas no leste   Em junho de 1989, Gorbachev anunciou que a União Soviética não iria mais intervir nos países aliados do Leste Europeu para "defender o socialismo" – doutrina que havia sido usada para justificar as ações militares na Hungria em 1956 e na Tchecoslováquia em 1968 (ver p. 181). Isso acendeu a luz verde para os reformadores da Europa Oriental. Nesse mesmo ano, a Polônia realizou eleições multipartidárias e, em seguida, o Solidariedade (partido liderado pelo ex-sindicalista Lech Walesa) se uniu aos comunistas para formar um governo de coalizão. Na passagem do verão para o outono, os comunistas foram fragorosamente derrotados em eleições livres na Hungria; manifestações de massa na Alemanha Oriental causaram uma mudança na liderança comunista, a derrubada do Muro de Berlim e um movimento irresistível pela unificação com a Alemanha Ocidental capitalista, alcançada no ano seguinte. Demonstrações semelhantes – a chamada "Revolução de Veludo" – ocorreram na Tchecoslováquia perto do final do ano, resultando na formação de um governo de coalizão que incluiu um importante ex-dissidente, o dramaturgo Václav Havel. A única revolução violenta ocorreu na Romênia, onde, após a feroz repressão da polícia secreta contra os rebeldes, o exército assumiu o poder em 1989 e executou o ditador Nicolau Ceaucescu e sua esposa. Na Bulgária, a mudança ocorreu lentamente, mas em 1990 foram realizadas eleições livres pela primeira vez.

> **"Devemos prestar atenção aos impulsos dos tempos. Aqueles que se atrasam são punidos pela própria vida."**
>
> Mikhail Gorbachev, discursando em Berlim Oriental em 8 de outubro de 1989.

1989
OUTUBRO A Hungria se declara república democrática **NOVEMBRO** Renúncia do governo da Alemanha Oriental; queda do Muro de Berlim; renúncia do líder comunista da Bulgária; manifestações em massa na Tchecoslováquia **DEZEMBRO** Governo não comunista assume o poder na Tchecoslováquia; derrubada violenta do regime comunista na Romênia

1990
FEVEREIRO O Partido Comunista Soviético concorda em abrir mão de seu monopólio no poder **MARÇO** A Lituânia declara sua independência da União Soviética; eleições livres na Alemanha Oriental **MAIO** Letônia e Estônia declaram sua independência da União Soviética; Boris Yeltsin é eleito presidente da Federação Russa, que se declara estado soberano **JULHO** Parlamento ucraniano vota pela independência **OUTUBRO** Reunificação da Alemanha Oriental e Ocidental

> ### Conflitos étnicos e nacionalistas
>
> O relaxamento do pulso de ferro do governo comunista, que havia tratado as aspirações nacionalistas como movimentos reacionários, levou à abertura de uma verdadeira caixa de Pandora em algumas regiões do ex-Império Soviético. No Cáucaso, por exemplo, separatistas muçulmanos na Chechênia tentaram romper com a Federação Russa, o que levou a uma intervenção militar sangrenta e retaliação com atos terroristas. Em 1990, a divisão da Iugoslávia em inúmeras repúblicas étnicas levou a uma série de conflitos e guerras de "limpeza étnica", em que foram usadas táticas brutais, como o massacre de populações inteiras. Esses métodos foram empregados por diferentes milícias nacionalistas; o caso mais notório é o dos sérvios da Bósnia, que em 1995 mataram mais de sete mil muçulmanos a sangue frio em Srebrenica – a pior atrocidade desse tipo na Europa desde a Segunda Guerra Mundial.

As políticas de Gorbachev falharam e ele não conseguiu melhorar a situação econômica da União Soviética; na verdade, a escassez de alimentos e de bens de consumo aumentou. Apesar de ter se tornado o queridinho do ocidente, Gorbachev tonou-se extremamente impopular em seu país. Muitos preferiam Boris Yeltsin, o recém-eleito Presidente da Federação Russa (o maior membro da União Soviética) que defendia um ritmo mais rápido para as reformas. Na outra ponta do espectro estava a linha-dura do Partido Comunista, que em agosto de 1991 tentou um golpe contra Gorbachev. O golpe foi frustrado após alguns dias, em grande parte devido à indignação popular orquestrada por Yeltsin. Gorbachev foi relegado a figura secundária, assim como a própria União Soviética. Uma a uma, as repúblicas nacionais foram declarando sua independência e, no Natal, Gorbachev renunciou. A União Soviética se dissolveu formalmente no dia 31 de dezembro de 1991.

As consequências Economicamente, os países da Europa Oriental e a ex-União Soviética se viram submetidos a uma transição rápida e intensa para o capitalismo irrestrito de livre mercado, em que

linha do tempo

1991
JUNHO Eslovênia e Croácia declaram a independência da Iugoslávia; surgem conflitos com o exército iugoslavo dominado pelos sérvios, levando à guerra civil **AGOSTO** Fracasso do golpe contra Gorbachev, que suspende o Partido Comunista; as Repúblicas Soviéticas restantes declaram sua independência e, no final de 1991, a União Soviética deixa de existir

1992
JANEIRO Interventores da ONU para garantir a paz na Croácia; Macedônia e Bósnia-Herzegovina declaram independência da Iugoslávia **ABRIL** Sérvios iniciam o cerco de Sarajevo, capital da Bósnia **JUNHO** Início da violência separatista no Cáucaso

alguns poucos empreendedores quase sempre inescrupulosos ficaram extremamente ricos enquanto outros ficaram em situação muito pior. Foi uma experiência traumática para muitos, habituados ao pleno emprego, a moradias subsidiadas e à segurança do Estado de bem-estar socialista – que muitos, com o passar do tempo, começaram a recordar com certo arrependimento, uma visão rósea apelidada de Ostalgie na Alemanha (fazendo um trocadilho com *ost*, leste, e *nostalgie*, nostalgia).

> "Nós, comunistas, fomos o último império."
>
> Milovan Djilas, ex-assessor do líder comunista iugoslavo Josef Broz Tito, em discurso de 1992.

Gradualmente, os países da Europa Oriental atingiram a democratização e o equilíbrio econômico necessários para serem admitidos na União Europeia. A Federação Russa tomou um rumo diferente: apesar de ter abraçado o capitalismo de livre mercado, tem pendido para um estilo de governo cada vez mais autocrático e também tem tentado reafirmar algo do antigo poder imperial exercido na época dos czares e da União Soviética. Isso gerou certa tensão com o ocidente em algumas ocasiões, mas nada que se compare ao período da Guerra Fria.

Para alguns ocidentais, a queda do comunismo representou o "fim da história", o triunfo final dos valores da democracia liberal ocidental. Eles não contavam com o surgimento de um fenômeno inteiramente novo: o do terrorismo islâmico mundial, que busca a destruição total do ocidente.

A ideia condensada: o desaparecimento rápido de um regime que prevalecia desde 1945

1993
JANEIRO Após um referendo, a Tchecoslováquia se divide em República Tcheca e Eslováquia

1994
AGOSTO Guerra Civil na Chechênia entre grupos pró e anti-Rússia **DEZEMBRO** Forças russas entram na Chechênia

1995
JULHO Massacre de milhares de muçulmanos bósnios por sérvios bósnios em Srebrenica **AGOSTO** Ataques aéreos da OTAN contra os sérvios da Bósnia **NOVEMBRO** Acordo de Dayton põe fim ao conflito na Bósnia

1999
MARÇO OTAN inicia ataques aéreos contra a Sérvia em resposta às atrocidades contra os albaneses em Kosovo

49 O ressurgimento da China

No início do século XX, a glória da China Imperial, que chegou a ser a civilização mais avançada do planeta, fora há muito eclipsada. Em questão de dez anos, revolucionários nacionalistas do Kuomintang derrubaram o último imperador, primeiro ato em um século de reviravoltas às vezes cataclísmicas, envolvendo guerra civil, invasão, revolução, mudanças ideológicas e – finalmente – crescimento econômico impressionante.

Em menos de cem anos, a China passou de sociedade feudal atrasada a grande potência industrial e comercial – e uma força a ser reconhecida no cenário mundial.

Guerra civil e revolução O líder da Revolução de 1911, Sun Yat-sen, morreu em 1925 sem ter conseguido estabelecer o controle da nova república sobre o norte da China, que ainda era dominada por senhores da guerra. O sucessor de Sun, Chiang Kai-shek, era militar e lutou contra os senhores da guerra enquanto esmagava uma série de revoltas urbanas promovidas pelo Partido Comunista Chinês, que havia sido criado em 1921. Seguindo a ortodoxia marxista, os comunistas acreditavam que a revolução só poderia ser desencadeada pelo proletariado urbano, mas na China da década de 1920 essa classe compreendia apenas uma pequena parte da população.

Perto do final da década de 1920, uma nova figura surgiu entre a liderança comunista, Mao Zedong, que desenvolveu uma estratégia revolucionária baseada no imenso campesinato chinês. Em 1931 foi formada uma República Soviética da China na região montanhosa de Jiangxi, mas a pressão das forças nacionalistas precipitou a Longa Marcha de 1934-5, em que os comunistas recuaram por cerca de dez mil quilômetros, até

linha do tempo

1911	1921	1922	1925	1927	1931
Revolução nacionalista liderada por Sun Yat-sen	Fundação do Partido Comunista da China	Anarquia na China por causa dos senhores da guerra	Inquietação causada pelos "tratados injustos" com as potências ocidentais; morte de Sun Yat-sen; Chiang Kai-shek inicia o combate aos senhores da guerra, com apoio dos comunistas	Nacionalistas tomam Pequim e Shangai. Chiang Kai-shek se volta contra os comunistas, esmagando a Revolta de Guandong (Cantão); guerra civil	Estabelecimento da República Soviética da China em Jiangxi; Manchúria chinesa ocupada pelo exército japonês

Yunnan, no distante noroeste. Apenas metade do exército de cem mil homens conseguiu chegar ao destino, mas ao longo da marcha, Mao conseguiu se firmar como líder inconteste dos comunistas.

A guerra civil continuou até a invasão japonesa de 1937 (ver p. 173), quando comunistas e nacionalistas concordaram em formar uma aliança contra o inimigo comum. Após a derrota do Japão em 1945, a guerra civil foi retomada e, no dia 1º de outubro de 1949, Mao declarou a República Popular da China em Pequim. Chiang Kai-shek e o que restara do exército nacionalista, retirou-se para a ilha de Taiwan, onde fundaram a República da China rival.

Do comunismo ao capitalismo A República Popular inicialmente se aliou à União Soviética (na Guerra da Coreia, por exemplo; ver p. 182) mas as duas seguiram caminhos diferentes no final da década de 1950, transformando a Guerra Fria em uma espécie de triângulo, acentuado no início dos anos 1970 quando os Estados Unidos e a China iniciaram uma política de aproximação, melhorando suas relações em um movimento para isolar os soviéticos.

Em casa, Mao conduziu a China por uma série de convulsões massivas, como o Grande Salto Adiante e a Revolução Cultural (ver p. 202). A morte de Mao, em 1976, foi seguida por uma luta pelo poder em que modernizadores como Deng Xiaoping se destacaram, o que resultou na rejeição da crença de Mao na revolução permanente. Em 1978, Deng enfatizou a necessidade de quatro "modernizações": na agricultura, na indústria, na defesa nacional e na ciência e tecnologia. Isso envolveu a reintrodução de empresas capitalistas ao mesmo tempo

> **"Nenhum país estrangeiro pode esperar que a China seja seu vassalo, nem pode esperar que a China aceite qualquer coisa que seja prejudicial aos seus interesses."**
>
> Deng Xiaoping, discurso no 12º Congresso Nacional do Partido Comunista da China, 1º de setembro de 1982.

1934-5	1937	1946	1949	1950
Recuo dos comunistas na Longa Marcha	JULHO Japoneses invadem a China iniciando a Segunda Guerra Sino-Japonesa; nacionalistas e comunistas formam uma aliança contra os japoneses	ABRIL Retomada da guerra civil entre comunistas e nacionalistas	OUTUBRO Proclamação da República Popular da China em Pequim	FEVEREIRO República Popular assina tratado de aliança com a União Soviética OUTUBRO Chineses ocupam o Tibete NOVEMBRO Intervenção chinesa na Guerra da Coreia do lado da Coreia do Norte

em que se mantinha o monopólio do Partido Comunista sobre o poder político. A liberalização econômica precisava de uma abertura para o ocidente, que serviria tanto como parceiro comercial quanto fornecedor de novas tecnologias.

O consequente aumento da influência ocidental provocou demandas generalizadas pela liberalização política, principalmente entre os estudantes. Durante a primavera de 1989, parecia que as demonstrações pró-democracia na Praça Tiananmen, em Pequim – que coincidiram com a liberalização em andamento na União Soviética –, poderiam trazer uma mudança política radical. Mas, no início de junho, a enve-

O Grande Salto Adiante e a Revolução Cultural

O Grande Passo Adiante de 1958-61, idealizado por Mao, visava acabar com alguns costumes tradicionais e formas de pensar, e mobilizar a imensa população chinesa para a modernização do país através da rápida industrialização e da coletivização da agricultura.
A resistência de burocratas e do partido, combinada com a retirada do apoio técnico soviético, além de uma série de colheitas ruins, levaram ao fracasso do plano e à fome, com cerca de vinte milhões de mortes. No final da década de 1950, um número semelhante havia sido "liquidado" por se opor às políticas de Mao.

Diante das ameaças internas no partido à sua liderança, em 1966 Mao lançou a Revolução Cultural, em que mobilizou milhões de jovens radicalizados, a Guarda Vermelha, para fazer um expurgo no partido e restaurar a pureza ideológica. Membros do partido, gerentes industriais, cientistas, técnicos, acadêmicos, professores e outros profissionais eram submetidos a críticas públicas e muitas vezes humilhações violentas, e enviados para o campo para se livrarem do "elitismo burguês" trabalhando na terra.
A educação e a indústria ficaram em segundo plano, a economia seriamente comprometida, e se instalou o caos. O exército acabou interferindo para impedir os excessos dos Guardas Vermelhos, mas a Revolução Cultural ainda vigorava quando Mao morreu, em 1976.

linha do tempo

1953	1958-61	1959	1961	1964	1966	1969
Fim da Guerra da Coreia	Grande Passo Adiante	Revolta anti-China esmagada no Tibete	A China chama os líderes soviéticos de "traidores revisionistas", formalizando o afastamento que vinha se ampliando desde 1956	A China testa sua primeira arma nuclear	**AGOSTO** Mao lança a Revolução Cultural	Choques na fronteira entre chineses e soviéticos

lhecida liderança chinesa esmagou as manifestações e milhares foram assassinados.

Desde então, a situação dos direitos humanos na China não melhorou, mas sua economia não parou de crescer e grandes quantidades de bens antes manufaturados na Europa e na América do Norte agora eram produzidas na China. Uma das consequências desse crescimento é que a China, para obter mais recursos naturais para suas indústrias e para atender à crescente demanda de consumo de sua própria população, estabeleceu uma presença cada vez maior em regiões como a África. Muitas empresas ocidentais são copropriedade de empresas chinesas, e o próprio governo chinês possui centenas de bilhões de dólares em títulos do Tesouro Americano, ajudando a financiar o orçamento dos Estados Unidos e seus déficits comerciais.

Uma série de questões pode ser levantada. Por quanto tempo a liderança chinesa conseguirá resistir às pressões externas e internas por democracia? Qual é a probabilidade de a China substituir os Estados Unidos como maior superpotência mundial? Se isso acontecer, seremos dominados por uma potência estrangeira que dá pouco valor aos direitos humanos? O crescimento da China não seria possível sem a globalização, mas a globalização é um processo de mão dupla. Por isso, talvez seja o caso de perguntar: por quanto tempo a liderança comunista de Pequim conseguirá manter seu monopólio do poder?

> **"A China está crescendo, e não vai desaparecer. Eles não são nossos inimigos nem nossos amigos. São concorrentes."**
>
> Barack Obama, abril de 2007.

A ideia condensada: uma potência mundial em ascensão

71
TEMBRO Lin Biao, designado sucessor de o, morre em acidente de avião quando ia a a União Soviética, provavelmente após tativa de golpe **NOVEMBRO** A República ular da China substitui a República da China Conselho de Segurança da ONU como parte política de aproximação do Presidente Nixon

1976
SETEMBRO Morte de Mao

1977
JULHO A "Gangue dos Quatro", principais defensores da Revolução Cultural de Mao, são expulsos do partido com a ascensão de Deng Xiaoping

1989
JUNHO Tanques r eprimem manifestações pró-democracia na Praça Tiananmen

50 O 11 de Setembro e depois

A terça-feira, 11 de setembro de 2001, amanheceu clara e ensolarada em Nova York. Era uma linda manhã do final do verão. De repente, enquanto as pessoas chegavam ao trabalho, começou a circular a notícia de que um avião havia batido acidentalmente em uma das torres do World Trade Center em Manhattan. Enquanto olhavam para a fumaça que saía da Torre Norte, milhares de pessoas ficaram atônitas ao ver um segundo avião cruzando o céu azul em direção à Torre Sul, provocando uma grande explosão com o choque.

Isso aconteceu quinze minutos após a primeira explosão, às 8h46, e ficou evidente que não se tratava de um acidente. Às 9h40 um terceiro avião atingiu o Pentágono, sede do Departamento de Defesa em Washington, DC, e em menos de uma hora um quarto avião caiu na Pensilvânia. Os passageiros, acreditando que o avião havia caído nas mãos de sequestradores e vendo as notícias do que acontecera em Nova York e Washington em seus celulares, investiram contra seus captores, sabendo que isso poderia lhes custar a vida.

Ao todo, 2.750 pessoas morreram nas Torres Gêmeas. Mais 184 morreram no Pentágono e quarenta na Pensilvânia. Todos os dezenove sequestradores, a maioria da Arábia Saudita, também morreram. Foi o pior ataque da história aos Estados Unidos e mudaria o mundo para sempre.

Da África Oriental para o Afeganistão   Logo ficou claro que os sequestradores estavam associados à al-Qaeda, grupo terrorista islâmico chefiado por um milionário saudita chamado Osama bin Laden. Na década de 1980, bin Laden havia participado da luta *mujahidin* apoiada pelos Estados Unidos contra a ocupação soviética no Afega-

linha do tempo

1990	1991	1996	1998
AGOSTO O Iraque de Saddam Hussein invade o vizinho Kuwait	**JANEIRO–FEVEREIRO** Coalizão liderada pelos Estados Unidos expulsa os iraquianos do Kuwait **MARÇO** Saddam Hussein esmaga revolta dos curdos no norte e dos xiitas no sul	**SETEMBRO** O Talibã toma o poder no Afeganistão e impõe a sharia	**AGOSTO** Al-Qaeda bombardeia embaixadas americanas no Quênia e Tanzânia, matando mais de trezentas pessoas; Talibã nega pedido de extradição de bin Laden do Afeganistão **DEZEMBRO** Saddam Hussein se recusa a cooperar com inspetores de armas da ONU; aviões americanos e britânicos atacam o Iraque

nistão, mas em fevereiro de 1998 estava recrutando muçulmanos para "matar os americanos e seus aliados – civis e militares... em qualquer país onde isso seja possível". Em agosto daquele ano, a al-Qaeda bombardeou as embaixadas americanas no Quênia e Tanzânia, matando mais de trezentas pessoas. Bin Laden, além de condenar os Estados Unidos pelo apoio a Israel, estava particularmente enfurecido com a presença de forças americanas na Arábia Saudita, onde estão as cidades mais sagradas para os muçulmanos – Meca e Medina. Na verdade, as forças americanas estavam estacionadas na Arábia Saudita desde a Guerra do Golfo de 1991 para impedir qualquer agressão por parte do Iraque de Saddam Hussein, que havia sido expulso do Kuwait por uma coalizão liderada pelos Estados Unidos.

> **"Os americanos adoram Pepsi-Cola, mas nós adoramos a morte."**
> Cartaz exibido por um afegão no Paquistão, setembro 2001.

Após os ataques do 11 de Setembro, alguns americanos começaram a se questionar por que eram tão odiados em algumas partes do mundo muçulmano, mas muitos outros apoiaram entusiasticamente a convocação de Bush para uma "guerra ao terror", lançada em um discurso no Congresso em 20 de setembro. Ironicamente, essa "guerra ao terror", que visava defender os valores ocidentais de liberdade e democracia, desconsiderava o respeito pelos direitos humanos; aqueles suspeitos de envolvimento com o terrorismo em todo o mundo estavam sujeitos à prisão sem julgamento e até a tortura.

Em outubro de 2001, os Estados Unidos, chefiando uma coalizão da OTAN, iniciaram os bombardeios aéreos contra o Afeganistão, controlado pelos muçulmanos fundamentalistas do Talibã desde 1996, para destruir as bases da al-Qaeda. A campanha terrestre realizada em seguida expulsou o Talibã do poder. Bin Laden e a maioria da liderança da al-Qaeda conseguiram escapar, provavelmente para uma região sem lei ao longo da fronteira no noroeste do Paquistão. Apesar de um governo democrático pró-ocidente ter sido instalado em Kabul, ele se revelou corrupto e incapaz de estender seu poder por todo o país. Esse fato, somado às tradicionais divisões tribais, à antipatia pelos ocupantes

2001

SETEMBRO Ataques de 11 de Setembro em Nova York e Washington. O Presidente Bush anuncia a "guerra ao terror" **OUTUBRO** Coalizão liderada pelos Estados Unidos inicia ataques aéreos contra a al-Qaeda e Talibã no Afeganistão **NOVEMBRO** A coalizão inicia campanha terrestre no Afeganistão **DEZEMBRO** Ataques islâmicos ao Parlamento indiano matam catorze

2002

JANEIRO Bush afirma que Iraque, Irã e Coreia do Norte pertencem a um "eixo do mal" **OUTUBRO** Congresso americano autoriza Bush a usar a força para tirar as armas de destruição em massa do Iraque. Em Bali, suicidas islâmicos ligados à al-Qaeda matam duzentas e duas pessoas. **NOVEMBRO** Conselho de Segurança dos Estados Unidos avisam Saddam para cooperar com as inspeções de armas ou enfrentar "sérias consequências".

estrangeiros e ao fracasso inicial para fornecer a tão necessária ajuda, levou a uma insurreição comandada pelo Talibã, envolvendo um grande número de tropas da ONU no conflito.

Desastre no Iraque   A Guerra do Golfo de 1991 havia deixado Saddam Hussein no poder no Iraque, um país de certa forma artificial criado pelos britânicos no final da Primeira Guerra Mundial com uma parte do ex-Império Otomano. Havia curdos no norte, sunitas no centro e xiitas no sul, uma convivência desconfortável mantida por Saddam através da opressão implacável – incluindo o uso de armas químicas. Além de gás venenoso, Saddam era suspeito de ter adquirido outras armas de destruição em massa, como armas biológicas e até nucleares, desafiando as resoluções da ONU. Ele também continuava impedindo os inspetores da ONU de verificar a existência dessas armas.

Após o 11 de Setembro a administração Bush passou a sugerir que

Avaliando as ameaças

As ações dos Estados Unidos e de seus aliados no Iraque e no Afeganistão não parecem ter reduzido as ameaças terroristas, como atestam os ataques em Bali, Espanha, Londres, Kampala e outros lugares. Na verdade, a invasão de países muçulmanos por "cruzados" ocidentais pode ter contribuído para aumentar o recrutamento para a causa da *jihad* mundial, que substituiu a aniquilação nuclear da Guerra Fria como principal ameaça para muitos ocidentais, embora muita gente bem informada sustente que a mudança do clima representa uma ameaça muito maior para a segurança mundial.

Talvez jamais consigamos eliminar completamente o fervor amoroso pela morte caro ao terrorismo islâmico – com a destruição de uma célula, logo surge outra em outro lugar; após a destruição de campos de treinamento em um país, outro abrirá as portas para mais campos de treinamento; após a eliminação de uma liderança, logo surgem outras para substituí-la. Uma estratégia de segurança baseada na contenção e o uso da inteligência pode ser o melhor caminho, combinada com a determinação de atacar – política e economicamente – as causas que levam tantos a abraçar ou simpatizar com o terrorismo.

linha do tempo

2003
FEVEREIRO Grandes manifestações em todo o mundo contra a guerra ao Iraque proposta por Bush **MARÇO** Coalizão liderada pelos Estados Unidos inicia a invasão do Iraque **DEZEMBRO** Saddam Hussein é capturado; aumento da violência no Iraque

2004
MARÇO Bombas da al-Qaeda nos trens de Madri matam 191 pessoas **MAIO** Terroristas islâmicos matam mais de vinte ocidentais na Arábia Saudita **NOVEMBRO** Forças americanas retomam a cidade iraquiana de Fallujah, praticamente destruída na operação

2005
JULHO Explosões causadas por suicidas muçulmanos nascidos na Grã-Bretanha matam 52 pessoas **OUTUBRO** Suicidas islâmicos matam vinte em Bali

Saddam era ligado à al-Qaeda e outros grupos terroristas islâmicos e que provavelmente estaria fornecendo a eles armas de destruição em massa, o que seria uma ameaça para o ocidente. Na verdade, Saddam era um nacionalista árabe à moda antiga e havia tratado duramente os muçulmanos no Iraque. Ainda assim, Saddam tornou-se alvo da ignomínia dos neoconservadores da administração Bush, que acreditavam que os Estados Unidos tinham o dever de exportar a liberdade e a democracia para o Terceiro Mundo, se preciso com o uso da força. O fato de o Iraque ter imensas reservas de petróleo tornava-o ainda mais importante em termos estratégicos. O resultado foi que, em março de 2003, uma coalização formada basicamente por Estados Unidos e Inglaterra invadiu o Iraque e derrubou Saddam Hussein. Não houve uma sanção da ONU para essa ação, que desafiou os protestos populares em todo o mundo. Nem uma única arma de destruição em massa – única justificativa para o envolvimento da Inglaterra – foi encontrada.

> "Ou vocês estão conosco, ou estão com os terroristas."
> **Presidente George W. Bush**, discurso no Congresso, 20 de setembro de 2001.

As potências invasoras não fizeram planos para a reconstrução do Iraque após a "mudança do regime". As divisões étnicas e religiosas se aprofundaram, levando a conflitos civis e forte resistência aos ocupantes estrangeiros, além do surgimento de um grupo da al-Qaeda no país. Durante a invasão e os conflitos posteriores, a infraestrutura iraquiana foi seriamente danificada e dezenas de milhares – talvez centenas de milhares – de civis iraquianos foram mortos. Embora as últimas brigadas de combate americanas tenham se retirado em agosto de 2010, o Iraque continua a ser um lugar perigosamente instável.

A ideia condensada: o início de uma nova Era da Ansiedade?

2006	2007	2008	2009	2010	2011
DEZEMBRO Execução de Saddam Hussein	Estados Unidos iniciam aumento das tropas no Iraque	**MARÇO** A Cruz Vermelha declara que a situação humanitária no Iraque continua entre as mais críticas do mundo **NOVEMBRO** Terroristas islâmicos paquistaneses matam 173 em Mumbai, Índia	**ABRIL** Inglaterra encerra operações de combate no Iraque	**JULHO** Explosões causadas por extremistas islâmicos da Somália matam 74 pessoas em Kampala, Uganda	Morte de Osama bin Laden

Índice

Abássida, Dinastia 37-39, 62-63, 81
Abissínia, invasão da (1935) 162
acadianos 14
Adams, John 113
Adriano, Muralha de 31
Afeganistão
    campos de treinamento da al-Qaeda no 206
    governo 205
    invasão soviética do (1979) 183, 196, 204
    Talibã 204-206
África
    escravidão 132
    partilha da 107
    reinos e impérios 72-75
Afrika Korps 170
Agrícola, Revolução 126
agricultura, primórdios da 8-12
água, importância da 12-13
Akbar, o Grande 55
al-Qaeda 195, 204-207
Alexandra, imperatriz da Rússia 157
Alexandre II, czar da Rússia 156
Alexandre III, czar da Rússia 156
Alexandre, o Grande 19, 21, 24-28
Alexandria, Egito 17, 27, 34
Alfredo, o Grande 41-42
Ali, quarto califa 37
Americana, Declaração de Independência 110-111, 114-115
Americana, Guerra Civil 134-143
Americana, Independência 106, 110-111
Americana, Revolução (1775–83) 112-113, 115
Aníbal 29
animais, domesticando 8, 10
Anschluss (Áustria) 163
Anthony, Susan B. 149
antissemitismo 160, 176-178
Antígono 26
Antonio, Marco 27, 30
Aquenáton 18
Aquino, São Tomás de 76, 100
Árabe-Israelense, conflito 192-195
Árabes-Israelenses. Guerras 193-194
Arafat, Yasser 195
Argélia, independência da 186-187
arianos 52, 176, 178
Aristarcos de Samos 22, 100
Aristóteles 21-23, 25, 38, 76, 100, 102
armas de destruição em massa 205-207

armas, desenvolvimento das primeiras 8, 70
Arquimedes 22
Asoka 53
assírios 14, 18
astecas 68-71, 86
ataques de 11/9 (2001) 47, 204-207
Atenas, ascensão e queda de 21-23
atômica, bomba 174-175, 181
Augsburgo, Confissão de (1530) 89-90
Augsburgo, Paz de (1555) 90-92, 95
Augusto, imperador 27, 30-31
Auschwitz, campo de concentração de 178--179
Austrália, colonização da 106
Austríaco, Império 128-129
Axum, Império de 72, 74
babilônios 14, 18
Babur de Kabul 54-55, 63
Bacon, Francis 101-102, 104
Bagdá, saque de (1258) 39, 62-63
Bagehot, Walter 145
Balfour, A.J. 192
Bali, ataques suicidas em (2002 e 2005) 205--206
Bantu, migração 72-73
Bastilha, tomada da (1789) 116, 118
Batalha da Grã-Bretanha (1940) 169
Batalha de Midway (1942) 174-175
Batalha do Atlântico (1939–45) 170
Beauvoir, Simone de 150-151
Beccaria, Cesare 110
Beethoven, Ludwig van 121
Berbere, corsários da Costa 80, 81, 83, 133
berberes 37
Berenson, Bernard 77
Berkeley, Bispo George 137
Berlim, Muro de 181, 197
Bíblia, tradução da 88-89
bin Laden, Osama 204-207
Bismarck, príncipe Otto von 130-131, 153
Bizâncio 33
Bizantino, Império 32, 34-36, 41, 46
Blitz (1940–41) 169
Blitzkrieg 169
Boccaccio, Giovanni 49
Bolchevique, Revolução (1917) 147, 154--155, 158-159, 180
bolcheviques 155-158
Boston, Festa do Chá de (1773) 113
Boswell, James 133
Boyle, Robert 102-103
brâmanes 52

Índice

Britânica das Índias Orientais, Companhia 105-106, 113
Britânica, Força Expedicionária 169
Britânico, Império 134-135
Brown, John 141
Buda 54
budismo 52-53, 57, 64
Bush, George W. 47, 205-207C
Cabo da Boa Esperança 85
Cabot, John (Giovanni Caboto) 84, 86
caçadores-coletores 9-10, 64, 73
califas 36-39, 62-63, 68, 80-81
calvinismo 91
Calvino, João 89-92
Camp David, Acordo de (1978) 194
Camponesa, Revolta (1381) 50-51
Camponeses, Guerra dos (1524-5) 90
canais 13, 57, 69, 124, 127
Canuto, rei 42-43
capitalismo 188, 198-199, 201
Carlos I, rei 96-98
Carlos II, rei 98-99
Carlos Magno 35, 39, 42
Carlos V, imperador 82, 89-90, 92, 94
Carlyle, Thomas 127
Cartago 26
cartesianismo 108-109
Castiglione, Baldassare 78
Castro, Fidel 183
Catarina, a Grande 109
Cátaros, Catarismo 44-45, 88
Cavour, Camillo di 130
Ceaucescu, Nicolau 197
César, Júlio 24-25, 29-30
Chamberlain, Neville 163, 169
Chandragupta Máuria 53
Chechênia: separatistas muçulmanos 198
Chiang Kai-shek 200-201
China
  Imperial 56-59
  ocupação japonesa da 172-173
  ressurgimento da 200-203
  unidade política 14
China, Partido Comunista da 200-202
Churchill, Sir Winston S. 169, 180, 183
Cícero 78, 101
cidades-estado 14, 24-25, 69
  gregas 15, 20, 23
  primeiras 11
  Roma 28
cidades, as primeiras 11-13
ciência
  grega 20-21
  islâmica 38
Científica, Revolução 22, 56, 79, 100-103, 108

circulação sanguínea 102
Cisjordânia 193-195
civis, direitos 142-143
Clapham, seita 134-135
Clemenceau, Georges 155
Cleópatra VII, rainha do Egito 27, 30
Coliseu, Roma 31
Colombo, Cristóvão 84-87, 102-104
colonização 83, 87, 104-106
comércio
  abertura do Japão para o 66
  desenvolvimento do 8, 11-12
  domínio britânico 124
  e urbanização 12
  Egito Antigo 14
  especiarias 84
  Império Romano 28
Commonwealth (século XVII) 97-98, 171
Companhia de Jesus 92
comunismo 146-147, 156-157, 159, 181, 188, 201
  queda do 196-199
Concílio de Trento (1545-63) 90, 92-93
Confederação do Reno 117
Confúcio 57
confucionismo 56-57, 64
Congo, guerra civil e independência do 187
conquistadores 70-73
Constantino, imperador 33-34
Constantinopla (Istambul) 33, 35-37, 40-41, 45-46, 48, 80-81
Contrarreforma 90-95
Cook, Capitão James 106
Copérnico, Nicolau 94, 100-101, 108
Cortés, Hernán 70
Cortina de Ferro 180-181, 183
cristianismo
  adotado por tribos "bárbaras" 34
  e Constantino 33-34
  e deístas 109
  e os romanos 32, 34
  e os vikings 40, 43
  judeus convertidos 93
  na Etiópia 74
  no Oriente e no Ocidente 46
Cromwell, Oliver 98
Cromwell, Richard 98
Cronkite, Walter 190
Cruzadas 39, 44-47, 176
Cuba, crise dos mísseis de (1962) 183
cultivo de lavouras 9-11
cultivo, descoberta do 9
Cultural, Revolução (1966-76) 201-203
cuneiforme, escrita 15
curdos 204, 206
Cuzco, Peru 71

Daladier, Edouard 163
Danegeld 42
Danelaw 42
Dario III, rei da Pérsia 25
Darwin, Charles 177
Davis, Jefferson 141
Declaração de Independência (1776) 110, 111
Declaração dos Direitos do Homem e do Cidadão (1793) 118, 148
Deere, John 126
Deístas 109
Democracia 20-21, 99, 111, 156, 160, 188, 199, 205, 207
Demócrito 22
Deng Xiaoping 201, 203
Descartes, René 108
Dezembrista, Revolta (1825) 128, 156
Dia D (1944) 170-171
Dias, Bartolomeu 85
Diderot, Denis 109-110
Diem, Ngo Dinh 189
Diocleciano, imperador 32-34
Direitos, Declaração de (Americana) 111, 115
Direitos, Declaração de (Inglesa) 99
Drake, Sir Francis 104, 132
Dunquerque, evacuação de (1940) 169
Édito de Nantes (1598) 91, 94
Egito
  deuses egípcios 17, 18, 19
  Egito dos Faraós 16-19, 73
  unidade política 14
Einstein, Albert 174
El Alamein, Batalha de (1942) 170
Elizabeth I, rainha 91, 96, 105
Empédocles 22
Engels, Friedrich 125, 145-146
Enigma (máquina decodificadora) 170
Erasmo de Roterdã 78, 89
Eratóstenes de Cirene 22
Eriksson, Leif 42, 84
escravidão 11, 20, 71, 74-75, 83, 105, 114, 132-143
escrita 15
Espanha, atentados terroristas na (2004) 206
Espanhola, Armada (1588) 94
Espanhola, Inquisição 46, 93-94
Esparta 21
Ésquilo 23
Etelredo, o Despreparado 42
étnica, limpeza 198
EUA (Estados Unidos da América)
  Constituição 111, 115, 136-141
  expansão 141

Euclides 22
eugenia 177
Eurípedes 23
Evolução, Teoria da 177
exploradores 84-86
faraós 16-19, 27
fascismo 160-163
Fawcett, Millicent 149
feminismo 151
Fernando II de Aragão 86
ferramentas, primeiras 8, 11
ferrovias 127, 146, 152, 172
Fértil, Crescente 9-10
Filipe II, rei da Espanha 93-95
Filipe II, rei da Macedônia 21, 22, 24
filosofia 20-21, 23
"final, solução" 177
Ford, Henry 146
Francesa, Revolução (1789–99) 111, 116-119, 128, 144, 148
Francisco Fernando, arquiduque 153
francos 33-35
Frederico Barba-Ruiva, imperador 46
Frederico Guilherme IV, rei da Prússia 129
Frederico, o Grande 109
Friedan, Betty 151
Fujiwara, família 65
Galeno 102
Galileu Galilei 101-103, 108
Gama, Vasco da 84-86Garibaldi, Giuseppe 130
Gaulle, Charles de 186
Gaza 193, 195
Genebra, Conferência de (1954) 188-189
Gengis Khan 58, 60-63
Gênova, e comércio 87
Germânica, Confederação 129-130
germânicas, tribos 31, 33, 60
germânicos 33
Gestapo 162
Gandhi, Mahatma 185
Gibbon, Edward 32
Giotto 76
Gizé, pirâmides de 13, 16-17
glasnost ("abertura") 196-197
Gloriosa, Revolução (1688) 98-99
godos 33, 77
Goebbels, Joseph 171
Golã, colinas de 194
Gorbachev, Mikhail 196-198
gótico, estilo 76-77
Gouges, Olympe de 148
Grainger, James 135
Grande Depressão 161-162, 164-167
Grande Despertar 134
Grande Expurgo (1936–38) 158-159

Grande Muralha da China 56-57
Grande Salto Adiante (1958–61) 201-202
Grande Zimbábue 72-74
Grant, Ulysses S. 141-143
Grécia clássica 20-23
Grega, Igreja Ortodoxa 44
grego, drama 23
"guerra ao terror" 47, 204
Guerra Árabe-Israelense, Primeira (1948–9) 192
Guerra Árabe-Israelense, Quarta (Guerra do Yom Kippur; 1973) 193-194
Guerra da Coreia 181-182
Guerra de Mentira (1939–40) 168
Guerra do Golfo (1991) 205-206
Guerra Franco-Indígena (1754–63) 106, 112
Guerra Fria 180-183, 188, 191, 196, 199, 201, 206
Guerra Mundial, Primeira 67, 83, 107, 131, 150, 152-156, 160, 162-164, 168
Guerras Religiosas na França (1562–98) 91, 93-94
Guilherme de Orange (Guilherme III) 99
Guilherme I, kaiser 131
Guilherme, o Conquistador 41, 43
Gupta, Império 53-54
Gutenberg, Johannes 79
Habsburgos 92, 95
Hamas 195
Han, dinastia 57
Harappa 13
Harvey, William 102
Hastings, Batalha de (1066) 41, 43
Havel, Václav 197
Hayes, Rutherford B. 137
Heitor 24
heliocêntrico, universo 100-101
Henrique, o Navegador 84-85
Herzl, Theodor 192-193
Hezbollah 195hieróglifos 16-17
Himmler, Heinrich 178
Hindu, Hinduísmo 52-55
Hipócrates 22
Hiroito, imperador 175
Hiroshima 174,175hititas, 18
Hitler, Adolf 160-163, 167-171, 177-180
Ho Chi Minh 188-189
Holandesa, Revolta (1567) 93-94
Holocausto 176-179, 193
Homero 20, 23, 25
Hoover, Herbert 164-166
Horácio 29
huguenotes 91, 93-94
humanidade, primórdios da 7-8, 72
humanismo 76-79

humano, sacrifício 69-70
Hume, David 110
hunos 60
Huss, João 88
Hussein, Saddam 204-207
hussitas 47, 50
Idade das Trevas 32, 34, 78
Idade do Gelo, Última 8, 64, 68
Igreja da Inglaterra 89, 91
Iluminismo 79, 82, 103, 108-111, 119, 123, 132
Impérios
    Africano 72-73
    fim do Imperialismo 184-187 Idade do Império 104-107
    primeiros 11, 13-14, 16-17
impressão 77-79
incas 68-71, 86
Índia
    divisão 185
    independência 185
    pré-colonial 52-55
Indiano, Congresso Nacional 185
Índice, o 93-94
Indo, Vale do 11-13, 15, 37, 52-53
Indochina, Guerra da 186-187
indulgências 88-90
Industrial, Revolução 82, 124-128, 144, 146
industrialização 12, 64, 67, 124, 159
Inglesa, Guerra Civil (1642–51) 97-98
Iniciativa Estratégica de Defesa (Guerra nas Estrelas) 196
Inquisição 46, 92-94
Iona 40
Iraque, invasão do (2003) 207
Irgun 192-193irrigação 9, 12-13
Isabel I de Castela 86
islamismo
    ascensão do 36-39, 45, 73-74
    na Índia 54
Israel, criação de 193
Italiana, Unificação 130
Iugoslávia 198J
Jackson, Thomas "Stonewall" 142
jacobinos 117, 119
Jacquerie (1358) 49, 51
Jaime I, rei 96-97
Jaime II, rei 98-99
jainismo 53
Japão
    Império insular 64-67
    ocupação da Manchúria (1931) 162, 168, 172
    Segunda Guerra Mundial 173-175, 188
Jefferson, Thomas 113-115
Jeová, testemunhas de 177

Jerônimo, São 35
Jerusalém 44-47
jesuítas 92-93
jihad (guerra santa) 36, 206
Jim Crow, leis de 142
Jimmu, imperador do Japão 65
Johnson, Andrew 142
Johnson, Lyndon B. 189-191
Jorge III, rei 112
José II, imperador 109, 111
Judeus
   e a Inquisição Espanhola 93-94
   e os Nazistas 161, 167, 176-9 perseguições 50, 176
Justiniano I, imperador 33-35
Kalahari, Deserto do 73
kamikaze 66
Kampala, ataques em 206
Kennedy, John F. 183
Kepler, Johannes 101, 108
Keynes, John Maynard 166
Khmer Vermelho 190
King, Martin Luther 138
Knox, John 91
Konoe, Príncipe 173
Kristallnacht (1938) 178
Ku Klux Klan 142
Kublai Khan 58, 61-62, 66
Kuomintang 200
Kuwait, ocupação do (1990) 205
Quioto, Japão 65
lactose, intolerância à 11
Latino-Americanas, Juntas militares
Lebensraum 157
Lee, Robert E. 142-143
Lehi 193
LeMay, Curtis E. 189
Lênin, Vladimir Ilitch 156-159
liberalismo 129
Liga das Nações 67, 162, 172, 192-193
Lincoln, Abraham 141-143
Lindisfarne 40
Locke, John 98, 109-110
lollardismo 50
Londres, ataques a (2005) 206
Longa Marcha (1934–5) 200-201
Loyola, Inácio de 93
luditas 125
Luís XIV, rei da França 116
Luís XVI, rei da França 116-117
luteranismo 89-91
Lutero, Martinho 79, 89, 90, 92
Macedônia, Macedônios 24-27
MacMillan, Harold 187
Magalhães, Fernão de 85
magiares 60

Mahabharata 54
maias 69
Mali, Império do 74-75
mamelucos 47, 62
Manchúria, ocupação japonesa da (1931) 162, 168, 172
Manhattan, Projeto 174
Mao 201-202
Maomé, Profeta 36, 81
"marchas de famintos" 167
Maria Antonieta 117
Maria I, rainha 90, 92, 99
Marx, Karl 146-147, 156
Marxismo 160
Mau Mau 185
Meade, general George 143
Meca, Arábia Saudita 36, 75, 81, 205
Medina, Arábia Saudita 36, 81, 205
mencheviques 156-157
Menés, faraó 16
Mênfis, Egito 16-17
mercantilismo 106
Mesopotâmia 12-15
metodista, movimento 134
Metternich, Príncipe 122, 128
México, Guerra contra o (1846–8) 141
Michelangelo 76
Mill, John Stuart 149
mogóis 54, 63
Mohenjo Daro 13
mongóis 58, 60-63, 66, 85
Montesquieu 110
muçulmana, Liga 185
mujahidin 204
mulheres, direitos das 148-151
mumificação 17
Munique, Acordo de 163
Musa, Mansa 75
Mussolini, Benito 160-164, 168
nacionalismo
   árabe 192
   indiano 185
   japonês 172
   na Europa 128-131, 156, 160
Nagasaki 174, 175
Nanquim, saque de (1937–8) 173
Napoleão I, imperador da França 119-123, 128, 134, 171
Napoleão III, imperador da França 129-130
Napoleônicas, Guerras 128
Napoleônico, Código 123, 149
Nara, Japão 65
Nasser, Gamal Abdel 194
National Society for Women´s Suffrage 149
National Union of Women´s Suffrage Societies 149

National Woman Suffrage Association 149
nativos, americanos 112-113
navegação, instrumentos de 85
Nazca 69
Nazismo, Nazistas 150, 155, 160-163, 166--167, 171, 177-180
Nehru, Jawaharlal 185
Nelson, almirante 125
Nero 34
New Deal 165-166
Newton, Sir Isaac 103, 108-110
Ney, marechal 122
Nicolau II, czar da Rússia 156-157
Nietzsche, Friedrich 47
Nilo, Rio 12-16, 73
Nixon, Richard 191
NKVD (polícia secreta) 171
normandos 41
Nova Política Econômica (NEP, União Soviética) 159
Núbia 73
Nuremberg, Leis de 1780
O'Sullivan, John L. 136
Obama, Barack 203
olmecas 68
ONU (Organização das Nações Unidas) 182, 193-195, 206-207
Ópio, guerras do 59
Oppenheimer, Robert J. 174
Organisation de l'armée secrète (OAS) 186
Osman (Othman I) 80
ostrogodos 34
OTAN 205
Otomano, Império 80-83, 85, 128, 192-193, 206
Ovídio 23
Owen, Robert 145
Pacto de Não Agressão Nazi-Soviético (1939) 159, 163, 168, 170
Palestina 192-195
Palestina, Organização para a Libertação da (OLP) 195
Pankhurst, Emmeline 150
Panteão, Roma 31
Parlamento Longo 97
Pearl Harbor (1941) 174-175
Pentágono 204 Peregrinos (EUA)
perestroika ("reconstrução") 197
Persa, Império 21, 25-26
Peste Negra (1348–50) 48-51, 176
Petrarca 78
petróleo, preços do 192-194
philosophes 108-109
Phnom Penh, Camboja 190
pirâmides 13, 15-17, 68-69
Pitágoras 21-23

Pizarro, Francisco 71
Platão 22
Plutarco 25
Pol Pot 190
Polônia, invasão da (1939) 163, 168
Pompeu 29
protestantismo 89-91
Ptolomaico, sistema 101
Ptolomeu 19, 26, 100
Putsch da Cervejaria (Munique; 1923) 161
Quarta República (França) 186
Quênia
    ataques à Embaixada Americana (1998) 205
    Mau Mau, movimento 185
Rabin, Yitzhak 195
racismo 177
Raleigh, Sir Walter 105
Ramsés II, Faraó 18-19
Reagan, Ronald 189, 196
Reconquista 44, 46
Reforma 50, 79, 81, 88-91
Reichstag, Incêndio no (1933) 161
reis
    direito divino dos 14
    e hierarquia social 11
Renascimento 23, 76-79
Republicano, Partido (EUA) 141, 142
Restauração (1660) 98
Revolucionárias, Guerras (1792–1802) 120, 122
Ricardo I "Coração de Leão", rei 46-47
rios 12-13
Robespierre, Maximilien 119, 123
Roma
    imperial 30-31
    origens de 28
    saque de 33, 37, 77
Romana, Igreja Católica 44-45, 78, 88, 91--92, 101, 108
Romano, Império 23, 28-33, 58, 60
    engenharia romana 31
    queda do 32-35, 38, 58, 76
Rômulo e Remo 28
Roosevelt, Franklin Delano 166-7, 169, 174, 180
Roseta, Pedra de 16
Rousseau, Jean-Jacques 110
Royal Air Force 169
Russa, Federação 198-199
Russa, Revolução (1905) 157
Russo-Japonesa, Guerra (1904–5) 156
Russo, Partido Operário Social-Democrata 157
Saara 73
Sabá, rainha de 72

sacerdotes e hierarquias sociais 11, 13
Sacro Império Romano 92, 95, 111, 121
Saddam Hussein 205-207
Sahel 73-74
Saigon, Vietnã 191
Saint Simon, Henri de 145
Saladino 45-47
Salomão, rei 72
samurai 65
San, Povo 73
São Bartolomeu, Massacre da Noite de (1572) 94-95
Sacará, pirâmide de 16
Schlieffen, Plano 153
Seda, Rota da 58
Segunda Guerra Árabe-Israelense (1956) 193
Segunda Guerra Mundial 65, 150, 163, 168-169, 178, 180-181, 184, 188
 Ásia e Pacífico 172-175
 Europa 168-171
Segunda República (França) 129
Seleuco 26
seljúcidas 39, 44-45, 80
Selo, Lei do (1765) 112-113
servidão, fim da 51, 132, 111, 132, 156
Sete Anos, Guerra dos (1756-63) 105, 112, 117
Shang, dinastia 14, 56-57
Shelley, Percy Bysshe 19
Shi Huangdi 57-58
Sihanouk, príncipe 190
Sinai 194
sindicalismo 144-146
sionismo 192-193
Smith, Adam 105-106, 110, 125
social, contrato 98, 110
socialismo 144-147, 188
Sócrates 22
Sófocles 23
Solidariedade 197
Somme, Batalha do (1916) 154
Soviética, União
 colapso da (1991) 183, 196, 198
 criação da 158-159
 invasão alemã da (1941) 170-171
Soviético, Partido Comunista 159, 196-198
Srebrenica, massacre de (1995) 198-199
SS 158, 178-179
Stálin, Josef 158-159, 168, 170-171, 180
Stanton, Elizabeth Cady 148-149
Sudetos, Checoslováquia 163, 168
Suez, Crise de (1956) 193-194
sufragetes 150
Solimão, o Magnífico 81-82
sultões 81-82

Sumner, Senador Charles 141
Sun Yat-sem 200
sunitas 38, 206T
Taiwan 201
Taj Mahal, Agra 55, 63
Talibã 205-206
Tanzânia: atentados terroristas contra a Embaixada Americana (1998) 205
Tcheka (polícia secreta russa) 158
Tebas 17-18
Tenochtitlán, México 70-71
Teotihuacán, México 14-15, 68
Terceira Guerra Árabe-Israelense (Guerra dos Seis Dias; 1967) 193-194
Terra Santa 39, 44-47
terracota, exército de 57
territórios ocupados 194-195
Terror (1793-4, França) 119, 123
Terror Vermelho (Rússia Soviética) 158
terrorismo 192, 199, 204-207
Tet, ofensiva (1968) 190
Tetzel, Johann 89-90
têxtil, indústria 125
Tiahuanaco, Andes 125
Tiananmen, manifestações na Praça (1989) 202-203
Timur (Tamerlão) 62-63
Tito, Josef Broz 199
Tojo, general Hideki 173
Tokugawa, família 65
Tóquio (Edo) 65-66
Toussaint L'Ouverture, François-Dominique 134
Trabalhista, Partido (UK) 147, 165
trabalho
 divisão do 10, 110, 125
 mobilização do 13
trabalho, horas de 146
Trafalgar, Batalha de (1805) 121
Treblinka, campo de concentração de 178
Trinta Anos, Guerra dos (1618-48) 92
Troia, Guerra de (c. 1994-1184 a.C.) 23
Trotsky, Leon 158-159
Truman, Doutrina (1947) 181
Truman, Harry S. 181-182
Tull, Jethro 126
Tutankamon 18
Unificação Alemã 129-131
Urbano II, papa 44-45
vândalos 34
vapor, era do 126-127
Vasari, Giorgio 76
Veludo, Revolução de (Checoslováquia; 1989) 197
Veneza, e o comércio 85, 87
Vermelha, Guarda 202

Vermelho, Exército 158, 170-171, 179-180
Vermelho, Forte (Déli) 55
Versalhes, Tratado de (1919) 155, 161-163, 166
Vesalius, Andreas 102
Vespúcio, Américo (Americo Vespuccio) 87
Viet Cong 189
Viet Minh 186, 188-189
Vietnã, Guerra do (1955–75) 182, 186, 188-191
vietnamização 191
vikings 40-43
Virgílio 30
visigodos 33-34
Vítor Emanuel II, rei da Itália 130, 161
Voltaire 109-110
Walesa, Lech 197
Wall Street, *Crash* de (1929) 164-166
Washington, George 112-114
Waterloo, Batalha de (1815) 122-123
Wellington, Duque de 122
Westfália, Paz de (1648) 95
Whitney, Eli 140-141
Wilberforce, William 135
Wilson, Woodrow 188
Wollstonecraft, Mary 148-149
Wordsworth, William 134
World Trade Center, NY 204
Wycliffe, John 88
xamãs 11
xiitas 37, 39, 204, 206
xintoísmo 64-65
xoguns 64-66
Yalta, Conferência de (1945) 180
Yamato, dinastia 65
Yeltsin, Bóris 197-198Z
Zheng He 57-58, 84
zigurates 13-14
Zimbábue, luta pela independência do 186

Leia também

**Acreditamos
nos livros**

Este livro foi composto em Goudy Old Style e impresso pela Gráfica Santa Marta para a Editora Planeta do Brasil em fevereiro de 2022.